国家社科基金一般项目
“防治腐败的财税法机制创新研究”阶段性成果（项目号：16BFX131）

REGULATION OF FISCAL AND
TAX LAW TOWARDS CORRUPTION

防治腐败
财税法机制研究

王文婷 著

法律出版社 LAW PRESS·CHINA

作者简介

王文婷

1983年生，山东青岛人，北京大学法学博士，中共中央党校副教授、美国乔治城大学客座教师，维也纳经济大学访问学者。兼任中国法学会财税法学会理事、中国法学会行为法学会理事、全国财税法学研究核心团队首批入选成员。

在核心期刊发表论文数十篇，其中多篇被中国人民大学书报资料中心《复印报刊资料》、《新华文摘》转载，出版学术著作两部，主持国家社科基金等两项国家级课题。获2019年年度中共中央党校研究生青年教学创新奖一等奖。

序　言

腐败随着国家的诞生而出现,探寻腐败问题的治理之策,是古今中外国家治理的重要课题。腐败问题的产生有着极其复杂的制度背景与时代背景,因此,腐败的治理实质上是一种事实与规范之间的互动。21 世纪以来,伴随国家的现代化进程,腐败犯罪已经成为中国社会转型中广受关注的重大现实问题。我国的腐败治理逐渐呈现理性化、规范化、常态化的趋势。以法律为依托,构建制度化的反腐败体系,将“权力关进制度的笼子”已经成为各方共识。应当看到,腐败治理是一个复杂的系统工程,需要多方协力才能将其建成,这也就意味着,治理腐败的路径并非单一的,而是多重的,没有唯一和绝对的范式,只有综合和多元的范式。

将腐败问题置于现代化的场域中,剖析腐败与现代化进程与国家治理策略选择之间的内在机理,是美国当代著名政治学代表人物塞缪尔·P.亨廷顿的理论洞见。党的十八届三中全会审议通过的《中共中央关于全面深化改革若干重大问题的决定》(以下简称《决定》)提出了“国家治理体系和治理能力的现代化”的重要命题,全面提升国家腐败治理能力,成为实现国家治理现代化的重要意涵。《决定》还将财政定位为“国家治理的基础和重要支柱”,这意味着财政与财税体制已经同国家治理紧密对接。在这一背景下,如何实现财税制度与腐败治理之间的互动,是完善腐败治理路径的重要内容。

从本质上来看,国家治理体系是一整套紧密相连、相互衔接的国家制度,各个制度之间有着内在联系。古今中外,财政可谓是国家的"神经",是国家的"生命线",英国经济学家亚当·斯密就曾指出,"财政乃庶政之母"。与国家治理体系其他方面的制度内容有所不同,财税体制往往起根本性、全局性、长远性作用。政府的任何活动都必须以国家财政作为后盾,抓住了财政,就是扼住了权力的"咽喉",就是射中了权力的"阿喀琉斯之踵"(Achilles'Heel)。因此,从理财治国的角度来看,完善国家的财政制度,规范财政收支、管理,提高财政管理的透明度,强化财政监督,能够进一步压缩腐败空间,实现腐败的源头治理。

财税反腐命题的提出,同时也与我国特定的时空语境相联系。长期以来,我国"重惩治,轻预防"、重"治人"轻"理财"的反腐路径并未产生很好的治理效果,腐败在高压态势之下不断进化,隐形腐败、非典型腐败的出现,意味着必须构建全方位的腐败防治体系,用制度"管人""管财",实现"标本兼治"。在"管人"方面,随着国家监察体制改革的稳步推进,在消灭腐败存量方面已经取得了令人瞩目的成就;但是在"管财"方面稍显不足,抑制腐败增量的"堤坝"仍需进一步筑牢。探索财税反腐的实践路径,实现法治理财、制度控权,与其他国家制度一起形成监督合力,既是对当下腐败治理的现实关照,同时也是构建法治国家的内在要求。

同时,财税反腐的相关研究,既是对财税法的主体职能("合法组织政府收入,合理安排政府支出,规范财政资金管理")的回归,也是对该职能的超越,这同样彰显了财税法学理论性和应用性的双重特质。实际上,学科互涉已经成为学术意识的一部分,财税法学如欲无愧于这个时代的重托与厚望,必须立足中国语境研究和解决现实问题,并不断提高自身的理论层次,使财税法的理论思辨成为时代本质的思辨,与时代变革的脉搏跳动合拍。

"吾生也有涯,而知也无涯",理论未有穷期,道路始于足下,学术探索是一个永恒的过程。对财税反腐的研究,本书仅是一个开端,以期引起学术的争鸣，并将财税法理论的研究引向深入。希望本书的出版，能够为新时期依旧严峻的腐败治理困境突围，提供相应的参考，同时能够为丰富财税法学的学术理论，作出贡献。

是为序。

 *

2020 年 9 月 7 日

---

* 周佑勇，中共中央党校（国家行政学院）政法部主任，教授、博士研究生导师。

目录

第一章　财税治腐基石论

第一节　财税治腐:“后反腐时代”的可能路径

党的十八大以来,腐败治理被提升到前所未有的高度,受到各界的广泛关注。通过以控制“腐败资财”为基点的“财税治腐”能够克服长期以来以“治人”为重心的“权力反腐”的不足,这种方式通过明确财权边界、规范公共财产管理进一步压缩了权力的寻租空间,同时避免了通过选人、分权等控权机制的主观性、随意性的弊端。财税治腐以财政党规和财税法律为制度土壤,以“理财”和“反腐”为两大主题和形式目标,聚合于“国家治理现代化”的终极目标下。以领域法学理论、公共财产理论以及政党治理与国家治理理论为基石,财税法跨越不同法域的法学研究路径,以其务实、低调、灵活的特点在面对日益复杂的腐败治理难题时具有十分独特的价值。财税治腐承载着实现权力规制、理财方式和国家现代化的三重功能,同其他权力监督方式相结合,形成监督合力,共同构建出“法治财政、廉洁政治、现代国家”的理想图景。

一、“后反腐时代”的路径重构

腐败问题是一项全球性问题,对腐败的治理则成为人类社会实现“廉能善治”的必由之路。党的十八届四中全会提出,要“完善惩治和预防腐败体系,形成不敢腐、不能腐、不想腐的有效机制,坚决遏制和预防腐败现象”。[1] 目前,不敢腐的目标初步实现、不能腐的笼子越扎越牢、不想腐的堤坝正在构筑、反腐败斗争压倒性态势已经形成并巩固发展。随着近年来国家监察体制改革的深入推进,以国家监察制度为核心的制度化、常态化的腐败治理体系逐渐成形,反腐败斗争进入新时期,即“后反腐时代”。反腐败阶段的转变意味着在今后的腐败治理过程中,为巩固反腐败斗争的成果,需要对腐败进行“源头治理、标本兼治”,将腐败预防与腐败惩治相结合。

我国于2005年加入的《联合国反腐败公约》第二章第5条至第14条也明确要求各个缔约国应当制定相应的预防腐败的政策和措施,其中第9条明确要求各缔约国根据本国法律制度的基本原则采取适当措施,促进公共财政管理的透明度和问责制。[2] 腐败预防措施的制定,需要从“源头”着手。但是,何为“源头”,“标与本”究竟有怎样的指代,仍然众说纷纭,而对这一问题的探讨,离不开对腐败的行为的解构。从本质上来看,公权力的腐败即公共财产向私人财产的非法转移,其产生具有三个重要因素:权力、腐败通道(自由裁量空间和制约监督机制)、资源,当这三个因素同时具备时就会触发腐败的发生。相应地,对反腐败机制的构建,从“划定权力边界”“关闭腐败通道”“控制资源”的思路出发,则会产生以“治人”作为基点的“权力反腐”和以“治财”为基点的“财税治腐”两种进路。

长期以来,无论是学界还是实务界,大多将目光聚焦在以“治人”为重心的“权力反腐”反腐败体制的构建,而忽视了“治财”这一角度。而前者没有认识到,作为监督者的政府官员也是“经济人”,[3] 也会追求既定条件下自身利益的最大化,单纯通过加强外部监督的方式抑制腐败会陷入“谁来监督监督者”的循环,从而带来了腐败治理周期性、波动性变化。同时,“治人”模式

---

[1] 《中共中央关于全面推进依法治国若干重大问题的决定》,人民出版社2014年版,第19页。

[2] 这些措施应当包括下列方面:(1)国家预算的通过程序;(2)按时报告收入和支出情况;(3)由会计和审计标准及有关监督构成的制度;(4)迅速而有效的风险管理和内部控制制度;(5)在本款规定的要求未得到遵守时酌情加以纠正。

[3] 公共选择理论认为,政府机构及其成员都有自身利益最大化的动力,政治家追求选票,而官僚追求预算最大化。参见[美]丹尼斯·缪勒:《公共选择》,王诚译,商务印书馆1992年版,第83页。

通常以高压惩戒的方式进行腐败治理,而腐败问题却在一次次反腐败运动之后进一步“进化”,朝着更加隐秘、复杂、非典型化的方向发展。同时,这一种反腐败模式往往是通过事后惩戒来实现腐败治理,其并不能有效弥补腐败所带来的国家财产的损失,具有一定的局限性。有学者认为,通过惩治腐败人员来治理腐败的方式“目的通常只是为了引起社会对腐败问题的关注,并争取公众对政府的广泛支持,而不是为了解决那些引发腐败的内在的问题”。[1] 因此,必须转变思路,开辟腐败治理的新途径,以弥补既有反腐模式的“短板”。

二、财税治腐:一种可能的反腐路径

“财税治腐”的提出很好地回应了反腐的现实需要,其以“财税”和“反腐”作为落脚点,通过划定财权边界进一步压缩了权力的寻租空间,同时避免了通过选人、[2]分权等控权机制的主观性、随意性的弊端。因此,探索构建一套以“公共财产规制”为重心的腐败治理机制,对从源头预防腐败的产生具有重要意义。“财税治腐”意味着腐败治理范式的转变,它着眼于财税领域,但又超越了传统的财税制度本身;它不仅是“财税领域的反腐”,而且是通过优化财税制度,完成对腐败的预防和治理,因此这里的“财税”既是表明了范畴,也显示了路径。从已有的研究文献来看,对财税治腐,学者大多从功能主义的角度出发,探讨财税治腐对腐败治理的有效性和可行性,[3]而对财税治腐的正当性、合理性的证成则鲜有涉及。只有正当性与合法性同时具备的政治秩序才能称得上正义,[4]因而在任何制度建构的理论探讨与实践过

---

〔1〕 [美]苏珊·罗斯·艾克曼:《腐败与政府》,王江、程文浩译,新华出版社 2000 年版,第 302 页。

〔2〕 赫伯特·西蒙(Herbert A. Simon)认为,人的理性属于“有限理性”(Bounded Rationality)。人类的行为是由决策的环境和主体本身的认知能力决定的,由于决策的环境具有绝对的复杂性与不确定性,人的决策与完全理性意义上的决策相差甚远。

〔3〕 参见陈立诚、刘剑文:《财税制度反腐:一种源头治理的新进路》,载《政治学研究》2015 年第 1 期;郭剑鸣:《预防财政腐败:从源头反腐的新思维》,载《领导科学》2010 年第 29 期。

〔4〕 参见[德]哈贝马斯:《在事实与规范之间:关于法律和民主法治国的商谈理论》,童世骏译,生活·读书·新知三联书店 2003 年版,第 533 页。

程中,都必须对正当性与合理性加以考察,这也正是本章所要探讨的核心内容。

第二节　财税治腐的制度逻辑及其目标指向

财税治腐的目标不仅反映其正当性与合理性的意涵,同时也决定了财税治腐路径的具体构建,即财税制度通过建立怎样的机制来实现对腐败的治理。财税治腐的目标之确定,需要从既有的政策和立法文本进行出发,并结合当下我国的现实国情与时代背景进行考察,从而提炼出财税治腐的立体目标图景。

一、制度文本下的内在逻辑

党的领导是中国特色社会主义最本质的特征,党中央的相关文件对国家的治理的发展方向具有"风向标"的作用。对财税治腐意涵的把握,离不开对党中央相关政策文件进行分析解读。党的十八大后,国家反腐肃贪力度空前,2012 年 12 月 4 日,中央政治局审议通过关于改进工作作风、密切联系群众的八项规定,即"中央八项规定",为加强党风廉政建设定下基调,成为全面从严治党的第一把"手术刀"。[1] 此后,中央又相继出台了一系列政策文件(见表 1－1),要求规范公款使用,厉行节约反对奢侈浪费,并以此为契机,加大对既有腐败的惩治力度。国家监察体制改革后,腐败治理取得明显成效,截至 2019 年 2 月,中央纪委国家监委立案审查调查中管干部 68 人,涉嫌犯罪移送司法机关 15 人;全国纪检监察机关共对 52.6 万名党员作出党纪处分,对 13.5 万名公职人员作出政务处分。同时,中央纪委国家监委公开通报曝光 7 批共 50 起违法中央八项规定典型案例;全国共查处相关问题 6.5 万起,处理党员干部 9.2 万人。[2] 腐败问题的源头在于"公财私用",那么腐败治理的关键自然就落在"加强对财权的管理,筑牢财政防线"上。党的十八

---

〔1〕 人民日报海外版"学习小组":《学习关键词》,人民出版社 2016 年版,第 131 页。

〔2〕 参见《赵乐际在十九届中央纪委三次全会上的工作报告》,载中央纪委国家监委网:http://www.ccdi.gov.cn/xxgk/hyzl/201902/t20190221_188870.html,最后访问日期:2019 年 7 月 3 日。

大后，中央出台的一系列文件也体现出这一用意，即通过完善财税制度强化公共财产的管理，从而压缩腐败的空间。

表1-1　党的十八大后中央治理腐败的相关文件

发布时间	名称	发布主体	主要内容
2013年9月3日	《关于落实中央八项规定精神坚决刹住中秋国庆期间公款送礼等不正之风的通知》	中共中央纪委、中央党的群众路线教育实践活动领导小组	要求杜绝中秋国庆期间公款送节礼、公款吃喝、公款旅游和奢侈浪费等不正之风
2013年10月29日	《党政机关厉行节约反对浪费条例》	中共中央办公厅、国务院办公厅	要求党政机关厉行节约反对浪费，并对预算经费管理、国内差旅和因公临时出国（境）、公务接待、公务用车、会议活动、办公用房、资源节约等相关事项进行了详细规定
2013年11月21日	《关于严禁元旦春节期间公款购买赠送烟花爆竹等年货节礼的通知》	中共中央纪委	严禁用公款购买赠送烟花爆竹、烟酒、花卉、食品等年货节礼（慰问困难群众职工不在此限）。要严肃财经纪律，强化审计监督，相关费用不准转嫁摊派，一律不予公款报销
2013年12月8日	《党政机关国内公务接待管理规定》	中共中央办公厅、国务院办公厅	规范党政机关国内公务接待管理，要求党政机关厉行勤俭节约，反对铺张浪费，加强党风廉政建设
2014年7月27日	《党政主要领导干部和国有企业领导人员经济责任审计规定实施细则》	中央纪委机关、中央组织部、中央编办、监察部、人力资源社会保障部、审计署、国资委	要求加强各级党委和政府主要领导干部经济责任审计，并对审计对象、审计内容、审计评价、审计报告、审计结果运用等方面进行了相应规定

续表

发布时间	名称	发布主体	主要内容
2017 年 12 月 11 日	《党政机关办公用房管理办法》	中共中央办公厅、国务院办公厅	对党政机关办公用房的权属、配置、使用、维修管理、处置利用管理以及监督问责进行了系统规定,规范党政机关办公用房管理,推进办公用房资源合理配置和节约集约使用,促进党风廉政建设和节约型机关建设
2017 年 12 月 11 日	《党政机关公务用车管理办法》	中共中央办公厅、国务院办公厅	党政机关公务用车实行编制管理,并对配备和经费管理、使用和处置管理以及相关的监督问责进行了相应规定,进一步规范党政机关公务用车管理,有效保障公务活动,促进党风廉政建设和节约型机关建设
2019 年 7 月 15 日	《党政主要领导干部和国有企事业单位主要领导人员经济责任审计规定》	中共中央办公厅、国务院办公厅	强化各级党委和政府对经济责任审计工作的领导,将审计监督与纪检监察、组织人事、巡视巡察等监督贯通,形成监督合力,促使各级领导干部依法用权、秉公用权、廉洁用权

不仅如此,我国现行的涉及财税相关的法律文本也体现出通过财税制度治理腐败的思路。尽管财税相关的法律文本并未直接提及“腐败治理”的规定,但是这并不意味着财税相关法律不具备腐败治理功能。事实上,财税相关法律的除为国家财政管理提供依据外,同时也强调了对财税制度运行的监督,“管理”和“监督”实际上蕴含了“腐败治理”的内在逻辑。财税相关法律虽未直接提及“腐败治理”,却处处体现着“腐败治理”的内核,即通过控权与监督的制度构建来规制财权的行使,其中既有腐败“预防”的功能,也有腐败“发现”的功能。

我国《宪法》通过明确不同国家主体与预算相关的各项权力的配置来实现对公权力财权的约束,同时对政府间财政关系的规范、为财政收支和管理提供了框架指引，从而刻画了国家财税治理的制度蓝图。我国《宪法》第 91 条要求国务院设立审计机关，对国务院各部门和地方各级政府的财政收支，对国家的财政金融机构和企业事业组织的财务收支，进行审计监督。而作为“财政宪法”的《预算法》则对国家预算编制、审批、执行和监督以及财政资金入库管理和出库等内容进行了较为详细的规定。这些规定不仅从实体上明确了各级人大、政府、政府财政部门等各主体财权的边界范围，同时也从程序上贯彻了财政民主、公开、规范的价值追求。同时，《预算法》专设预算监督一章，规定了各级权力机关的组织调查权和询问质询权、各级财政部门的财政监督权以及审计部门的审计监督权，强化了对预算的控制，从资金的来源上抑制了腐败的发生。《政府采购法》则从财政支出的角度对政府采购中事前准备、事中的合同订立与谈判方式等进行了较系统的规定，并辅之以评审、验收等事后的监督跟进，使政府在整个采购过程中的财政支出行为得以规范。《企业国有资产法》以保护国有资产的有效运转和保值增值为目标，对企业改制、关联交易、资产评估、国有资产转让、国有资本经营预算、国有资产监督等方面进行了规定。《税收征收管理法》作为税收征管的程序法，对税收征收和缴纳行为进行了相应规定，从而防止擅自开征、停征以及减税、免税、退税、补税和其他违法行为的出现。而《审计法》作为财政监督法，通过赋予审计机关相应的审计职权，聚焦于监督政府部门依法行使财权，从而实现对同级政府的财政监督。《财政违法行为处罚条例》作为一种综合性的财税法律法规，对各项财政违法行为进行了较为系统的规定，从而为纠正财政违法提供了明确的操作依据。

另外，其他相关的法律制度也体现出通过财税制度治理腐败的思路。《刑法》中对贪污罪、受贿罪、挪用公款罪、私分国有资产罪、徇私舞弊低价折股、出售国有资产罪等相关罪名的设定，实质上是将相关违反财税制度的行为上升为刑事犯罪，充分说明了财税制度与职务犯罪的内在关联。《监察法》第 34 条则规定，审判、检察、公安和审计等国家机关在工作中发现公职人员涉嫌贪污贿赂、失职渎职等职务违法和职务犯罪的问题线索，应当移送监察机关，由监察机关依法调查处置，这一规定则足以说明财税制度对国家监察体制改革的呼应。

从总体来看,现有的制度文本对腐败的治理可以归结为两个思路:其一,在抑制腐败增量方面,通过对不同权力主体财权的制度安排,对各个权力主体的财权进行相应配置,明确权力的边界,在公权力与公共财产之间划定相应的制度"隔离屏障",加强制度对公共财产的保护,防止权力异化而导致的对公共财产的侵蚀;其二,在减少腐败存量方面,对既有的腐败行为的发现离不开财政的监督,众多的腐败案件的发案往往是通过对政府资金分配、使用的监控,发现其中的不合理、不合法之处,以此为线索"顺藤摸瓜",从而对其背后的腐败进行调查。财税治腐路径的提出,为我国当下的腐败治理提供了一个新的思路和解决方案,成为从源头上、从机制上治理腐败的重要举措。

二、财税治腐目标指向的层级性

从对相关的法律和政策文本的梳理不难看出,"腐败治理"与"依法理财"是通过财税制度的相应安排所要达到的直接目标。公共财产为腐败提供了经济基础,那么治理腐败最有效的办法即通过依法理财,将公权力对公共财产的使用置于法治的监督之下,消灭制度"黑箱"。故"腐败治理"与"依法理财"二者的关系是相辅相成的。

通过筑牢财政防线的方式来实现对腐败的治理,固然迎合了当下日益高涨的反腐热情,但是如果仅看到财税治腐这一工具价值,而忽视了其更高位阶的目标,则体现了一种制度上的短视。应当看到,腐败是当权者不向权力真正的主人即人民负责任,而是背叛人民的委托,敛财自肥、自我服务,故腐败治理的初衷是防止公权力被滥用,使人民的权力真正为人民所用。那么,反腐的本质都在于"驯服"公权力,实现廉能善治。放置在全面深化改革的战略背景之下,腐败治理一端描绘出政治清明、人民安居乐业的美好图景,另一端联结着实现可持续的发展、建设法治国家的现实关怀。而通过财税制度治理腐败,不仅展现出对腐败问题"刮骨疗毒"的决心,更反映出治理手段的多元性、经济性和节制性。"如果是治理是一种权力,那它表现为一种柔性且有节制的权力",[1]而这一"有节制"的权力则需要通过法治的方式进行构建。国家通过相应的财税制度安排,实现国家对腐败行为的控制,体现出一种有节制的国家理性。

"一个法律制度若要恰当地完成其职能,就不仅要力求实现正义,而且还须致力于创造秩序。"[2]无论是实现"腐败治理"还是"依法理财",其实质都是通过法治手段,构建理性秩序,以制度化的方式回应国家治理中所遇到的种种问题。"法治是国家治理的基本方式,治理体系法制化和治理能力法治化是国家治理法治化的两个基本面向。"[3]财税治腐机制通过加强对公共财产的控制和管理,进而创造出制度红利,其终极目标所指向的是完善国家的财政制度,推动实现国家治理能力和治理体系的现代化的宏大远景。

第三节 反腐败形势对财税治腐的现实奠基

财税治腐不仅具有制度上的依据,同时也具有现实的合理性。在需求侧,当下腐败治理的严峻性要求必须推动反腐败斗争向更高层次、更多路径发展,建立常态化的腐败治理体系,巩固既有的腐败治理成果;在供给侧,反腐败已经成为当下的社会热点,而国家各项改革,尤其是国家监察体制改革和财税体制改革的进行,为整合反腐力量、完善财税制度提供了契机,财税治腐的社会基础、制度基础已经具备。

一、腐败治理的现实需求

党的十八大以来,党中央坚持反腐败无禁区、全覆盖、零容忍,坚持重遏制、强高压、长震慑,我国的反腐败斗争已经取得压倒性胜利,"但反腐败斗争

---

〔1〕[法]让·皮埃尔·戈丹:《何谓治理》,钟震宇译,社会科学文献出版社2010年版,第4页。

〔2〕[美]E.博登海默:《法理学:法律哲学与法学方法》,邓正来译,中国政法大学出版社2004年版,第330页。

〔3〕张文显:《法治与国家治理现代化》,载《中国法学》2014年第4期。

还没有取得彻底胜利”,“反腐败斗争形势依然严峻复杂”。[1] 根据“透明国际组织”发布的《2018 年腐败感知指数报告》(Corruption Perceptions Index 2018),2018 年中国的腐败感知指数(Corruption Perceptions Index, CPI)为 39,位居 178 个国家中的第 87 位,[2]我国的反腐败斗争仍然面临巨大挑战,具体体现为两个方面:其一,部分腐败的增量虽然得到抑制,但还未消失,而是由明转暗,以其他形式存在。其二,腐败的存量没有完全削减,一些腐败现象依旧根深蒂固。据统计,2019 年以来,截至 2019 年 9 月 30 日,全国累计查处违反中央八项规定精神问题 40, 768 起,处理 57, 473 人,给予党纪政务处分 40, 687 人,[3]这些数据在一方面展现国家反腐败斗争的成果的同时,也表明腐败治理的形势依然不容乐观。从查处问题类型来看,违规公款吃喝、公款旅游,违规发放津补贴或福利等问题最为突出,[4]反映出政府部门财务管理的漏洞,这些漏洞虽尚不构成我国《刑法》规定的相关腐败罪名的标准,但是若不加强控制和监管,堵住风险漏洞,则极有可能进一步恶化成为腐败犯罪。当下我国的各项改革已经进入“深水区”和攻坚期,改革的成功与否事关国家的前途与命运,因此只能胜利不能失败,否则将会造成难以估量的后果。改革涉及制度的变更与利益的调整,这一阶段实际上也是腐败的多发期,进一步增加了我国反腐败斗争的严峻性。

当下的反腐败形势决定了当下反腐败的重点方向和任务,即必须升级完善腐败防治体系,从而适应形势,赢得主动。构建完善的腐败治理体系,既需要考虑腐败治理的效力问题,同时也应当关注腐败治理的效率问题,二者共同反映了腐败治理的效能,提升反腐败的效能成为升级腐败治理机制的关

[1] 2019 年 1 月 21 日,习近平总书记在中共中央党校(国家行政学院)省部级主要领导干部坚持底线思维着力防范化解重大风险专题研讨班的开班式上指出:党的十八大以来,我们取得了反腐败斗争压倒性胜利,但反腐败斗争还没有取得彻底胜利,反腐败斗争形势依然严峻复杂。

[2] 2018 年中国该指数的排名较 2017 年下降了 2 名,该指数排名越靠前,则说明该国家的清廉指数越高。Transparency International,“Corruption Perceptions Index 2018 – Transparency International”, https:// cpi. transparency. org/ ,July 19 ,2019.

[3] 参见《2019 年 9 月全国查处违反中央八项规定精神问题 5016 起》,载中央纪委国家监委网:http://www. ccdi. gov. cn/toutiao/201910/t20191024_202997. html,最后访问日期:2019 年 10 月 26 日。

[4] 同上。

键。具体而言,提升反腐败的治理效能,需要破解腐败治理的资源投入与腐败治理低效的困局,实现各项反腐制度之间的有机衔接,增强制度刚性。从前述的数据来看,公共财产管理制度的不完善成为腐败发生的缺口,财税管理制度缺乏制度刚性,是造成腐败问题久治不绝的重要原因。而目前,各界的关注点仍然集中在消灭腐败存量和抑制增量方面,而对国家公共财产的保护方面的关注力度不够,因而成为提高腐败效能的“短板”。上述腐败现象是包括财税制度在内的诸多制度漏洞的产物,而破局之道也应当从完善上述制度出发。财税法律制度以管理国家财政为主要领域,显然应当担负起保护国家公共财产的重任。

二、当下建立财税治腐的条件已经成熟

事实上,早在10年前,已有学者提出通过完善公共预算机制来完善我国的反腐败模式,[1]但是当时由于我国各项财税相关法律还比较陈旧,各项财税法律仍不完善,财税制度无法承载起腐败治理的任务。例如,2008年颁布、2009年实行的《国企业国有资产法》虽然是国家进行改革开放的经验成果总结,但是囿于经济转型时期的时代局限,立法范围偏窄、立法过于原则化、对境外国有资产监管的缺位等是该法的缺憾之处。而当时的《预算法》自1995年施行以来未作任何修改,立法文本老旧,诸多规定已经不能适应社会的进步的需要,该法关注的重点是国家的收支平衡问题,将预算定位为“政府自己的预算”,预算的监督功能并未得到相应重视。同时,该时期财税法学研究尚处于转型时期,[2]关于财税法的功能定位、价值导向等仍在探讨之中,财税法学的研究范式也处于重构阶段。进入社会主义新时代以来,随着四个全面战略布局的提出,国家在从严治党、惩治腐败和深化改革方面的力度空前,使财税治腐的路径具有了更加坚实的社会基础、制度基础,财税治腐

---

〔1〕 参见郭剑鸣:《“预算国家”:一项防治腐败的基本制度供给——基于2008年国家审计署审计公告的思考》,载《人文杂志》2009年第3期;郭剑鸣:《公共预算约束机制建设与中国反腐败模式的完善》,载《政治学研究》2009年第4期。

〔2〕 参见刘剑文:《学科突起与方法转型:中国财税法学变迁四十年》,载《清华法学》2018年4期。

路径具有了发挥作用的空间。

其一,反腐败的社会基础得以夯实。《联合国反腐败公约》第 13 条要求各缔约国采取适当的措施推动社会力量积极参与预防和打击腐败。随着全面依法治国的展开,国家为社会参与腐败治理构建了各种渠道,社会力量正逐渐成为腐败治理中不可忽视的力量。而要进一步巩固社会力量参与腐败治理的成果,增强社会力量参与腐败治理的动力,则需要强化社会公众对腐败治理的认同感和获得感。而财税路径的反腐为其提供了可能:国家财政取之于民、用之于民,事关民众的各项权利,构建财税治腐制度能够在一定程度上实现财税公平和财税正义,唤醒民众的权利意识,使其更多地参与国家的财税监督过程中,促使政府部门依法理财。

其二,全面深化改革为财税治腐提供了制度基础。国家监察体制改革将党的纪检监察机关、行政监察机关以及检察机关的反贪、反渎部门进行有机整合,形成了反腐败合力,随着《监察法》的出台,国家的监察体制形态初具。但是,国家监察体制的完善只是权力监督体系中的一环,完善的国家监察体制的构建需要其他机制配合才能予以实现,其中线索的移送和案件的调查均离不开财税相关制度的协作。从目前来看,财税制度对腐败治理已经发挥了重大作用。2018 年,审计部门共移送 183 起涉及公职人员滥用掌握资金分配权、信贷审批权和资产管理权的相关腐败案件,移送 150 起基层工作人员在资金管理、物资发放等环节,利用现场勘查、数据录入等“末梢”权力贪污截留等问题线索。[1]

同时,当下的国家财税体制改革为激活财税法的腐败治理功能提供了制度基础。全面深化改革要求各项改革举措要体现惩治和预防腐败要求,同防范腐败同步考虑、同步部署、同步实施。这就要求在财税相关法律的立法、修法过程中,加强财税法律制度的控权功能、国家公共财产的监控功能等体现腐败预防和治理的相关机制,从而真正使财税制度的反腐功能得以坐实。如

[1] 参见《国务院关于 2018 年度中央预算执行和其他财政收支的审计工作报告》,载审计署官网:http://www.audit.gov.cn/n5/n26/c133000/part/70167.pdf,最后访问日期:2019 年 9 月 7 日。

在2014年修改的《预算法》进一步强化了人大对预算的监督权力、增加了财政的透明度、强化了对国库的管理；2015年修改的《税收征管法》规定"地方各级人民政府、各级人民政府主管部门、单位和个人违反法律、行政法规规定，擅自作出的减税、免税决定无效，税务机关不得执行，并向上级税务机关报告"，在一定程度压缩了地方政府及其相关人员利用职权进行制度交易的空间；2016年财政部印发《关于加强政府采购活动内部控制管理的指导意见》（财库〔2016〕99号）以分事行权、分岗设权、分级授权和流程控制为主线，提出了四个方面的具体内控措施。2018年的国地税合并改革将省级和省级以下国税地税机构合并，具体承担所辖区域内的各项税收、非税收入征管等职责，进一步强化了对国家财政收入的统一管理，提升了国家财税收入的规范性和制度刚性，这为财税治腐提供了相应的制度前提。

第四节　三大基石对财税治腐的理论奠基

对党的政策和相关法律规范文本进行教义学分析，揭示了财税治腐的制度环境，其根植于腐败治理的现实土壤，体现出解决当下问题的中国智慧；而这种教义学的分析也为探寻符合体系的新的合理解决方法提供了思考方向。[1] 不仅如此，从法学的相关理论上来看，财税治腐的理论大厦并非沙上之塔，而是建筑在坚实的理论基础之上的。"理论（Dogmatik）的进步，需要有法学方法（Methode）的协力，以更为自觉、更为透明的观点、更为严谨的理由构成来支持结论。"[2]领域法学理论、公共财产理论以及政党治理与国家治理理论就是这一理论大厦的基石，它起着奠基的作用。对这些基本基础理论的论证，就如同为财税治腐的理论大厦埋下"拱心石"。

一、领域法学：财税治腐方法论

就法学研究的目标和属性而言，面向和指导实践是最为重要的内容。

---

〔1〕 参见王泽鉴：《人格权法——法释义学、比较法、案例研究》，北京大学出版社2013年版，第11～13页。

〔2〕 王泽鉴：《民法学说与判例研究》，北京大学出版社2015年版，第35页。

“实践性构成了法学的学问性格,法学应当回归实践之学本身。”[1]腐败问题作为一个综合性的现实问题,有着错综复杂的原因,刑事法律部门的一家之言在面对日益复杂的腐败治理问题时逐渐式微,因此,从方法论上来看,需要实现由单一的法学立场转向领域法学的多学科视角的转变。

腐败治理需要领域法学相关理论的应用,对腐败治理问题的研究与领域法学的相关理论具有天然的契合性,而财税法学作为领域法学的滥觞,同腐败的治理更是不谋而合。首先,腐败治理问题符合领域法学中将领域问题作为中心的内涵特点。问题导向,是“领域法”的范式思维的核心,也是领域法学理论的立论之基。[2] 国家治理现代化和法治中国建设的理论构想不是抽象的玄思,须以现实存在的问题为导向。[3] 腐败治理作为国家治理中的一个现实问题,必然需要以“问题意识”作为导向,以“功能主义”为进路,探讨各种可能的方案,从而获得解决问题的“最优解”,因而“法律实用主义”成为腐败治理研究的内在性格。进一步提高治理的“效能”成为当下反腐亟待解决的问题,而长期的以部门分工、“各管一头”的腐败治理理念造成了条块分割的法律关系,力量的分散导致了腐败治理中“九龙治水而水不治”的困境。[4] 领域法学视角下的腐败治理则强调以规范回应实践,以统筹思维整合各种腐败治理的途径,[5]实现不同法域的综合施治。而这种回归了腐败的行为结构的综合性认识,以更高层次的视角审视腐败的发生规律,突破部门法学的樊篱,重视腐败行为中的刑事责任与行政责任的交叉,关注财税治腐作为腐败源头治理路径的重要意义。

其次,腐败治理和解决问题的方式是综合的、开放的、多元的,这也与领域法学关于研究领域问题的方法论内涵具有内在一致性。法学研究的过程,

---

〔1〕 舒国滢:《法学是一门什么样的学问?——从古罗马时期的 Jurisprudentia 谈起》,载《清华法学》2013 年第 1 期。

〔2〕 参见刘剑文、胡翔:《“领域法”范式适用:方法提炼与思维模式》,载《法学论坛》2018 年第 4 期。

〔3〕 参见季卫东:《问题导向的法治中国构思》,载《法制与社会发展》2014 年第 5 期。

〔4〕 在国家监察体制改革之前,腐败监督治理体系包括党内监督、行政监察、检察机关的监督、审计监督等,分散治理带来了腐败治理资源的分散和机构职能的重叠,从而带来了腐败治理的低效。

〔5〕 参见侯卓:《领域法思维与国家治理的路径拓补》,载《法学论坛》2018 年第 4 期。

当是以问题本身的需要来组织不同领域知识而加以正当性和合法性研究的过程。[1] 腐败是一个各种因素互相作用的复杂社会现象,[2]需要从多重视角切入,综合运用多种手段才能加以解决,"在法律领域,各门社会科学必须携手合作,更为重要的是必须与法学携手合作"。[3] "事前预防与事后惩治"相结合的腐败治理要求不仅体现了腐败治理理念的多元,同时也暗含了方法的多元。传统的以"人"为中心的腐败治理的一元模式多采用刑事规制的方式,尽管刑事制裁具有惩戒与预防的双重功能,但是其作为一种严厉的"追责型"事后治理,预防功能主要通过"惩戒—震慑"的方式来实现。但对腐败的上游行为,若直接采用刑事手段进行规制显然与刑法的"谦抑性"[4]不符。这就要求寻求一种性格更柔和、更灵活的腐败治理机制来填补刑事规制的"盲区",因而财税治腐的理念则刚好与之契合。同时,财税治腐的路径更加注重资财的管理,突出了腐败预防的功能,同时也降低了对相关主体直接的损益性侵害,从而符合"比例原则"[5]的要求。

最后,在腐败治理的场域下需要探讨研究法律规范集成适用的现象,而领域法学的最突出的特点就是法律规范分类和集成。腐败治理形成于权力的行使者与资财的互动,这种二元结构的行为模式决定了腐败治理的路径不应当仅仅局限于原来的刑事法律部门的"自说自话",而是应当体现出整合思维,构建一个集成不同法域的"规范集群"。这一规则体系的构建并非将各个涉及腐败的相关部门法进行简单叠加,而是更加强调各个部门法之间的有机衔接,以精细化作业实现不同法域的耦合。这一过程中,不仅涉及对刑事法律、财税法律的相关功能的激活,同时也涉及综合运用刑事规制、财税规

---

〔1〕 参见王桦宇:《领域法学研究的三个核心问题》,载《法学论坛》2018 年第 4 期。

〔2〕 正如刑事社会学派代表菲力指出:"犯罪是由人类学因素、自然因素和社会因素相互作用而成的一种社会现象。"参见[意]菲利:《实证派犯罪学》,郭建安译,中国政法大学出版社 1987 年版,第 43 页。

〔3〕 [美]罗斯科·庞德:《法律与道德》,陈林林译,商务印书馆 2017 年版,第 3 页。

〔4〕 "刑法的谦抑性表现在:对于某种危害社会的行为,国家只有在运用民事的、行政的法律手段和措施仍不足以抗制时,才能运用刑法的方法。"参见陈兴良:《刑法哲学》,中国人民大学出版社 2015 年版,第 8 页。

〔5〕 比例原则强调采取之方法应有助于目的之达成;有多种同样能达成目的之方法时,应选择对人民权益损害最少者;采取之方法所造成之损害不得与达成目的之利益显失均衡。

制等多元手段进行腐败治理的新法律规范的诞生,从而最终指向一个完整的腐败治理法律体系的构建。

领域法学为财税治腐制度的构建提供了方法论的基础,为腐败治理提供了一个更加广阔的视角。"学科互涉从一种思想发展成一系列复杂的活动,包括其主张、活动和结构,它是对正统的挑战,是变革的力量。"[1]财税法学是兼具理论性和应用性特质的法学综合学科,其跨越经济、政治、社会、文化和生态文明等多个领域,立足中国语境研究和解决现实问题,充分展现了其延展性。在此基础上,财税法学从传统法学过渡到现代法学并成为新兴法律学科,除本身具有私人财产权公权保障的法理特质外,还有鲜明的应用法学功能。[2] 以问题为导向,财税法跨越不同法域的法学研究路径在面对日益复杂的腐败治理难题时则具有十分独特的价值,其功能不再受制于传统的宏观调控法的功能,而是基于财税活动,但是又超越财税活动,不断在更广阔的学科视域和背景下进行功能的拓扑。

二、公共财产理论:财税治腐范畴论

如果说领域法学为财税治腐提供的是方法论的奠基,那么公共财产理论则为财税治腐提供了范畴论的奠基。财税制度对腐败的治理的范畴应当限定在公共财产领域,这一判断是基于对财税法特性的理性认识。从行为论的角度来看,腐败行为是将公共财产通过非法途径转移为私人财产的过程。所谓的公共财产,即"公权机关等基于提高社会整体福利以及促进社会公平正义等公益目的而依法占有、使用的财产",[3]而在此基础上诞生的体系化公共财产理论,实质上是公共财产权利保护理念的沉静化的结果。

---

〔1〕[美]朱丽·汤普森·克莱恩:《跨越边界——知识·学科·学科互涉》,姜智芹译,南京大学出版社2005年版,第274页。

〔2〕参见刘剑文:《作为综合性法律学科的财税法学——一门新兴法律学科的进化与变迁》,载《暨南学报》(哲学社会科学版)2013年第5期。

〔3〕华国庆:《试论财税法的本质属性》,刘剑文主编:《财税法论丛》(第16卷),法律出版社2015年版,第13页。

公共财产理论以“保护私人财产权,规范、控制政府公共财产权为功能取向”,[1]是“社会契约论”在财税领域的表达:国家是经由全体社会成员同意的基础上建立的利维坦,[2]而在此基础之上的国家权力则来自公民权利的让渡。因此,国家不过是人民权利的受托者,其服务的对象应当是全体的人民;财政是国家机器赖以运行的物质基础,其来源是公民的私有财产,国家通过税收、征收和收费将私人财产转化为公共财产。国家基于这种财产公共特质的转化和支配私人财产的权力,就是公共财产权。而按照美国分析实证法学家霍菲尔德(Wesley Newcomb Hohfeld,1879～1918 年)的概念分析,与此授予权力的构成性规范相关联的概念是责任(liability),而不是权利(right)、特权(privilege)或义务(duty)。[3] “从法律之观点,人民之金钱给付,系作为财政中国家财政收入之核心要素,国家经由课税权之行使,将人民财产权转换成公法之强制性财政收入。”[4]因此,这一公共财产权理应受到严格权利保障原则的约束。

也就是说,公共财产理论实际上是与财政民主制度一脉相承的,其解决的首要问题是公共财产从何而来与往何而去的“大是大非”。“现代财政的本质是公共财政,公共财政与民主财政具有同一性,所以财政民主主义的基本精神应当体现为人民财政主权。”[5]在预算制度中,预算民主制度的有效运转,一方面,可以使行政官员必须向公众及其代表明确陈述他们将要进行的管理与服务活动,并解释为什么要进行这些活动。因此,通过审查政府的预算,公众及其代表就可以判断政府的特定活动是否必要、所需成本是否合理,从而作出同意或者否决该预算安排的决定。另一方面,在预算执行过程中,成熟的预算民主可以运用有效的途径和手段监督政府的预算执行情况,

---

〔1〕 刘剑文:《法治财税论——治理现代化的中国进路》,中国财政经济出版社 2017 年版,第 26 页。

〔2〕 参见[英]霍布斯:《利维坦》,黎思复、黎廷弼译,商务印书馆 2017 年版,第 128 页。

〔3〕 See Wesley Newcomb Hohfeld, *Fundamental Legal Conceptions as Applied in Judicial Reasoning*, England: Ashgate and Dartmorth, edited by David Campbell and Philip Thomas, 2001, p. 12.

〔4〕 黄俊杰:《财政国与课税收入之立法》,载《月旦法学杂志》2002 年第 84 期。

〔5〕 阳永恒:《财政民主主义的基本精神研究》,载《求索》2010 年第 12 期。

防止政府官员滥用财政权力以权谋私。从这一点上来看,财政民主就是一种有效的外部控制,它通过将政府全部的收支行为置于人民及其代表或代议机关的监督之下,力图确保公共预算能够实现公共责任。

在法治国家,对公共财产权力的控制主要通过法律来实现,因此,公共财产的取得、管理和使用要严格遵循法定主义,法治于此担负权力运行的规范之责。具体而言,有两个方面的内涵:其一,权力法定。即公共财产的取得、管理和使用都应当由法律明确授权。政府取得的公共财产并非政府的私产,而只是政府代替纳税人持有的财产集合,是"公众之财"或"公共之财",其支配仍应受到宪法、法律的严格约束,[1]这也是"法律保留原则"的要求:[2]一方面,我国《立法法》第8条规定涉及税收、财政的相关事宜只能制定法律;另一方面,对公共财产的管理分配本质上属于政府行政活动,行政活动必须有明确的法律授权依据,也应当遵守"法无授权不可为"。其二,程序法定,即公共财产的取得、管理和使用都应当符合法律规定的程序。正如美国著名大法官威廉·道格拉斯所说,"正是程序决定了法治与恣意的人治之间的基本区别"。[3] 现代财政制度自身之正当性的证成依据,是基于公共财产权控制的程序性规范,程序法定对规制涉及裁量性的行政行为具有重要意义,例如,在政府投资行为、招投标行为中,政府部门的自由裁量权,这也就为寻租腐败创造了空间。因此,加强对这类行为的程序性控制,如听证、信息公开、回避等,能够在相当大的程度上避免权力的滥用。

从公共财产权的角度来看,公共财产的管理使用关涉人民的福祉,财税法的任务不在于"治民"而在于"治权","即控制政府在私人财产转化为公共财产过程中的权力,并控制政府在使用公共财产过程中的权力"。[4] 腐败是

---

[1] 参见刘剑文:《论财税体制改革的正当性——公共财产法语境下的治理逻辑》,载《清华法学》2014年第5期。

[2] "法律保留原则"存在两个层面的含义:一是宪法层面上的法律保留原则,即特定重大事项只能由国家最高立法机关以正式的法律加以规定,而不能由行政机关作出规定。二是行政法层面的法律保留原则,即行政活动必须有明确的法律授权依据,只有在法律明确规定行政机关可以采取相应措施时,行政机关才能作出决定。

[3] 季卫东:《法治秩序的构建》,商务印书馆2014年版,第3页。

[4] 刘剑文:《公共财产法:财税法的本质属性及其法治逻辑》,载《财经法学》2015年第1期。

上述过程中的权力异化的表现,因此,通过财税法的途径治理腐败,实质上是财税法任务的本质要求。无论是贪污、挪用公款、私分国有资产等典型腐败,还是不合理"三公消费"等亚腐败现象,都反映公共财产管理制度的缺位与不周延,财税法律制度未能对权力形成有效的制约。这既是国家财税制度所面临的巨大挑战,也是完善财税法律制度的契机。基于公共财产理论,财税法对腐败治理不仅具有工具价值,同时也具有理念价值,它能够不仅能够使公职人员对"公款姓公""公权为民"的认识,[1]同时也能唤醒民众对国家财政的关切,从而为国家依法理财、防腐治腐提供更多的社会支持。公共财产理论认为,政府和纳税人是共存于一片时空之下的两类主体,因此,财税法有必要更多地强调协商与合作。"公众之光就是启蒙之光,是对迷信、幻觉和野心家阴谋的解脱。"[2]财税治腐变单一治理为多元协同,能够消解政府与纳税人之间紧张的对抗态势,为腐败的社会共治提供了参与的渠道,这对法治国家、法治社会建设至关重要。

三、国家治理与政党治理:财税治腐目的论

公共财产理论语境下的财税治腐,既肩负国家腐败治理的政策性使命,同时又承接国家法治建设的社会重任。古今中外,财政可谓是国家的神经,是国家的生命线。王安石曾语云:"夫周官一书,理财者居半",可见财政在古代国家治理中就已经处于重要地位。黄仁宇在考察明朝的财政史时,就认为明朝政府过分强调俭省(纪律约束、道德约束)而忽视了对财政收入和支出控制能力的建设,这种理财能力低下的制度性缺陷,导致了明代国家治理的衰落。[3] 政府的任何一项政策都必须以财政为后盾,国防如此,教育如此,社会保障如此,财政涉及社会生活的各个方面。换言之,国家对财政的物

---

[1] 参见《认真学习习近平总书记在十八届中央纪委三次全会上重要讲话精神》,人民出版社2014年版,第3页。

[2] [德]卡尔·施米特:《合法性与正当性》,冯克利、李秋零、朱雁冰译,上海人民出版社2015年版,第45页。

[3] 参见[美]黄仁宇:《十六世纪明代中国之财政与税收》,九州出版社2007年版,第321~326页。

质依赖性,直接决定了财政法律制度的重要地位与作用。[1] 党的十八届三中全会审议通过的《中共中央关于全面深化改革若干重大问题的决定》(以下简称《决定》)提出"国家治理体系和治理能力的现代化"[2]重要命题,体现出党和国家在中国经济社会转型进入关键时期时对国家改革方向的真知灼见。正如瓦尔达沃夫斯基(Wildavsky)所言:"如果你不能预算,你如何治理",[3]因此,《决定》将财政定位为"国家治理的基础和重要支柱",[4]彰显出财政对国家治理的基础性、制度性、保障性的重要地位。

在当下我国,推进国家治理体系和治理能力现代化的基本物质前提是坚实的财政基础。在全面深化改革的背景之下,改革涉及的内容实质是人、财、事的重新安排与调整,但归根结底,涉及"财"的事项具有关键意义,控制了"财",也就控制了"人"和"事"。[5] 国家治理法治化是国家治理能力现代化的基本保障,[6]因此,《决定》指出,"须完善立法、明确事权、改革税制、稳定税负、透明预算、提高效率",[7]即通过法治途径完善国家财税法律制度,"构建有效应对和化解国家与社会关系问题的治理规则、程序及其秩序",[8]实现对国家财政权力的外部边界的限制。

加强国家治理的财税路径的顶层设计,不是国家权力的主观意志,而是根植于公权力治理的动态演化的历史过程,是面向实践解决依法治权的建构问题。财税制度本身是对公共财政资源的分配制度,它是一种记录工具,具有"显示器"功能。[9] 通过对财税法权的合理安排,不仅能够控制公共财产的来源和去向,同时也抑制了公职人员假公济私的冲动,从而体现了国家治理的核心伦理,即"保证国家公共权力在人类道德价值观念允许的范围内运

---

[1] 参见吕忠梅、陈虹:《经济法原论》,法律出版社2006年版,第441页。

[2] 《中共中央关于全面深化改革若干重大问题的决定》,人民出版社2013年版,第9页。

[3] 葛克昌:《国家学与国家法》,台北,月旦出版社股份有限公司1996年版,第97页。

[4] 《中共中央关于全面深化改革若干重大问题的决定》,人民出版社2013年版,第23页。

[5] 参见刘剑文、侯卓:《财税法在国家治理现代化中的担当》,载《法学》2014年第2期。

[6] 参见王宗礼:《全面推进依法治国》,人民出版社2017年版,第25页。

[7] 《中共中央关于全面深化改革若干重大问题的决定》,人民出版社2013年版,第23页。

[8] 陈进华:《治理体系现代化的国家逻辑》,载《中国社会科学》2019年第5期。

[9] 参见王宏、高玉琢:《预算法治及其廉政功能》,北京大学出版社2015年版,第202页。

行”,“保全国家公共权力的内在善性,杜绝政治腐败,强化国家治理的道德合理性基础”。[1]《决定》中提出要实行预算制度改革,“实施全面规范、公开透明的预算制度。审核预算的重点由平衡状态、赤字规模向支出预算和政策拓展”,这一重点的转变体现出财政控权机能的唤醒。因为公权力的运行离不开资金支持,控制了财政,就是抓住了遏制政府腐败的核心领域和关键环节。

财税治腐是加强国家治理的财税路径的重要展现,同时也是依法治权最突出的表现形式。腐败的猖獗将导致国家治理的劣质化。国家治理制度的失效和治理能力的降低,将直接影响一个国家实现可持续的发展、可持续的稳定和改善民生与民权的努力的成效。在18世纪之前,英国历史上曾出现过非常严重的财政腐败;而到了18世纪中后期,英国议会通过改革控制了预算财权,从而使腐败得到了有效治理。[2] 同样,美国在20世纪初的财政预算改革运动也使当时国内的腐败现象得到了有效抑制,成为财税治腐的典范。这说明,与其他腐败治理方式不同,财税制度对腐败的治理往往是起根本性、全局性、长远性作用的。由此可见,通过加强财政管理,能够有效避免政府在行政活动中的寻租现象,实现公共财产管理的规范性、有序性和有责性。

同时,我们也应当看到,我国的反腐败斗争是在党的领导下有序、高效开展的,腐败问题是党和国家治理过程中均需要面对的疑难杂症。由于我国公职人员大多数为党员,公权力腐败治理问题在很大程度上也是政党治理问题,共产党作为执政党以党内法规为工具,同时通过治党与治国两个途径来实现“治国理政”。[3] 在这一过程中,财产和权力则成为党纪与国法二者的衔接点,通过党内制度“管财”进而“管权”“管人”,凸显政党法治的重要追求,体现党内法规体系与中国特色社会主义法治体系在精神内核上的高度统

---

〔1〕 向玉乔:《国家治理的伦理意蕴》,载《中国社会科学》2016年第5期。

〔2〕 参见焦建国:《英国公共财政制度变迁分析》,经济科学出版社2009年版,第168页。

〔3〕 参见强世功:《从行政法治国到政党法治国——党法和国法关系的法理学思考》,载《中国法律评论》2016年第3期。

一。当下的腐败治理需要发挥财政党规对政治建设的枢纽作用,规范公共财产在党内的运行,弥补现行法律规范的不足,从而为重构政治生态、消除政治风险、增强社会公信力提供有力支持。[1]

因此,财税治腐是联结国家治理与政党治理的桥梁和纽带。党内财政法规与国家财政法律相结合的"二元结构",成为抑制腐败的重要抓手。一方面,《预算法》《政府采购法》《审计法》等财政法律与《刑法》《监察法》等惩治腐败的法律相协调,财政党规与其他党的纪律规范相协调,在国法与党纪的平行空间内发挥理财与控权的双重职能;另一方面,党的纪委与监察机关合署办公,对违反党纪、职务违法与职务犯罪进行监督、调查和处置,实现了的党纪与国法的贯通与衔接。财税治腐为国家治理与政党治理提供了路径支持,为实现廉能善治奠定了基石。

四、现代化视角:三大基石的内在联系

美国政治学家塞缪尔·P. 亨廷顿(Samuel P. Huntington)提出"腐败程度与社会和经济迅速现代化有关",[2]认为随着现代化带来的各种制度变迁如果未及时进行制度化,就容易导致腐败。在这一过程中,如果相应的制度不完善、监督机制不健全、权力不明晰,那么会出现巨大灰色地带,寻租腐败的空间由此形成。

而腐败问题的滋生则会造成国家改革的效率降低,阻碍国家的现代化进程,导致现代化的"早夭"或者"曲折反复"。正因如此,腐败治理的成效成了国家治理能力和治理体系现代化的重要体现。在现代化转型的过程中,腐败问题形成的原因是复杂的,是政治、经济等多重因素相互渗透、相互作用的结果,因此,对腐败的治理也应当寻求多种渠道,这也就使腐败治理问题成为一个领域法学问题。

---

[1] 参见刘剑文、胡翔:《法治视域下财政党规的三维审思——制度定位、功能拓扑、理念建构》,载《法学杂志》2019 年第 2 期。

[2] [美]塞缪尔·P. 亨廷顿:《变化社会中的政治秩序》,王冠华、刘为等译,生活·读书·新知三联书店 1989 年版,第 45 页。

经济发展是现代化追求的重要目标，为发展经济，国家和政府应具有导向与决策作用，而财税制度在这一过程中扮演了重要角色：国家通过财税手段对国内的经济资源进行配置，从而为国家经济建设提供财政保障。而财税制度的不健全，不仅为掌握财政权力的公职人员提供了腐败机会，也为其他利益主体谋求财税资源（包括财税制度供给和直接的财税优惠）创造了现实可能。从这一层面来看，在现代化过程中，相当一部分的腐败都可以归结为财税腐败，因此，寻求腐败治理的路径，就不能忽略财税法这一最直接、最根本的治理路径。

前述财税治腐的三大基石统一于现代化进程中腐败治理模式的转型，即第一，腐败治理理念的多元化。腐败治理由传统的单一刑事制裁转向复合的“财税—刑事”多重规制，腐败治理由“惩戒思维”转变为“预防与惩戒并重”。第二，腐败治理立场的“零容忍”。刑事规制无法解决非典型腐败问题，尤其是对未达到犯罪程度的“腐败”行为，无法进行有效治理；党纪处分只能约束党员因而作用范围有限。而财税制度恰如其分地弥补了这一空白，即通过法权安排实现对国家公共财产细致入微地管理和监控，使公共财产真正服务于“公共”。第三，治理方式的主动化。财税治腐创新了腐败的治理模式，以制度来预防“增量腐败”，克服了刑事制裁的“事后性”“被动性”的缺点，这本身也体现了国家治理能力的优化，反映国家以综合性预防为手段，以塑造清廉社会环境为本位的价值选择。

第五节 变革与转型：财税治腐承载的三重功能

财税治腐以“财税”和“反腐”这两个主题、两条线索，贯穿中国特色社会主义法治建设的众多环节，其背后无疑是一个庞大、复杂并关乎国家政治生态的系统工程。因此，对财税治腐功能的提炼，则不能单从“理财”或者“治腐”某一个角度进行理解阐释，而是应当放置于法治中国建设和实现现代化的全局中进行思考，从财税制度应用场景、机理、治理成本以及对国家和人的行为产生的影响等要素中进行考察。在新形势下，公权约束不力、政府公信力不足等成为当下中国社会发展和国家建设道路上的阻碍，这就要求我们及时调整法治建设的路径与方向,以化解重大风险、实现公平正义作为目标。财税制度作为关乎民权民生、促进社会和谐稳定的重要制度,理应承担起实现权力规制、理财方式和国家治理现代化的三重功能。

一、权力规制的现代化:从个体惩戒到制度控权

党的十八大报告明确提出,要坚决"反对腐败、建设廉洁政治"。"廉洁政治"是与"腐败政治"相对而言的一种理想政治状态,要求国家机关及其公职人员普遍清廉,没有大面积的腐败。[1] 而要实现这一理想政治,除加强公职人员自身修养,使其树立廉洁从政从业的价值观念外,更重要的是要加强对公权力的控制。正所谓"信任不能代替监督",[2]没有"监督"的"信任"是盲目的,因此,廉洁政治的建设需要对公权力的行使者进行监督,腐败治理"永远在路上"。[3]

从本质上来讲,腐败治理的核心要义还是"依法控权",而要真正将"权力关进制度的笼子里",仅仅从惩治个别公职人员的腐败行为入手还是远远不够的,须知腐败治理是一个系统工程,需要在权力运行的各个要素上均有所作为。故"反腐可从个体入手,防腐要从制度入手",[4]构建常态化的制度防腐机制,才能真正筑起预防腐败的堤坝。"制度反腐的关键是依法反腐",[5]然而"一考虑治理欺诈和腐败,人们通常就会立刻想到利用法律和监察机制来加以惩治。然而,这只是最简单的一个办法,它所能实现的,最多只

---

〔1〕 廉洁政治应该包括七个方面的内容:(1)廉洁的执政党和参政党:执政党和参政党担任政府职位的党员普遍清廉,党的组织机构及其党务管理的清廉;(2)廉洁政府:政府官员普遍清廉,没有大面积腐败;政府是一个廉价政府或低成本政府,维持政府自身运转的行政成本低廉;(3)法为良法:杜绝部门利益法制化和地方保护主义性的立法腐败和行政决策腐败;(4)任人唯贤和任人唯能,消除裙带风和用人腐败;(5)实现司法正义,杜绝司法腐败;(6)消除了公对公、下级对上级的所谓公贿和以单位名义从事的腐败犯罪;(7)消除了亚腐败如侵害群众利益的各种不正之风,实现风清气正。参见何增科:《廉洁政治与国家治理》,中央编译出版社 2017 年版,第 18 页。

〔2〕《中国共产党党内监督条例》第 3 条。

〔3〕 2014 年 3 月 9 日,习近平在参加第十二届全国人大第二次会议安徽代表团的审议时指出:"作风建设永远在路上。如果前热后冷、前紧后松,就会功亏一篑。"

〔4〕 徐迅雷:《权力与笼子》,广西师范大学出版社 2015 年版,第 8 页。

〔5〕 李友文、索光举:《依宪治国与反腐》,暨南大学出版社 2016 年版,第 7 页。

不过是通过实施严格的法律和严厉的制裁措施，给人带来一种‘感觉良好’的光环——然而，环顾世界，这些行动却少有取得成效”，“最为有力的反腐败机制就是建立起一套良好的财务管理制度”。[1] 财税治腐将治理的路径的侧重点由人（身份）转移到了财政制度，体现了梅因提出的“从身份到契约”的价值转换。[2]

财税治腐实现了制度规制与主体规制相结合的控权合力。党的十八届三中全会强调必须构建决策科学、执行坚决、监督有力的权力运行体系。笔者认为，监督有力离不开三大要素，即“问责”“监督”“公开”，财税制度对权力的控制应当体现以上三个要素。以预算制度为例，在预算编制过程中，应当加强保证人大的预算主导权，要把加强监督和强化问责密切结合起来，加强对各种政府资金分配、使用的监控，对发现的违规现象，及时将相应问题线索移送监察机关，形成财税治腐与监察反腐相配合的掎角之势。同时，也要加强预算公开，内容应该包括预算依据的背景材料、信息的公开，预算编制、审批、执行、变更、决策过程的公开，预算批准内容的公开，从而以清晰真实、客观全面的公开来调动多元主体（包括普通民众、新闻媒体、非政府组织）对政府资金分配、使用监督的积极性。

财税治腐以一种柔性化的机制强化对权力的控制，同时也体现出对公职人员的保护。这种制度化的安排将权力运行所需要的资金链条置于严密的监督体系之下，构成了一种类似福柯式的“全景敞视主义”的权力监控机制。[3] 与刑事规制的严厉性、强硬性不同，这种控权机制并非损益性、侵入性的，并不存在对公职人员个人空间和自身利益的侵犯，这就使变革的阻力大大减少，达到一种“润物细无声”的控权效果。将财税控权与行政控权、刑

---

〔1〕［新西兰］杰瑞米·波普：《制约腐败——建构国家廉政体系》，清华大学公共管理学院廉政研究室译，中国方正出版社2003年版，第314页。

〔2〕参见［英］梅因：《古代法》，沈景一译，商务印书馆2017年版，第112页。

〔3〕参见［法］米歇尔·福柯：《规训与惩罚》，刘北成、杨远婴译，生活·读书·新知三联书店2012年版，第219页。

事控权相结合，由此形成了“金字塔”式的具有层级性的控权体系，[1]底端为财税控权等较缓和的制裁措施，只有当财税手段不足以对该行为进行制裁时，才会拾级而上，使用更高层次的行政制裁乃至刑事制裁等较为严厉的惩戒性手段。这也体现了一种权力规制的策略，既能够惩戒最糟糕的违法者，同时也能够鼓励权力主体自愿守法。从一定程度上来看，通过及时发现并纠正公职人员的财税违法行为，防微杜渐，防止其进一步恶化上升为犯罪行为而遭受更严厉的刑事制裁，这也体现出对公职人员的保护。

二、理财方式的现代化：从法制财政到法治财政

财税治腐同时也是完善国家理财方式、重构财税法功能的重要机遇。财税治腐路径实现了财政法由“政府用于财政管理的法”到“管理和监督政府财政的法”的重大转变，即由“法制财政”到“法治财政”的变革。“立善法于天下，则天下治；立善法于一国，则一国治。”[2]不是所有的法都能治国，更不是所有的法都能治好国，要治国还是要强调良法善治的问题。财税治腐不仅推动了财税以及相关领域法律规范的完整性和体系化进程，同时还促进了财税法治理念深入人心。

现代财政制度的建立应遵循法治方式，按照法治思维和法治方式推动财政领域国家治理的现代化，而财税体制改革应将实现“公共财产和改革成果为全体国民共享”作为其正当性基础。同时，减少腐败存量的过程对财税制度的完善具有反哺作用。办理腐败案件的关键在于线索的获取，对线索的调查往往基于两个思路，即获取相关当事人的活动信息和获取相关资财的流动信息，显然获取后者较前者在困难程度上要更小。而资金的流动可以通过预算案与执行情况的比对显示出来，也即为腐败提供了一个可显示的平台。具体而言，这一反腐败过程不仅需要各部门预算公开形式责任、预算公开内容

---

〔1〕“规制金字塔模型”由英国学者艾尔斯(Ayres)和布雷恩韦特(Braithwaite)提出，旨在解决遵从和威慑相结合的控制体系。参见[英]罗伯特·鲍德温、马丁·凯夫、马丁·洛奇等：《牛津规制手册》，宋华琳等译，上海三联书店2017年版，第139~141页。

〔2〕《宋文鉴》第九十六卷《论·周公》。

责任以及审计结果责任作为保障,[1]同时还需要票据管理等制度的配套。这就要求必须加强相关制度的法治化建设,以保证在反腐败过程中能够对相关的数据资料追根溯源,从而确保信息的真实性。故在此基础之上的中国财政改革的内生逻辑的合理性就在于这种“倒逼”机制的产生,这是改革原理从激进向理性的转变,从非常向平常的回归。[2]

财税治腐路径的提出,不仅体现了在控权技术上的进步,同时也体现对财政制度定位的本源性问题的回答。经过漫长历史发展、演进到现代的财税制度经验,归根结底是财税法治的优越性。[3] 传统的财税法研究多将财税制度置于公共财政的语境下进行理解,以政府财政收支、管理为主线展开叙事,将财税法视为管理的工具,对财税制度本身建构是否符合“正义”之标准关注阙如,即只体现出对“实然”的遵循,而忽视了对“应然”的思考。而财税治腐则更加强调财税法定,促进理财行为既符合规范的要求,同时也契合分配的正义。其中包含了三个层次。

第一个层次是矫正不法,这也是财税治腐最突出、最直接的作用。通过对近 5 年来审计署发布的审计公告进行梳理发现,各地区的财政违法行为并不鲜见。相较政府部门,国有企业的相关问题较为明显:虚报预算;长期不办理决算;虚假报销、冒领、套取资金;不细化预算;挪用预算、公款(包括挤占公款和自行调整公款用途);国有企业经营利润不上缴或者少上缴;向非预算单位或个人拨款;公款私存(包括账外存款和公款转移)等现象仍然存在,[4]这也是当下财税治腐着重需要解决的问题。由于大量预算外资金、制度外资金的存在,预算审议批准流于形式,预算执行的随意性较大,从而给政府官员的腐败带来了空间,这也从另一个方面反映了财政法治建设不足的现状。因此,未来的反腐制度构建,应当发挥财税制度对腐败的治理作用,其重点是将

---

〔1〕 参见王宏、高玉琢:《预算法治及其廉政功能》,北京大学出版社 2015 年版,第 220 页。

〔2〕 参见朱丘祥:《我国财税改革中的倒逼机制——兼论转型时期财税法研究的经验路径》,载刘剑文主编:《财税法论丛》(第 13 卷),法律出版社 2013 年版,第 203 页。

〔3〕 参见刘剑文:《财税法学研究述评:2005—2014》,法律出版社 2015 年版,第 35 页。

〔4〕 具体内容详见中华人民共和国审计署官网:http://www.audit.gov.cn/index.html,最后访问日期:2019 年 9 月 9 日。

所有的公共资金都纳入预算管理,且在制定时保持精细性。

第二个层次是推动合规,即通过强化财税法对财政资金收支、管理的规范性作用,推进各方合规建设。这实际上体现财税法对理财方式向法治的皈依,这一层面体现出“财税法的主体职能是合法组织政府收入,合理安排政府支出,规范财政财政资金管理”。[1] 具体来看,包括三个方面的内容:首先,是确保政府等公权力部门各项资金的来源、使用都有法可依,且具体的过程符合程序性要求,减少违规收费、违规采购等行为的发生。其次,是实现国有企业的财税制度的规范治理,通过完善国有企业的内部的财务内控(包括会计核算、财务预算、财务报告、考核评价等体系),规范国有企业的财务行为,防止国有资产流失。最后,是完善政府采购、土地出让等需要同私营企业部门进行交涉的财政行为的相关操作规范,严格审查,防范“政府俘获”,[2]阻断私腐败向公权力腐败的通道。

第三个层次是建构秩序。英国社会学家斯坦利·科恩(Stanley Cohen,1942~2013 年)就曾指出,秩序同社会生活中的规制、限制、禁止等存在一定关联,[3]财税治腐即通过规制财政收支、管理行为,限制权力的恣意,禁止以权谋私和公财私用而缔造这种秩序。以财税治腐作为基点,一方面,促进不同机关在打击财税违法、财税腐败之间的合作,从而完善国家财税监督体系;另一方面,将财税收支、管理等各项活动均置于法治之中,以构建完善的财税法律体系确保财税活动的有序、高效运行,从而实现财税领域的良法善治。

三、国家治理的现代化:从传统统治到现代治理

财政不仅是政府的收支活动,而且是国家治理体系的基础和重要支

---

[1] 熊伟:《走出宏观调控法误区的财税法学》,载刘剑文主编:《财税法论丛》(第 13 卷),法律出版社 2013 年版,第 74 页。

[2] 所谓政府俘获(state capture),是指企业通过为公职人员提供非法的个人所得来制定有利于自身的国家法律、政策、和规章的企图。

[3] 具体参见科恩:《现代社会理论》(英文版),伦敦海涅曼出版社 1968 年版,第 18~19 页。转引自张文显:《法学基本范畴研究》,中国政法大学出版社 1993 年版,第 258 页。

柱。[1] 在“理财治国”图景中,依法治权与财税法治紧密衔接、相互配合,共同构成国家治理总目标的两大核心要素。财政是国家获得和巩固其合法性的基础,是国家治理的基础和重要支柱,财政治理的现代化决定了国家治理体系和治理能力的现代化。现代财政,是从中国国情出发得出的财税法学的全新立场,财税法要建构和完善“公共财政、民主政治、法治社会、现代国家”的理想图景。[2] 通过对理财治国理念的宣扬和落实,对政府财政权和经济活动进行有效约束,促进政府依法理财、民主理财、绩效理财,从而为我国探索国家治理方式转型的进程疏通“瓶颈”,这可谓是一种全新的思路和视野。[3]

国家治理的现代化的突出表现,就在于治理主体与治理方式的多元。治理与管理虽然密不可分,但两者之间确有不同之处,国家管理视野内的主体通常只是政府,而在国家治理的视野内,其主体除政府外,还包括社会组织乃至居民个人,体现的是统一共治的理念。[4] 财政的作用不仅在于为政府履职提供物质保障,同时关涉包括政府社会组织和居民个人在内的所有主体的切身利益,因而财税治腐依托多元主体的参与,开拓了多元共治、强调治理权力和推崇综合治理的现代化治国模式。在主体上,财税治腐实现了政党治理、公民治理、人大监督、审计监督、监察监督“五位一体”的腐败治理格局,这一格局中既有高层自上而下“顶层设计”的制度建构,也有社会公众作为纳税人的自下而上对国家权力进行监督的公民意识的唤醒。系统化的监督克服了传统监督模式“头痛医头,脚痛医脚”的临时性、突击式、形式化的缺陷,从而使财政监督始终保持全过程化和常态化。[5]

国家治理现代化需要优化国家治理的权力配置,以促进国家职能的有效

---

〔1〕 参见高培勇:《论国家治理现代化框架下的财政基础理论建设》,载《中国社会科学》2014 年第 12 期。

〔2〕 参见刘剑文:《重塑半壁财产法:财税法的新思维》,法律出版社 2009 年版,第 12 ~ 15 页.

〔3〕 参见刘剑文:《财税法学研究述评:2005—2014》,法律出版社 2015 年版,第 63 页。

〔4〕 参见高培勇:《论国家治理现代化框架下的财政基础理论建设》,载《中国社会科学》2014 年第 12 期。

〔5〕 参见杨燕英:《基于国家治理现代化构建新型财政监督机制》,载《财政监督》2017 年第 8 期。

发挥和国家权力的规范运行。财税治腐事关国家的“财”“权”的“二元互动”，能够打通国家权力运行的各个部门和环节：以腐败治理为目标，财税为线索，在权力分配上，突出人大的宏观监督和审计机关、监察机关的微观监督，强化了财政、税务部门的管理职责，同时理顺了政府及国有资产管理部门同国有企业之间的权责关系，从而推动了国家权力的合理配置。

国家治理现代化同时也需要公平正义作注脚。公共财产权，是政府基于其公共性特质行使的权力，是在现行财税体制和财税法理论中抽象出来的、兼具财产性和行政性功能的公权力，但更注重公共财产取得的正当性及分配的正义性。财税治腐以“财税”和“反腐”两大核心主题，分别指向“公平”与“正义”两大价值目标。共财私用从某种程度上被看作当权者的特权，通过加强财政监督，使当权者用好手中的职权，使更多的财政支出投入民生领域，从而促进公共服务均等化的实现，符合公平正义的理念；法治财政也同样强调程序正义，要求国家财政收支管理的公开，公开是为了监督，而监督则指向分配的正义。与此同时，各权力主体拥有和支配的财政权力以及其财政权力运用，会直接或间接地影响市场经济的运行，通过防范政府部门被私主体（主要是私营企业）“俘获”而为其提供制度供给和交易机会，不仅可以防止私企腐败向公权腐败蔓延，还能实现市场竞争的公平。

第二章　财税治腐制度论

领域法学理论为财税治腐提供了研究方法论，公共财产论划定了财税治腐的范畴，国家治理与政党治理为财税治腐指明了目的与方向，变革与转型的当下，财税治腐以“财税”和“治腐”这两个主题、两条线索，贯穿中国特色社会主义法治建设的众多环节，承载着实现权力规制、理财方式和国家现代化的三重功能。作为理念的财税治腐的正当性与合理性，前文基石论予以了论证，本章节的任务是将基石论中所提及的理论和理念转化为制度研究，从腐败治理的角度重新审视我国财税法律体系，探究其在腐败治理中的合法性以及合理性，并进一步考察国法和党规在腐败治理的规范供给上的异与同，探讨财税法律法规与财政党规在平行空间内应当如何结成规范联盟并在二元结构之下发挥双重治腐职能，为财税治腐奠定制度论基础。

第一节　财税法律法规对腐败的治理考察

财税法规制的腐败行为是狭义的腐败行为，它涉及的权力是与公共财产收、支、管理密切相关的，它的腐败对象是公共财产或与之相关的权力，它的行为违反了财税法律法规的要求，进而应当受到惩罚性约束，这是一类从性质和数量上均亟待被部门法更加精细化规制的行为。源于财税腐败行为的基本特征，需要能够对此特征行为进行有效性规范的文本，财税法律法规义不容辞。落实至文本建构，财税法律法规旨在从源头上看牢财税腐败行为的重要对象，即公共财产；通过严格规范与公共财产收、支、管理相关的权力，有效从根源上防止腐败行为的发生;同时,通过给行为人以明确预期达到保护行为人的目的。中国目前已有的相关财税法律法规对腐败的治理呈现规范化、体系化、类型化等特点,有助于从微观上治理财税腐败行为。

2019年年初,习近平总书记在中国共产党第十九届中央纪律检查委员会第三次全体会议发表重要讲话强调,巩固发展反腐败斗争压倒性胜利。用词之变折射出全面从严治党取得了更大的战略性成果。站在新时代党和国家事业发展全局的高度,习近平总书记深刻总结党进行自我革命的宝贵经验,对反腐败工作作出了更高的要求。就理论研究而言,发挥专业优势更加有针对性地对具体腐败行为、腐败权力、腐败对象作出对策性研究,将是近一段时间理论工作者责无旁贷的任务。

宪法中的财税条款是财税领域的宪法性规范,我国《宪法》中的这类财税条款大致可以分为两大类:直接涉及财税的条款和间接涉及财税的条款,前者主要涉及"纳税义务""审计工作""预算工作""自治地方的财政自治权"等;而后者所涉及的条款围绕"保护公民财产权"这一目的展开,保护体系包括构建国家基本制度和配置国家公权力从而提供积极的供给性的保护,以及严格财政运行的制度框架以提供消极的防御性的保护。[1] 那么,如何合理配置财税领域的公权力?如何规范和约束公权力从而防止其失范?权力失范后又该如何问责和救济?这些问题都需要在财税法律法规中具体展开和回答,也只有当这些问题被详尽地回答的时候,宪法中的财税条款才真正得以实施和落地。因此,财税法律法规自公布之日起,不仅产生了法律意义上的效力,更是被赋予了"规范财税领域内公权力"的权限和责任,而腐败治理作为公权力规范工作的重要内容,自然也应被纳入财税法律法规的权限范围之内。在回答了"财税法律法规依何治理腐败"后,"财税法律法规何以治理腐败"则是接下来需要论述的问题。在财税法这一特定部门法中,规范好两个重要的因素就可以对腐败进行划定和制约,即公共财产和与公共财产运行相关的公权力。而现有的财税法律制度在宪法类规则的指引下,构建了

---

〔1〕 参见刘剑文等:《财税法总论》,北京大学出版社2016年版,第23~25页。

一套以预算类制度为中轴设计,靠收入类财税法律法规抑制腐败源头,凭支出类财税法律法规监督公共财产的使用,依监管类财税法律法规进行统一治理,借综合类财税法律法规实现体系弥合的全方位多维度的治理制度。接下来的论述将聚焦于在我国现阶段如何通过财税法律法规治理该领域内的腐败行为。

一、财税腐败行为划定的双重维度

(一)基于法律构成要件的规范评价

聚焦于财税法视域的政治腐败,公权力的内涵被特定化,从而腐败行为也被具体化:首先,其发生于公共财产处分环节的公共财产处分权被滥用,即公共财产用于各项预算支出的过程;其次,在公共财产收入阶段,滥用公共财产收入的权力也会导致腐败;最后,在对公共财产的管理过程中,滥用对公共财产的管理权力是腐败的诱因之一。针对以上财税领域出现腐败的区域,财税法律法规构建了一套完整的规范对其进行规制。以此为基础,接下来将从正反两面更加清晰地勾勒财税法治理腐败的边界。

从正面界定出发,依循主体—对象—行为结构,财税腐败行为可进一步具象化为:主体享有对公共财产收、支或管理的权力;对象为公共财产及与之相关的其他财产,或与公共财产关联的收、支、管理权力;行为发生在对公共财产收、支或管理过程当中;行为后果违反了财税法律法规。依据财税腐败行为的阶段不同,具体包括:公共财产收入阶段(比如,税收征管阶段的合谋),结果实则为公共财产未能入账的贬损;公共财产支出阶段(比如,政府采购过程及预算过程),结果实则为公共财产未能公平有效使用;公共财产管理阶段(比如,未能按照审计法相关程序要求),结果实则降低了公共财产使用效率。

因此,可得出结论:财税法规制的腐败行为是狭义腐败,是广义腐败中的一部分,它涉及的权力是与公共财产收、支、管理密切相关的,它的腐败对象是公共财产或与之相关的权力,它的行为违反了财税法律法规要求,进而应当受到惩罚性约束。从行为与法律文本的对应关系上来说,财税法律法规是与财税腐败行为相对应的。财税法律法规的调整对象,是公共财产运行过程中的权力和权利关系。可见,其调整对象的重要部分恰包含了财税腐败行为,其理应成为对财税腐败行为的调整文本。

需要说明的是,按照以上逻辑,在研究部门法视野中的腐败问题时,需要格外聚焦。但是在问题的展开过程当中,我们却发现对财税腐败行为的规制亟须行政法、刑法等相关部门法的助力。此时,同一行为在某一部门法规范下发生了溢出。换言之,对某一行为的调整常常是一个部门法规范难以独自承担的。为了试图勾勒该问题,依据我国现有财税法律法规涉及腐败的相关条款对行政法和刑法的提及,可以认为三者对腐败的规制是有从弱到强的程度之分的。换言之,如果在财税法阶段能够抑制的腐败行为,是不会发展到行政法和刑法视域之中的。

另外,需要注意,虽然财税法视域中的腐败行为,不如刑法视域内的腐败具备诸多构成要件,符合罪刑法定原则,但是我们仍可以尝试用涉腐人员(行为主体)、具体手段、行为对象三个要素对其进行剖析。在这种结构之下,涉腐人员涉及享有对公共财产使用、支出和管理的公权力主体,其间接或直接对公共财产进行侵犯,抑或利用附着于公共财产上的公权力为自己谋私并导致公共财产的损失或低效率完成,其规制背景应当是法治国家框架之下的预算国家。

以上尝试在财税法及法学学科内调动对行为界定的基本要素,对财税腐败进行界定,这是一种专业化的研究方式。另外,腐败作为一种社会行为,其在不同时空中的定义常常依赖社会集体共识的形成。

(二)基于社会容忍度的价值评价

一种极具洞见能力的法哲学认为,在任何政治或社会制度下,法律都不可能,要么完全是政府性的,要么完全是社会型的经验法哲学。法律产生于社会与其统治者间的紧张及协调关系之中,法律制度反映的是二者间命令性因素与社会性因素间微妙的互动关系,当然这两种因素在不同国家和不同历史阶段中常常是交替占优势的。人们必须在政府与人民之间找到某种妥协方法,以保护法律制度的完整性和效力,如果政府走得太远,超出了人民所能接受的限度，或者反过来看，如果一个前进中的国家被一个主张倒退的政府拖住，那么整个或部分法律制度就会陷入困境。[1] 换言之，法律产生于社会认同以及统治者认同的紧张及协调关系之中。因此，一个新的法学概念需要对该法的以上两个主体共识有清晰的判断。

因此，界定财税法视野当中的腐败还有一种必要的思路是通过社会对财税领域腐败的容忍度来进行界定。比如，纳税人对自己的私有财产转化为公共财产之后如何对其进行监督。从原理上来说，对其私有财产使用的逻辑前提是公权力主体需依据财税法律法规收入、使用并管理公共财产。而一旦这一前提被打破，就触犯了纳税人容忍的制度边界，成为潜在财税腐败行为。我们可以假设一下，当纳税人的私有财产转化为公共财产之后，一旦这种财产失去了应有的财税法律法规约束，那么纳税人不仅会对该制度本身产生疑惑，更会对制度约束之下的私有财产转化为公共财产的合法性产生质疑，这对法治本身是一种侵蚀和摧毁。

另外，还可以步入微观层面考虑相关主体感受。以作为特殊类型纳税人的企业纳税人为例，由于现阶段中国各地经济发展的不均衡，因此，各地在招商引资过程当中，会使用财税法中规定的自由裁量权为招商引资注入活力。而这种裁量权使用的边界是否清晰呢？如果答案是否定的，在运行过程中一些纳税人可能会产生对相关规范是否公平的质疑，更有甚者会产生对该权力运行过程中财税腐败出现的疑惑。

以上方式沿着否定性边界赋予财税腐败以内涵，可以与正面的财税腐败界定配合理解和考量。有一点必须指出，对不同发展阶段的国家来说，其以政治、经济、文化制度为土壤而达成的社会共识在很大程度上决定了对财税腐败概念的内涵界定。

二、财税治腐逻辑体系构成

财税法律法规对财税腐败的规制是有其内在逻辑和学理支撑的：首先，

---

[1] 参见[美]E. 博登海默：《法理学：法律哲学与法律方法》，邓正来译，中国政法大学出版社2017年版，第326~342页。

是公共财产法理论的给养,其从必要性上提供了财税法律法规对腐败规制的有效根据;其次,财税法体系理论铺陈了我国立法层级中各类财税法制度供给,也为本课题论述财税法律法规对腐败的规制划定了可操作的制度范围和边界;最后,财税法行为理论对财税法相关制度作了类型化的处理,这为实践中通过规范不同财税行为防止腐败发生作出铺垫。需要注意的是,在具体制度的微观建构上,应以财税法的权力和责任相对应为基本前提,助力将理念落实于财税法律法规的具体条文,并且提供“有牙齿”的财税法律法规治腐体系。

(一)公共财产理论

财税法的基本属性之一——公共财产法——决定了治理腐败是财税法的应有之义:一方面,作为纳税人将部分私有财产依据财税法规范让渡给国家。此时,该私有财产的性质发生变化,转化为公共财产。因此,纳税人享有对该公共财产的监督权利。落于制度层面,这正是财税法赋予纳税人的权利,这一权利可以预防以该公共财产为对象的腐败行为发生。另一方面,国家要严格按照财税法的规范要求将私有财产转化为公共财产,并且在成为公共财产的管理人之后,严格依据财税法规范对公共财产的支出和管理行使权力和履行义务。这些权力和义务中包含了对公共财产处分权力的约束,通过对这类权力的限制可以严格防范该领域腐败的发生。可见,内涵于财税法的公共财产属性赋予了财税法治理腐败的先天基因。

通过以上逻辑可见,财税法的公共财产法禀赋赋予了其治理财税腐败的功能。这一功能蕴含于财税法制度本身,比如,预算法通过预算这一重要制度全流程对公共财产及附着其上的相关权力进行规范,预防与此相关的腐败行为。因此,在此领域无须浪费立法资源另行专门立法,即可有效治理腐败。同时,为了财税治理腐败逻辑制度化的体系完整,还应促进其他相关价值目标一致而达成方法不同的立法,比如,官员财产公开制度等。当然,制度的构建只是财税法治理该领域腐败迈出的第一步,其在实践中还需要制度的配套实施及监督才能达到应有的效果。

（二）财税法行为理论

本质上，公共财产理论从腐败对象的角度为财税法治理腐败提供了根据。而从法调整对象的维度来看，腐败的发生是由有权限的主体对这一对象实施的一系列作为或不作为。因此，归根结底，财税行为是研究财税腐败的重要载体。

财税行为是财税主体实施的，能够产生财税法律效果，且需要财税法规进行评价的行为。[1] 从主体上来看，它涉及国家机关与纳税人之间的行为，以及国家机关与国家机关之间的行为；从性质上来看，它包括财税执法行为和财税法规、规章及其他规范性文件的制定行为；从范围上来看，它涵盖财政基本行为、收入行为、支出行为和管理行为。

财税法行为理论，是从宏观到微观治理财税腐败问题的重要桥梁，这个链条通过对财税行为的构成要件作出法学角度判断，具体化了行为当中的主体主观要件，行为以及最终的结果，通过对微观事实的描述，将具体涉腐行为抽象为财税行为，并将其类型化。这种基于财税法技术上的处理，不仅完成了对腐败行为的抽象及规范化，也完成了对腐败问题的类型化处理，便于对每一个具体事实进行研判。在之后对财税法相关法律法规规制腐败的论述当中会发现，每一条规则对具体行为和权力的约束都是基于财税法行为的解构而展开的。

（三）财税法体系理论

就完整的财税法体系而言，不仅包括宪法中的财税条款以及政府间财政关系法、预算法等财政基本法律，还可以按照财税活动的动态流程为线索，分为财政收入法、财政支出法和财政监管法等。[2] 需要说明的是，本课题对财税体系的分类标准并非单一的，它既按照法律层级高低进行分类。同时，还依据所涉及的具体领域进行分类。

财税法体系理论不仅为我们研究财税法律法规治腐划定了边界，同时在

〔1〕 参见陈立诚：《财税行为构建论纲》，载《北京社会科学》2015 年第 7 期。

〔2〕 参见刘剑文等：《财税法总论》，北京大学出版社 2016 年版，第 23 ~ 56 页。

实践当中,尤其在司法过程中,对司法人员和实务人员为检视腐败行为而进行的财税法律法规检索,提供了基本引擎法律支撑的逻辑根据。

三、全方位多维度财税法制度输出治理腐败

根据前文梳理,可以得出财税法治理腐败的思路主要为两条:一是为看好公共财产,二是监督附着于公共财产之上的收入、使用、管理的公权力。主要对策为,通过预算明确公共财产的边界,并通过规范从收到支再到管理公共财产的公权力,尤其是弹性权力,即自由裁量权较大的权力以根治该领域可能出现的腐败行为。同时对已经出现的违规行为,进行严格的责任追究,完成权力和责任相对应的配置。

本部分对财税法律法规的制度梳理遵循两个依据而展开:一是按照我国立法法体系,从宪法到法律到法规规章等制度一脉相承的体系。这种分类便于对我国财税法律法规对腐败的治理有立体化了解。二是将财税法对腐败的治理划分为预算、收入、支出、管理等领域,相关规则依据此标准寻找相应领域进行分类。这种分类便于在实践中根据具体财税行为所处领域迅速找到对应的所有规则。需要说明的是,在以下的论述过程中,以上两种分类有交叉之处。

(一)宪法类规则

宪法中涉及财税法的条款,成为下位的财税法律法规的价值指引。[1]其中,有关对腐败行为规制的内容在我国《宪法》具体体现在以下条款中:相关条款对预算权力有明确的配置,体现在第 62 条赋予全国人民代表大会审查和批准国家的预算和预算执行情况的报告的权力;第 67 条赋予全国人民代表大会常务委员会审查和批准国家预算在执行过程中所必须作的部分调整方案的权力;第 89 条赋予国务院编制和执行国民经济和社会发展计划和国家预算的权力;第 91 条赋予国务院设立审计机关,要求其对国务院各部门和地方各级政府的财政收支,对国家的财政金融机构和企业事业组织的财务

---

〔1〕 参见刘剑文等:《财税法总论》,北京大学出版社 2016 年版,第 23 ~ 56 页。

收支，进行审计监督的权力；第 99 条赋予县级以上的地方各级人民代表大会审查和批准本行政区域内的国民经济和社会发展计划，预算以及它们的执行情况的报告的权力；第 117 条赋予民族自治地方的自治机关有管理地方财政的自治权力等。

因此，可以看出，我国《宪法》对腐败行为的规制方式是主要通过明确与预算全过程密切相关的各种权力得以完成。这是由《宪法》对财税法规的统领地位所决定的，以上条款通过预算权力的主体配置不仅完成了对预算相关权力的规范，同时描绘了我国如何花钱的基本权力蓝图。

同时，宪法中对政府间财政关系的规范，即政府间财政关系法是各级政府的财政收入法和财政支出法的基底，构成了财政资金筹集、使用和分配中首要确定的前提。

（二）预算类制度

所谓中轴制度，即贯穿整个财税法治理腐败的基本制度。预算类法律法规即属于此种制度。预算法是财税法体系内对腐败治理具有统领性的法律。预算相关法律法规通过预算这一制度设计，其内涵本身包含了收支管理等实体或程序性要件，因此，预算制度本身即可作为对腐败治理的重要工具。

分析预算对腐败的规制有一个基本理论叫作系统论，它指出腐败最有可能在政治机构薄弱的地方兴盛，比如，改革的地方政府、党派系统及地区选举等。这些领域存在无效的组织和法律，缺乏有力的审计和内部控制，几乎无人参与的决策，以及缺少具体标准的判定。这些都会招致和煽动腐败。就我国而言，财税领域的腐败现象正是因为之前该体系存在脆弱性，这也是完善预算法体系的迫切意义。

预算法律法规对腐败的规制有极丰富的理论支撑。比如，预算公开覆盖于政府使用公共财产的整个过程。这些信息对纳税人公开，充分调动纳税人的民主意识，并且这种制度的设计是源于民主的。从法律体系来看，在宪法之下的财税法律层级中，预算法贯穿于财政平衡和财政收入、财政支出的始终，因此成为财政监督的主要手段，有“财政宪法”之称。预算法是政府财政行为科学、民主、公开、规范的重要制度保障，它主要包括预算编制、审批、执行和监督等方面的法律规定,同时也包括财政资金入库管理和出库的相关内容。以上法律规定实际上规范了预算相应的各种权力。通过这种规范,可以有效地避免腐败行为在以上阶段的发生。

(三)收入类财税法律法规

财政收入法与财政支出法相互衔接,先是筹集到财政资金,即将私人财产转化为公共财产,接下来使用公共财产提供公共产品。在这一过程中,如何规范相应权力预防腐败成为财税治腐的首要环节。

财政收入法主要包括税法、公债法、费用征收法、彩票法和国有资产收益法。税法研究的重点之一,是如何促使政府规范征税。规范征税的内涵之一在于如何限制政府在征税时的自由裁量权。这种权力的失范,将埋下腐败的隐患。对此,税收实体法和税收征收管理法均尝试通过明确相关权力运行的边界防止腐败的产生。除此之外,非税收入法中的自由裁量条款也为腐败铺垫了温床。因此,在行政收费法、政府性基金法、国有资产收益法、彩票法等之中都对此有所规范。比如,对彩票运行流程进行管理和规范:彩票的发行权集中于财政部门,彩票收入应当先归入国库,然后再考虑支出等。

作为税收程序类最为重要的法律,税收征收管理法通过对税收征收环节的权力运行规范可以有效抑制腐败的出现。梳理我国现行《税收征收管理法》及其实施细则,其内容主要针对纳税人,而对税务机关规制较少,因此,涉及规范公权力预防腐败的规则不够完善。在《一案双查工作规则》中,对公权力有更为具体的规范。其规范内容指向享有公权力的主体积极违法行为,即主动与涉税当事人勾结,构成以权谋私的财税腐败行为。同时,其也对消极违法行为作出调整,即税收执法过错行为,一般表现为公权力主体处于私人目的未按规定履行职责和违反法定程序等。该规则的重要特点在于可执行性极强,由稽查部门和纪检监察部门按照职责分工实施。稽查部门负责查处涉税当事人税收违法行为,纪检监察部门负责税务机关和税务人员违纪违法行为。另外,《税收执法过错责任追究办法》(国税发〔2005〕42 号)对相关较为轻微的财税涉腐行为也作出了相关规范。可见,从制度上来看,一个较完整的收入类财税法律法规治腐体系已经形成。

(四)支出类财税法律法规

财政支出法主要包括财政采购法、财政拨款法、财政投资法和财政贷款法。由于财政支出本身一般都具有授益性,因此相对人为了获取利益的冲动更为强烈。而我国目前的财政支出法除《政府采购法》外,其余领域明显缺乏法律的细致规范,财政权力的自由裁量空间很大。对纳税人来说,腐败意味着增加每个纳税人的纳税成本,只不过这种成本被泛化,而腐败相较其他犯罪而言,是一种处于灰色地带的模糊犯罪。因为腐败当中的双方当事人都会获取利益,因此容易形成共谋。结果是对腐败的追溯和构成要件形成都较为复杂。[1]

对公共财产的开支都首先经过财政预算,但其各自的标准、程序、管理和监督本身仍然需要相应的法律规定。比如,财政采购法主要规范政府有对价的资金拨付行为,因此,需重点规范招标行为及拨付行为的程序。财政拨款法主要规范政府无对价的资金拨付行为,因此,需重点规范拨付行为的程序。财政投资法主要规范政府对公用企业、基础设施、高科技企业等的投资行为,通过对选题、立项、评估、审批、监督环节的制度规范,防范腐败的产生。财政贷款法主要规范政府内部的借款行为,也包括政策性银行对企业或重大工程项目的贷款。对此,要特别通过相应条款防范内部风险导致的腐败。

其中,对政府采购行为的规范主要通过对采购行为的全过程权力运行进行明确。包括的具体内容有:采购当事人的选择、招标公开、采购标准制定等前期准备工作、采购合同的订立、谈判方式的选择等中间过程,以及评审和验收等后续监督跟进过程。在以上内容的布局谋篇中,部分为《政府采购法》的总括性规定,部分对《政府采购法实施细则》加以细化,还有部分是对信息公告作出的规定,以公告公开的方式促使采购行为的规范履行。

(五)监管类财税法律法规

财政监管法从形式上来说常常蕴含于财政收入法和财政支出法之中,而

---

〔1〕 参见[英]斯蒂芬·莫尔:《权力与腐败——政府和大企业的糜烂核心》,李峰等译,新华出版社2000年版,第27页。

且预算法本身就承担着财政监管的职能。因此,财政监管法虽然未能形成形式意义上的独立法律文本,但是从功能上来说,它完成了对公共资金运行权力的全过程监督。

财政监管法包括财政监督法、国库管理法、政府会计法和审计法,内容既涉及监督也涉及管理。财政监管法聚焦于规范和保障财政监管机关依法行使财政监督管理权,其内容涉及财政监管机关的设立、财政监管机关的职权、财政监管的方式与程序等。因此,财政监管法不仅注重对一般财政行为的监督,更侧重对财政监管行为的监督。我国目前的财政监督专门机关是审计机关,财政监督法主要表现为《审计法》,由于审计机关隶属于同级政府,因此我国的审计监督属于政府内部监督模式。

(六)综合类财税法律法规

如前所述,财税法律法规对腐败的规制已形成一套完整的体系。这个体系在纵向上依据法律法规体系排列,在横向上按照公共财产流转环节分布,在纵横交错中需要综合类财税法律法规的弥补以及兜底。其中,综合类财税法律法规的代表是《财政违法行为处罚处分条例》,它是对财政违法行为进行规制的较为完整综合的一部法规。其在第 1 条明确了该条例的目标是纠正财政违法行为,维护国家财政经济秩序;第 2 条中明确了享有处罚权力的各级主体,主要包括县级以上人民政府财政部门及审计机关、省级以上人民政府、财政部门的派驻机构以及国务院;第 3 条至第 19 条,依照财政违法行为的主体不同,对相关行为均作出了严格的规范和调整。需要注意的是,《财政违法行为处罚处分条例》与许多具体条例有所重叠,特别需要注意二者的衔接问题。

我国已有财税法理论已经对财税法治理腐败的前提性问题作出了阐释:公共财产法理论确凿了财税法治理腐败的基本前提,回应了财税法何以治理腐败;财税法行为理论提供财税法治理腐败的得力方法,解释了财税法如何治理腐败;财税法体系理论划定财税法治理腐败的清晰边界,说明了财税法治理何种腐败。

落实于制度构建方面,财税法治理腐败的思路主要为两条:一是看好公共财产,二是监督附着于公共财产之上的对公共财产进行收入、使用和管理的公权力。对我国已有财税法律法规的制度梳理遵循两个依据而展开:一是按照我国立法法体系,从宪法到法律到法规规章等制度一脉相承的体系。这种分类便于对我国财税法律法规对腐败的治理有立体化了解。二是先将财税法对腐败的治理划分为预算、收入、支出、管理等领域,相关规则依据此标准寻找相应领域进行分类。

第二节 财政党规对腐败的治理考察

基于腐败治理目标的综合性,其治理方式也是综合的,财税治腐是联结国家治理与政党治理的桥梁和纽带,财政党规则是财税法治与政党法治交融下的规范产物。现有的财税法理论与国家治理理论为回答财政党规治理腐败的前提性问题提供了坚实的理论支撑:政治再平衡能力理论确凿了财税法治理腐败的基本前提,回应了财税法何以治理腐败;人财并重的严管方式开辟了财政党规治理腐败的独有路径,解释了财政党规如何治理腐败;综专兼顾的规范体系划定了财政党规治理腐败的对象和范围,说明了财税法治理何种腐败。经过指引供给、源头抑制、用度看护、统一治理、体系落地与中轴设计六大维度的梳理和检视,财政党规体系已初具框架,但体系化和类型化程度相较财税法制度明显不足,并呈现“重问责,轻公开”“重事后处罚,轻事前预防”的特点,这是接下来深化财政党规治理腐败的突破口。

一、财政党规是财税法治与政党法治之交叉规范

(一)财税法治体系与政党规范体系的交融性

关于我国党政规范体系的构成,参照中共中央印发的《关于加强党内法规制度建设的意见》,可概括为“四大板块说”,即党内法规制度体系内容的构成包括党章以及党的组织法规制度、党的领导法规制度、党的自身建设法规制度、党的监督保障法规制度四大制度体系;若从党内法规体系作用于依法治国领域的视角来看,政党规范体系可以从“调整党内自身领域、执政党直

接行使相关公权力领域和执政党领导国家的领域”这三个维度[1]进行概括。党的自身建设是两种不同分类视角之下的共同关注之一，而财政党规就是党在进行自身建设工作的时候，尤其是在反腐工作方面的核心规范，财政党规既涉及对党员使用公款的约束，又对党员的工作和生活作风提出严格要求，是规范党员和党组织财产使用和财产管理行为的重要依据。

党的十八届四中全会《中共中央关于全面推进依法治国若干重大问题的决定》将党内法规体系纳入中国特色社会主义法治体系进行统一部署，这是执政党建设和法治建设上的重大创新。党内法规被明确纳入社会主义法治体系以后，财税法治体系包含财税法律规范体系、财税法治实施体系、财税法治监督体系、财税法治保障体系和财政党规体系。由此可见，财政党规体系与财税法律规范体系一样是构成财税法治体系的重要组成部分。

关于我国党政规范体系构成的“四大板块说”和“发生领域三维度说”除共同提及党的自身建设外，也同时将党的领导列为一个主要构成部分。新时代党的领导理论把党的领导分为两个部分：党对自身建设的领导和党对中国特色社会主义事业的领导。现阶段，党的自身建设的突出任务是全面从严治党，规范政党理财行为是全面从严治党的关键部分，而党所领导的规范政党理财行为的工作，同时也促进了其领导的中国特色社会主义财税事业的发展，更进一步为财税法治改革提供了坚实的组织基础。

（二）财税法治体系与政党规范目的的耦合性

公共财产理论是财税法的核心理论，其明确了公共财产形成的过程：私人财产经让渡而成为公共所有的财产，拥有公权力的组织则相应成为公共财产的管理人和分配人。公共财产在形成过程中或者被管理和使用过程中，可能因为各种原因以各种方式被转化为管理者的财产，导致腐败的出现。

在法治国家，法律规范的根本目的是通过实体规范或者程序规范来实现对公权力的控制。遵循这个逻辑，财税法治的目的，是通过财税法律实现对掌握着公共财产取得、管理和使用的公权力的约束，而政党法治的目的，则是

---

[1] 参见姜明安：《论党内法规在依法治国中的作用》，载《中共中央党校学报》2017年第2期。

通过政党规范在党员代表其所在组织行使公权力时候对其行为进行约束。除此之外,政党的活动需要国家财政的支持,政党组织和党员在开展党务工作过程中所产生的开支主要来自党员缴纳的党费,以及纳税人缴纳的税费,党组织的理财行为和党员的财产行为共同指向的对象是纳税人基于信任所让渡的公共财产,若这部分公共财产未被合理使用,纳税人的私人财产权则会受到侵犯,也会引发公民对执政党信任感的下降。相较组织类党规或者宣传类党规,财政党规所规范的对象或所禁止的行为,更加贴近公民的切身利益,该领域的违规腐败行为所造成的负面影响也更容易被公众感知,传播度更大。因此,在实现对公共财产权的控制,推进国家法治化进程的这一目标上,财政党规既是政党法治的关键部分,同时也是影响财税法治的重要因子。

(三)财税法治体系与政党规范方法的互通性

领域法学是以问题为导向,以特定经济社会领域全部与法律有关的现象为研究对象,融多种社会学科的研究范式于一体的交叉性、开放性、应用性和整合性的新型法学学科体系、学术体系和话语体系。领域法学融合部门法学研究方法、工具和手段在内的全要素,但又在方法论上突出体现以问题意识为中心的鲜明特征,与部门法学同构而又互补。[1]

从学者对2012～2018年部分的财政党规的梳理情况来看,[2]财政党规是中国共产党对党内出现的财政腐败问题的归纳和抽象,是一种回应型的功能主义式的规范系统,该系统呈现的是一种由分散的、琐碎的条例汇集而成的状态,这在规范系统成立之初是不可避免的,但在反腐工作进入深水区的攻坚时期,党内的各种财政腐败行为已经基本可以通过统一的规则进行类型化描述,而也应对现有的繁杂的财政党规进行相应的体系化梳理。若要提高财政党规从功能主义向规范主义过渡的效率,需寻找一个参照系,而同为规范财产行为的财税法体系是不二选择,一方面,这是因为财税法规范已经具

---

〔1〕 参见刘剑文:《论领域法学:一种立足新兴交叉领域的法学研究范式》,载《政法论丛》2016年第5期。

〔2〕 参见刘剑文、胡翔:《法治视域下财政党规的三维审思——制度定位、功能拓补、理念建构》,载《法学杂志》2019年第2期。

备了完整的体系框架;另一方面,促进财政党规与现有法律体系的对照和衔接,也有助于体现财政党规在法治话语体系中正当性。腐败治理的方式是综合的、开放的、多元的,这也与领域法学关于研究领域问题的方法论内涵是契合的,因此,腐败治理应当依赖一个多元的规范联盟,这一规范联盟的构建并非将各个涉及腐败的相关规范进行简单叠加,而是更加强调各个规范之间的有机衔接,以精细化作业实现不同领域的耦合。这一过程,不仅涉及刑事法律、财税法律的相关部门法的功能激活和手段结合,同时也涉及综合运用包括法律规范体系,国家政策体系,政党规范体系以及政策、社会规范体系等在内的多元规范,最终导出一个围绕腐败治理问题的新的规范联盟。

二、财政党规的腐败治理逻辑

(一)政治再平衡能力

政治再平衡能力理论,是政治学学者提出来的一个国家能力理论,〔1〕该理论致力于在现有国家理论的基础上结合时间要素,从"中国发展过程中的历史场景转换"以及"当下中国处于转型期"这两个具体语境出发,定位当下中国发展的治理难题,以及解决难题所需要的政党能力和国家能力,最终指向一条能够统摄政党能力与国家能力的转型中国家能力的构建路径,即政治再平衡能力。〔2〕 由此可见,政治再平衡能力理论,是推进国家治理能力体系和治理能力现代化的一个理论创新,与财税治腐共享同一目标。另外,该理论着眼于统摄政党能力与国家能力的路径构建,这与财政党规作为政党法治与国家财税法治的交叉规范的定位相契合。

现代中国的国家转型已经走过从解放型向发展型进阶的过程,如今步入了发展型向治理型国家转变的阶段,这一阶段的国家建设主题是建构"基于

〔1〕 参见张树平:《从政党能力到国家能力:转型中国国家能力的一种建构路径》,载《复旦政治学评论》2018 年第 1 期。

〔2〕 所谓政治再平衡能力,是指政治体系通过自身的变革以及自身的有效作为,化解经济领域和社会领域内部、经济与社会之间的结构(失衡)问题,以及在变革中的经济—社会基础与政治回应之间建立均衡的一种政治能力。这种缘起于变动的经济—社会条件和政治系统的政治能力最大的特征是其主动性与能动性。

发展的新治理型国家”，寻找国家的“长治久安”之道而非国家发展的短期效应。这个宏观主题根据不同的治理领域可以被分为若干个中观主题，而根据当下中国所面临的发展任务和形势，其中的七对平衡性议题需要被作为治理难题加以强调（见图2－1）。

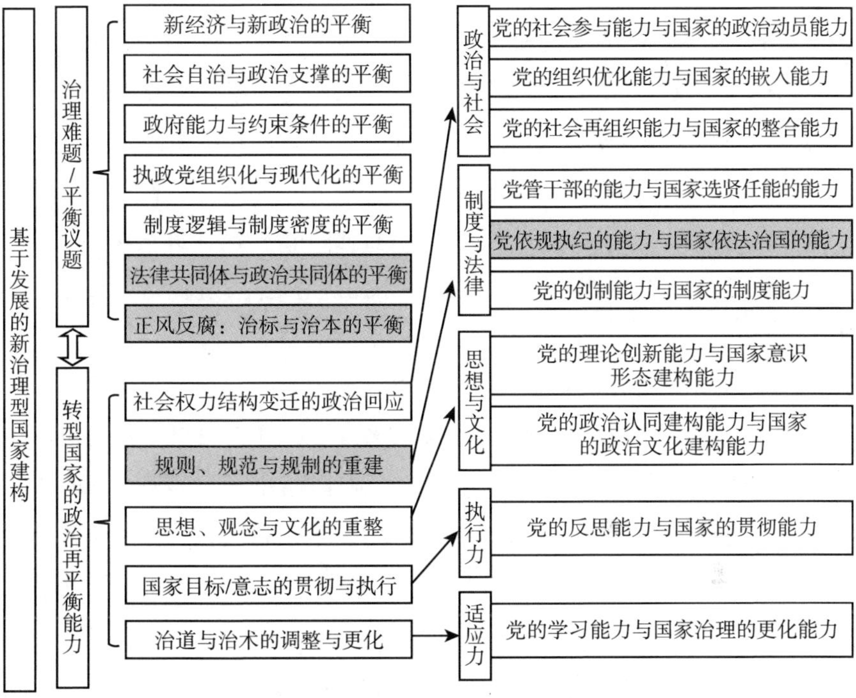

图2－1 转型中国国家的平衡议题与国家政治再平衡能力[1]

正风反腐则居其一，该议题的核心是治标与治本的平衡。单一的政治反腐所呈现出来的压力型反腐模式是治标的体现，而财税治腐所呈现出来的温和型的控权式反腐模式是治本的体现，财政党规作为统合了政党属性和财税属性的规范，正是正风反腐治标与治本之间平衡的关键。另外，七个关键议题之间并不是简单的并列关系。正风反腐议题，是全面依法治国中的一面，

---

〔1〕 该图是综合张树平：《从政党能力到国家能力：转型中国国家能力的一种建构路径》（载《复旦政治学评论》2018年第1期，第79～109页）中的图3与图4所得。

因此,法律共同体和政治共同体的平衡应作为促进全面依法治国的重要议题,同时也是推进正风反腐进程的重要手段。法律共同体与政治共同体的平衡这一议题,所涉及的是国家制度与法律之间的协同关系,该议题的解决需要"规则、规范与规制的重建"这一政治再平衡能力的支撑,而这一统摄性能力的具体表现之一为党依规执纪能力与国家依法治国能力(见图 2-1)。习近平总书记在党的十九大报告中指出:"深化国家监察体制改革,将试点工作在全国推开,组建国家、省、市、县监察委员会,同党的纪律检查机关合署办公,实现对所有行使公权力的公职人员监察全覆盖。"新组建的监委不设党组,与纪委合署办公,履行纪检、监察两项职能,这一制度安排实现了党纪与国法在执行主体上的衔接。但这仅是二者融通的第一步,促进实现党纪和国法在执行依据上的贯通是正风反腐接下来的应有之举,财政党规当属重要抓手。

(二)人财并重的严管方式

党规与国法是在政党政治中并行的规范性文件,且两者的互通与衔接是腐败治理的重要条件,规范之间有机衔接的前提是提炼不同规范之间的差异性,这样才能保证不同规范在衔接后仍能发挥其独有的功能,保持规范联盟的多元性。而党规与国法之间的区别具体见表 2-1。

表 2-1 党规与国法的差异对比[1]

项目	国法	党规
制定主体	国家立法机关或者它授权的国家机关	党的中央组织、中央纪律检查委员会、中央各部门以及各省、自治区、直辖市党委
调整对象	普遍而重大的社会关系	党内关系
实施主体	政党、国家机关、社会组织和全体公民	党的组织和党员

[1] 表格内容主要参见卓泽渊:《党规与国法的基本关系》,载《中共杭州市委党校学报》2015 年第 1 期;邹东升、姚靖:《党内法规"党言党语"与"法言法语"的界分与融合》,载《探索》2019 年第 5 期。

续表

项目	国法	党规
实施方式	依国家强制力实施,来自警察、法庭、监狱等暴力机器的强制	以党的纪律为强制手段,其中包括各种处罚措施乃至最终开除党籍
语义表达	中立性、专业性、精确性	政治性、通俗性、模糊性

党规与国法之间的差异起点在于二者的调整对象不同。党规的调整对象是党的组织和党员,在党的先进性建设的要求之下,作为工人、农民、军人、知识分子和其他社会阶层的先进分子,党员的行为理应受到党规更加严格的规范,因此,党规治理腐败要严于财税法律法规。而这种区别的背后是国法与党规所侧重追求的不同价值,国法须体现国家意志、展现对自由、正义、秩序的价值追求,而党规须体现党的意志,贯彻党的路线、方针、政策,服务于党对意识形态的引领。这种差异也颇为明显地体现在了两类规范文本的语义表达上,国法的语义表达呈现的是硬核技术风格,具有中立性、专业性、精确性的特点;而党规则不同,其所呈现的是通俗教育风格,为了突出政治教育的功能,党规中的用语更加通俗易懂,但大量的政治修辞也使党规的语义表达具有模糊性。而党员与国家机关工作人员在主体范畴上有很大的重合度,且国家机关中拥有决策、审核等关键权力等领导职位的选任大部分是以党员身份作为必要或优先条件,因此,党员这个身份不仅是先进性的代表,更是一体多面的关键角色,党规在严格规范党员行为的同时,也间接地实现了对公权力机关的制约。

而财政党规与其他的政党规章最大的不同在于,其将党内的治理模式从"管人"切换到"人财并重"上。[1] 从党员的自律意识上来看,财政党规通过大量的义务性规定和严格的程序性规定来约束党员的财产行为,引导党员将自己的财产行为与公共财产的使用和管理联系起来,引导党员认识到如果自己违规使用财产,其行为的本质,是对十几亿纳税人在缴纳税费的同时所让

---

〔1〕 参见刘剑文、胡翔:《法治视域下财政党规的三维审思——制度定位、功能拓补、理念建构》,载《法学杂志》2019 年第 2 期。

渡的财产权利的侵犯,从而强化党员的谨慎用财意识。从党的自我建设效率上来看,财政党规通过观察与罗列党内政治生活各个环节中应该注意的财产行为,发现党内财产受到滥用或者侵占的易发环节,将监督的视线从时刻处于变化状态的行为人转换到更易于观察和追踪的财产上,提高了腐败治理工作的可操作性。加之财政党规作为政治性规范具有独有的自上而下的制定程序和强调政治稳定性的特点,且执行过程相较司法程序更具灵活性,因此,财政党规治理腐败可以做到及时回应、及时调整,时效性较强。

(三)综专兼顾的规范体系

如前文所述,财政党规所呈现出来的治腐方式更加严格且呈现“人财并重”的特征,在这种治理方式之下的“腐败行为”的范围,与上一节所研究的财税法律治理体系下的“腐败行为”范围也是不尽相同的,其中区别可以用“部分重合”与“间接目的”来概括。具体而言,由于政党经费并不仅源于国家财政拨款,因此,触犯财政党规的腐败行为并不一定是对公共财产的侵犯,也可能涉及对党费和政党设立的企业或事业单位的盈利所得的挪用或者侵占。虽然财政党规所保护的财产权益并非完全与公共财产的范围吻合,但财政党规通过对公共财产的代理人之下的具体执行人的严格约束,来培养这些工作在公共财产运行流程第一线的实操者的自律意识与守法意识,间接实现了“保护公共财产”的目的,即间接实现了对财税法律法规所治理的那一类腐败行为的治理。另外,财政党规治理腐败的方式相较国家财税法律更具灵活性,而灵活性的另一面是执行者较大的自由裁量权,在强调政党法治的当下,党员权利的保护工作同样不可忽视,因此,财政党规在严律之外也需要配备明晰的裁量权边界,以保障党员的合理预期与合法权利。通过一个完整的规范体系来划定财政党规治理腐败的对象范围,是对腐败治理裁量权的有效限制手段。有学者整理了 2012 ~ 2019 年 7 月党内发布的部分财政党规(见表 2 - 2),并将其综合性的财政党规和专门性财政党规。

表 2－2　2012～2019 年部分综合性财政党规和专门性财政党规

类别	财政党规名称
综合性财政党规	《中央政治局关于改进工作作风、密切联系群众的八项规定》
	《中国共产党工作机关条例(试行)》
	《中国共产党问责条例》
	《中国共产党纪律处分条例》
	《中国共产党廉洁自律准则》
	《中国共产党党内监督条例》
	《关于进一步激励广大干部新时代新担当新作为的意见》
	《关于全面推进政务公开工作的意见》
	《关于全面落实中央纪委向中央一级党和国家机关派驻纪检机构的方案》
	《中国共产党党员领导干部廉洁从政若干准则》
	《中国共产党党务公开条例(试行)》
	《党政领导干部选拔任用工作条例》
	《关于进一步做好领导干部报告个人有关事项工作的通知》
专门性财政党规	《关于在全国纪检监察系统开展会员卡专项清退活动的通知》
	《违规发放津贴补贴行为处分规定》
	《关于落实中央八项规定精神坚决刹住中秋国庆期间公款送礼等不正之风的通知》
	《关于严禁公款购买印制寄送贺年卡等物品的通知》
	《关于严禁元旦春节期间公款购买赠送烟花爆竹等年货节礼的通知》
	《党政机关厉行节约反对浪费条例》
	《关于进一步加强领导干部出国(境)管理监督工作的通知》
	《党政机关办公用房管理办法》
	《中国共产党巡视工作条例》
	《党政机关国内公务接待管理规定》
	《关于厉行节约反对食品浪费的意见》

续表

类别	财政党规名称
专门性财政党规	《党政机关公务用车管理办法》
	《配偶已移居国(境)外的国家工作人员任职岗位管理办法》
	《关于做好2018年元旦春节期间有关工作的通知》
	《关于在党的群众路线教育实践活动中严肃整治"会所中的歪风"的通知》
	《党政主要领导干部和国有企事业单位主要零担人员经济责任审计规定》

综合性财政党规,是指以党内工作的正常有序开展为目的同时能够规范公共之财在党内运行的党内法规;专门性财政党规,是指主要以规范党内财产运行为主要目的的党内法规。[1] 综专兼顾的规范体系完成了对财政党规治理腐败的对象范围的初步划定,仔细观察各个规范的分布情况,尤其是专门性财政党规的调整对象,可以发现大部分财政党规聚焦具体事项和行为,这导致财政党规呈现出分散、零散的特征。而规范体系是变化的、开放的,随着腐败治理工作的继续开展,新出现的较为突出的党内财政问题会继续被归纳和抽象为新的规范,如何让新出台的规范在现有体系中迅速找到定位,并与已有规范产生相互独立又和谐关联的体系化互动,这是规范制定者欲使财政党规体系在开放的同时也能保持内部的稳定所必须考虑的问题,即功能主义向规范主义过渡的问题。综合性和专门性这一分类标准虽然具有很强的容纳性,但精确性稍显不足,因此财政党章的类型化工作还需要在这一分类的基础上补充多个展开维度。

三、财政党规腐败治理的体系建构

根据前文所述,要推动财政党规从功能主义向规范主义过渡,需要在综

[1] 参见刘剑文、胡翔:《法治视域下财政党规的三维审思——制度定位、功能拓补、理念建构》,载《法学杂志》2019年第2期。

合性和专门性这一分类之外再添加多个展开维度。而维度的拓展并不是肆意的，财政党规作为财税法治与政党法治的交叉规范，其治理腐败的内在逻辑与财税法制度治理腐败的逻辑有许多共通之处。基于此，选取已经具备完整体系框架和展开标准的财税法制度作为一个参照系，以此展开对财政党章的梳理研究将会是有效的方法。另外，一方面，这样的梳理方式可以细化财政党规的类型化研究；另一方面，也是对财政党规的一次全方位多维度的检视。于是，本部分将会以表 2－3 中的财政党规为梳理对象，对照第一节《财税法律法规对腐败的治理考察》中第三部分的展开逻辑，对财政党规进行再梳理。梳理结果见表 2－3。

表 2－3　2012～2019 年部分财政党规分类

分类		党规名称
指引类	依据类	《中共共产党党章》
		《中国共产党党内法规制定条例》
	倡导类	《中央政治局关于改进工作作风、密切联系群众的八项规定》
		《中国共产党党员领导干部廉洁从政若干准则》
		《中国共产党廉洁自律准则》
		《关于进一步激励广大干部新时代新担当新作为的意见》
收益类		《关于在全国纪检监察系统开展会员卡专项清退活动的通知》
		《关于在党的群众路线教育实践活动中严肃整治"会所中的歪风"的通知》
		《违规发放津贴补贴行为处分规定》
开支类		《党政机关厉行节约反对浪费条例》
		《关于落实中央八项规定精神坚决刹住中秋国庆期间公款送礼等不正之风的通知》
		《关于严禁公款购买印制寄送贺年卡等物品的通知》
		《关于严禁元旦春节期间公款购买赠送烟花爆竹等年货节礼的通知》
		《关于进一步加强领导干部出国(境)管理监督工作的通知》
		《党政机关办公用房管理办法》

续表

分类	党规名称
开支类	《党政机关国内公务接待管理规定》
	《关于厉行节约反对食品浪费的意见》
	《党政机关公务用车管理办法》
监管类	《党政主要领导干部和国有企事业单位主要零担人员经济责任审计规定》
	《关于全面落实中央纪委向中央一级党和国家机关派驻纪检机构的方案》
问责类	《中国共产党巡视工作条例》
	《中国共产党问责条例》
	《中国共产党工作机关条例(试行)》
	《中国共产党纪律处分条例》
	《中国共产党党内监督条例》
公开类	《中国共产党党务公开条例(试行)》
	《关于全面推进政务公开工作的意见》
	《关于进一步做好领导干部报告个人有关事项工作的通知》

（一）依据类条例与倡导类意见

在财政党规体系中，提供指引供给的条例包括两类（见表 2－4），一类是类似财税法律体系中《宪法》和《立法法》这类为财税法律法规的制定工作提供规范依据的依据类条例，另一类是教育色彩较强的倡导类意见和准则，这是财政党规基于强调政治核心凝聚与党员品行养成所特有的。

表 2－4　财政党规之依据类条例与倡导类意见

分类		党规名称
指引类	依据类	《中共共产党党章》
		《中国共产党党内法规制定条例》
		《中国共产党工作机关条例(试行)》

续表

分类		党规名称
指引类	倡导类	《中央政治局关于改进工作作风、密切联系群众的八项规定》
		《中国共产党党员领导干部廉洁从政若干准则》
		《中国共产党廉洁自律准则》
		《关于进一步激励广大干部新时代新担当新作为的意见》

在第一类规范中,《中国共产党党章》是最根本的党内法规,是制定其他党内法规的基础和依据,也自然是财政党规制定的根本遵循。其中第七章第40条明确指出党的纪律主要包括:政治纪律、组织纪律、廉洁纪律、群众纪律、工作纪律、生活纪律,而腐败行为主要是对廉洁纪律的违反。在党的十九大通过的最新的《党章》中,党的纪律这一章新增了“抓早抓小、防微杜渐”“让‘红红脸、出出汗’成为常态”这样的要求,这与财税治腐所强调的预防性、常态化的腐败治理方式相吻合。而《中国共产党党内法规制定条例》被称为党内的“立法法”,但相较《立法法》,该条例中的许多规定较抽象和简略,可操作性不强,指引效果不佳,如该条例的第六章对党内法规的清理与评估作出了规定,这本应为财政党规体系内部立、释、废、改的立法工作提供具体指引的章节仅有三项规定,且都是宣示性的应然表达,并未涉及具体的清理机制,如主体、权限、程序、标准和方法等。这说明财政党规分散状态的情况与上位法的指引供给不足有关。《中国共产党工作机关条例(试行)》则是通过对工作机关的设立、职责、决策与执行、监督与追责几个方面作出部署,为监管类财政党规、问责处罚类财政党规的执行主体提供依据,为限制和约束党员收益和开支的财政党规也指明了负责主体。

在第二类规范中,《中国共产党廉洁自律准则》和《关于进一步激励广大干部新时代新担当新作为的意见》更多是对党员在政治品格、理想信念方面提出的要求,偶涉财产行为。而《中国共产党党员领导干部廉洁从政若干准则》和《中央政治局关于改进工作作风、密切联系群众的八项规定》涉及财产行为的内容较多,是对党内不当财产行为的总归纳,《中国共产党党员领导干部廉洁从政若干准则》第3条、第6条、第7条和第8条都涉及公共财务管理、公共财产使用的规范问题,并在“实施与监督”一章中概括式地提出“党风廉政建设责任制”“民主生活会和述职陈廉”等具体的机制,为具体领域财政党规的细化提供了规范上的指引。

(二)收益类财政党规

党员基于合理诉求和合法程序获得财产上的收益是无可厚非的,但若追求财产收益是以侵犯公共财产或滥用附于其上的公权力为目的和手段的,必然是要受到负面评价与责任追究的。党员在收益端容易两种腐败行为:一是部分手握公权力的党员,尤其是掌握如审批权、检查权等关键性权力的党员可能利用工作上的便利进行寻租;二是少数党组织对公共财产的管理不当,导致部分党员将公共财产违规侵占。针对以上可能出现的腐败行为,党政机关出台了相对应的财政党规(具体见表2-5)。

表2-5 收益约束类财政党规

类型	财政党规名称
收益约束类	《关于在全国纪检监察系统开展会员卡专项清退活动的通知》
	《关于在党的群众路线教育实践活动中严肃整治“会所中的歪风”的通知》
	《违规发放津贴补贴行为处分规定》

《关于在全国纪检监察系统开展会员卡专项清退活动的通知》直接规定纪检监察干部将所收受的会员卡[1]在规定时间内全部清退,并向所在的纪检监察机关作出零持有的报告,这是对握有监督权的主体的更高要求,直接封锁了党员获得违规收益的一种常用途径。而《关于在党的群众路线教育实践活动中严肃整治“会所中的歪风”的通知》则规定:“党员领导干部不得出入实行会员制、只有会员才能出入的会所或不向公众开放、只对少数人开放的餐饮服务、休闲娱乐、美容健身等场所。”这一规定旨在封堵行贿者通过提供高级会员场所服务来向党员领导干部输送利益的腐败通道。以上两项规定都提高了潜在腐败分子的违规腐败成本,是从源头上抑制了利用工作便利

---

[1] 该通知所称会员卡,是指娱乐、健身、美容、旅游、餐饮等行业机构以及商场、会所、宾馆、俱乐部等发行的,具有一定价值、金额或消费次数,供持卡人在消费活动中进行会员身份认证识别,并凭此消费、免于付费或享受折扣的凭证。自费和各单位按照有关规定办理并发给本单位干部的会员卡除外。

进行寻租的腐败行为产生的典型规范。而《违规发放津贴补贴行为处分规定》第4条详细列举了针对申请津贴补贴经费过程中的可能违规行为，第5条至第8条描述了将执收执罚工作与津贴补贴挂钩，以发放津贴补贴的形式变相将国有资产私分给个人，违反会计核算准则进行核算，使用“小金库”项目款项发放防津贴补助等在发放过程中的违规行为，这些行为虽然表面看是党内理财行为，却涉及了非税收入的执收管理和国有资产管理等国家财政税收问题，将直接导致公共财产的损失。因此，这类财政党规的规范作用具有外溢性，不仅是对党内财政理财行为的规范，更是对国家财政的保障。

（三）开支类财政党规

每一项政党活动的背后都需依赖国家财政的供给，那么每一项不合理的甚至是奢侈的政党活动的举办都是对国家财政资源的浪费，是对公共财产的侵犯。开支类财政行为与管理类和收益类财政行为最大的不同，在于其直接与消费行为挂钩，这更容易引起腐败冲动，是党内腐败的高发区。且这一领域的腐败容易与正常开支混合出现，腐败行为人很可能通过会计等技术方式掩盖其腐败行为，这增加了腐败治理的难度。相应地，开支限制类的财政党规的数量较多且内容翔实又自成体系（具体见表2－6）。

表2－6　开支限制类财政党规

类型	财政党规名称
开支限制类	《党政机关厉行节约反对浪费条例》
	《关于落实中央八项规定精神坚决刹住中秋国庆期间公款送礼等不正之风的通知》
	《关于严禁公款购买印制寄送贺年卡等物品的通知》
	《关于严禁元旦春节期间公款购买赠送烟花爆竹等年货节礼的通知》
	《关于进一步加强领导干部出国（境）管理监督工作的通知》
	《党政机关办公用房管理办法》
	《党政机关国内公务接待管理规定》
	《关于厉行节约反对食品浪费的意见》
	《党政机关公务用车管理办法》

《党政机关厉行节约反对浪费条例》对党内相关的开支活动进行了全面列举，可被称为开支限制类财政党规的总则性文件。该条例对“浪费”的解释奠定了财政开支以必要性为判断合规合法的基本标准，[1]并将开支标准的制定权赋予财政部门，还规定了相应的公务卡制度，具体的采购规则以及提出了健全预算和会计制度的要求。随后，分别从国内差旅和因公临时出国（境）、公务接待、会议活动、办公用房五个方面具体展开。这一条例再结合其他具体的支出类财政党规的规定，囊括了对党员的吃喝住行等基本开支，以及诸如年卡年货等福利性开支的限制。

（四）监管类财政党规

财政党规的内容是义务导向型的，明确责任和强调监管是应有之义，责任监管类财政党规见表2-7。

表2-7 责任监管类财政党规

类型	财政党规名称
责任监管类	《中国共产党党内监督条例》
	《关于全面落实中央纪委向中央一级党和国家机关派驻纪检机构的方案》
	《中国共产党巡视工作条例》
	《党政主要领导干部和国有企事业单位主要领导人员经济责任审计规定》

《中国共产党党内监督条例》明确了党内自上而下的组织监督、自下而上的民主监督以及同级之间相互监督的三种监督模式，并规定各级党委应当支持和保证同级人大、政府、监察机关、司法机关等对国家机关及公职人员依法进行监督，人民政协依章程进行民主监督，审计机关依法进行审计监督。《关于全面落实中央纪委向中央一级党和国家机关派驻纪检机构的方案》实

[1] 《党政机关厉行节约反对浪费条例》第3条规定：“本条例所称浪费，是指党政机关及其工作人员违反规定进行不必要的公务活动，或者在履行公务中超出规定范围、标准和要求，不当使用公共资金、资产和资源，给国家和社会造成损失的行为。”

现了全覆盖地对139家中央一级党和国家机关派驻纪检机构，派驻监督具有相对的独立性和权威性，该方案是由中共中央办公厅于2016年印发的通知，在国家监察委员会成立之前为国家监察体制改革奠定了基础。《中国共产党巡视工作条例》是党内监督的主要依据，与纪检机构（现监察委员会）所执行的全面性和普遍性驻点监督不同，巡视工作更具专题性和针对性，两种监督方式虽然能互补，但也要注意尽量减少不必要的重复性监管，避免因过度干涉而影响党内工作的正常开展。根据该工作条例的规定，党内巡视工作主要由中央和各级党委会成立的巡视工作领导小组负责，并就巡视范围和内容、工作方式和权限、具体巡视程序作出了具体规定，可操作性较强。就巡视组的党员和领导人员的纪律和责任这部分内容而言，该工作条例仅列举了若干禁止性的条款，并将具体的对监管权的监管交给了司法机关。因此，党内监督工作的廉洁性和公正性还需要其他国家机关的积极作为予以保障。2019年7月印发的《党政主要领导干部和国有企事业单位主要领导人员经济责任审计规定》就是对党内财政监管行为进行审计监督的规范。该规定所提到的“经济责任审计工作联席会议制度”，涉及纪检监察机关和组织、机构编制、审计、财政、人力资源社会保障、国有资产监督管理、金融监督管理等多个部门，旨在把审计监督与纪检监察、组织人事、巡视巡察等监督贯通起来，形成监督合力，为落实对党内财政监管权的监管提供了有力的实体和程序依据。

（五）问责类财政党规

问责和处罚是在监管和巡视工作中发现并确认违规行为之后的继续步骤，这是财政党规治理腐败体系形成的最后一步，也是使财政党规的禁止性规定能够对潜在腐败行为人产生威慑作用，对腐败人员产生教育作用的落地环节。问责处罚类财政党规具体见表2－8。

表2－8 问责处罚类财政党规

类型	财政党规名称
问责处罚类	《中国共产党问责条例》
	《中国共产党纪律处分条例》

问责处罚类的财政党规主要包括《中国共产党问责条例》和《中国共产党纪律处分条例》,前者的内容是原则性的,如问责原则、问责的主体和对象、责任划分、概括性的问责情形和问责方式以及问责的决定和执行等,而《中国共产党纪律处分条例》的内容更加全面且可操作性更强。首先,该条例在总则中就明确区分了针对违纪党员和党组织以及违法犯罪党员和党组织的不同处分方式;[1]其次,该条例的分则对违反政治纪律、组织纪律、廉洁纪律、群众纪律、工作纪律和生活纪律行为的处分方式依次逐章进行了详尽的规定。这其中涉及财政腐败行为的内容主要集中在第八章"对违反廉洁纪律行为的处分"以及第九章"对违反群众纪律行为的处分"两章中。结合当前国家的新形势,于2018年8月颁布的新修订的《中国共产党纪律处分条例》中增设了如"扶贫脱贫"[2]"涉黑涉恶"[3]"金融信贷""资源开发""工程招投标"以及公共财产支出等方面[4]的内容。由此可见,问责处罚类的财政党规是该体系中最为完善的规范,实时修改更新的规则编织了一个疏而不漏的负面清单网络,突出了纪严于法、纪在法前的特点,使执纪和执法得以贯通。

(六)公开类财政党规

财税法制度中的《预算法》作为贯穿整个财税法治理的基本制度,是不可或缺的中轴设计。反观财政党规体系中的预算程序的设计,却乏善可陈。本文进行类型化研究的28个财政党规中仅有5个党规对党政机关提出了加强预算编制管理工作的要求,其中4个是开支限制类的财政党规,[5]1个是责任监督类的财政党规,[6]预算制度并没有做到贯穿党内财产运转流程的全过程,更没有类似《预算法》这样的针对党内财政工作的独立的规范。信息公开类财政党规见表2-9。

---

[1] 具体见《中国共产党纪律处分条例》第7条、第9条、第27条至第33条。

[2] 具体见《中国共产党纪律处分条例》第114条。

[3] 具体见《中国共产党纪律处分条例》第115条。

[4] 具体见《中国共产党纪律处分条例》第94条、第95条。

[5] 《党政机关厉行节约反对浪费条例》《党政机关办公用房管理办法》《党政机关国内公务接待管理规定》《关于厉行节约反对食品浪费的意见》。

[6] 《党政主要领导干部和国有企事业单位主要领导人员经济责任审计规定》。

表 2-9 信息公开类财政党规

类型	财政党规名称
信息公开类	《中国共产党党务公开条例(试行)》
	《关于全面推进政务公开工作的意见》
	《关于进一步做好领导干部报告个人有关事项工作的通知》

预算制度的核心在于通过信息公开的方式促使财政行为的合规化与合法化,财政党规中有与信息公开相关的规范,分别规定了党务公开、政务公开和领导干部个人信息报告的内容和程序,但其中更多是针对“人事信息”和“党的方针政策”的内容,几乎不涉及党内的财政事务,这进一步说明财政党规体系中预算制度的缺位,也反映了政党机关和工作人员的公开意识和主动接受公众监督的意识较弱。从检视和完善的角度来看,这也是完善财政党规体系以促进腐败治理工作常态化持久化的突破口。

财政党规和财税法律两种制度需要共同发力才能达到法治反腐败的预期目标。在这一过程中,需要悉心考量二者的异同与互补实现其衔接和协调。在推进财政党规和财税法律共治腐败的过程中,须做到“两手都要硬”,即运用财税法规规范约束包括党组织在内的一切国家机关、社会组织、公民的腐败行为,同时也要运用好党内法规这一“软法”,加大党内法规的执行力度。只有兼顾两种制度,才能使国家法律规范体系和党内法规制度体系发挥合力,使党员特别是党员领导干部的腐败行为得到根治。

在规范制度构建工作之后,留待进一步研究与完善的问题是相关理论在制度制定与实践中如何起到更好的前瞻作用,如何通过配套的执行机制使规范切实落地,有效治理财税腐败的发生。

第三章　财税治腐实证论

财税法律法规为财税治腐提供了规范化、体系化的规范基础，作为财税法治与政党法治交融的规范产物，财政党规在体系化程度上虽不如前者，却也具备法律法规所欠缺的灵活性和时效性，且呈现更严格的治理模式。而党内财政法规与国家财政法律相结合的“二元结构”，将弥补彼此不足，成为抑制腐败的重要制度抓手。在规范制度构建工作之后，本章的任务是以制度论中所梳理的财税法律法规与财政党规为依托，以收入、支出与管理这一财政基本运行逻辑为暗线，以财税行为理论为指引，开启中观与微观视角，从政府和企业（包括国企与私企）两个维度展开，进一步聚焦扶贫、环保、互联网、医药等近年备受政府和社会广泛关注的领域中与财税相关的腐败行为，检视各个领域的腐败治理机制，以期反哺财税制度设计的优化与财税治腐理论构建的深化。

第一节　财税腐败行为的本体研究

“法律—行为”的传统财税法研究范式，能够迅速开启财税腐败案例的类型化研究，并帮助识别各个财税领域中具有代表性的案例。由于研究对象限于进入司法程序的腐败案件，因此，涉及合宪性审查的财税立法行为并不在案例类型化研究的范畴之内。而要完成对财税执法过程中产生的腐败行为的细节观察，需要引入聚焦微观行为本身的财税行为理论。顺着现有的财税行为理论所共同达成的“主体—行为”的分类逻辑，再基于财税腐败治理所独有的“保卫公共财产”的治理目的,有选择地借鉴刑法学中的犯罪构成要件学说,就可以构建出一个集“以行为要件为分析方法”以及“以预防型防腐为最终目的”于一体的财税行为理论分析框架。在此分析框架下,不同财税领域的经典腐败行为将被逐一从主体、行为和对象三个方面进行详细解剖,随后,一份基于案例实证研究的具有针对性的财税腐败治理的工作重点指导意见也将被顺势导出。

一、财税腐败案例的特征分析

(一)基于“法律—行为”范式的案例梳理

类型化研究,即将研究对象以一定的标准进行分类的过程,因此,分类的标准必然受到研究对象属性的影响。财税腐败案例,广义上应当包括进入司法程序的案例,以及未进入司法程序的行政部门或者党政机关内部的问责案例。类型化研究的前提是案例信息的完整性,但因后一种类型案例的信息公开程度并不高,便不将其纳入本书研究的范围内,即类型化研究的对象“财税腐败案例”的范围仅限于“财税腐败司法案例”。财税腐败司法案例中的行为涉及两个关键特征:一是财税行为,二是进入司法程序的腐败行为。因此,分析此类案件的过程必须同时关注财税行为的分类标准和司法案件的归纳要点。由于本小节只求对财税腐败案例进行基本事实方面的简单梳理,采取最常用的分类标准即可。“法律—行为”范式是构建财税行为体系最为常见的方法,即一类的财税法律对应着一类的财税行为,据此,财税行为可以被分为财税基本行为、财税收入行为、财税支出行为和财税管理行为(又称国库管理行为)。而“事实认定与判决结果”是体现司法案件关键信息的重点步骤,判决结果具体包括定罪与量刑两个部分。本部分将从以上两个维度展开,对所搜集的近5年的各类具有代表性的财税腐败案例进行初步的整理,整理结果分为两个版本,[1]一是包括案件名称、被告人信息以及具体违法行为认定

〔1〕 为了方便阅读和突出重点,详细版附于本章最后,这里呈现的是精简版的案件整理成果,其他未具体提及的信息会在之后进一步类型化梳理的过程中阐明。为了写作方便,笔者为每个案件加上了编号,后文在提及相关内容时,将直接提及编号,如01号案。

的详细版,另一个是仅包括浓缩事实和判决结果的精简版。精简版案件汇总内容见表3-1:

表3-1 精简版案件汇总

所属领域	认定事实	判决结果
财政管理	01 以贪污的方式骗取财政专项资金	犯贪污罪,判处有期徒刑10年,追缴违法所得人民币77.29万元予以没收,上缴国库
	02 以单位名义受贿并帮助他人骗取财政专项资金	犯单位受贿罪和滥用职权罪,决定执行有期徒刑9个月。退出的违法所得2.4万元,予以没收,上缴国库
	03 滞留、截留、挪用、坐支国家资金	犯私分国有资产罪和受贿罪,决定执行有期徒刑1年零6个月,罚金人民币13万元
	04 擅自改变财政资金的用途	犯滥用职权罪,判处有期徒刑3年,缓刑5年
财政收入(税收)	05 徇私舞弊不征、少征收税款	犯徇私舞弊不征、少征税款罪和贪污罪,决定执行有期徒刑1年零6个月,缓刑2年,并处罚金人民币10万元
	06 玩忽职守未征收税款	犯玩忽职守罪,判处有期徒刑3年
	07 滥用职权虚开专用发票	犯罪情节轻微不需要判处刑罚,依法免于刑事处罚(损失294,226.03元)
	08 税务机关领导疏于对代开发票情况的审核监督导致税款损失(事后积极追缴税款)	1人无罪,2人犯玩忽职守罪,免于刑事处罚

续表

所属领域	认定事实	判决结果
财政支出（采购与贷款）	09 政府采购中收受回扣	犯受贿罪，免于刑事处罚。违法所得的人民币 108,900 元，依法予以追缴，上缴国库
	10 政府采购中串通投标	犯贪污罪、受贿罪和串通投标罪，决定执行有期徒刑 5 年零 6 个月，并处罚金人民币 52 万元
	11 未严格履行政府贷款审核职责	2 位被告皆犯玩忽职守罪，各判处有期徒刑 10 个月，宣告缓刑 1 年
	12 虚构采购协议将贷款用于采购项目以外的用途	犯滥用职权罪和犯受贿罪，决定执行有期徒刑 2 年，并处罚金人民币 10 万元。退缴收受的贿赂款人民币 19.5 万元，予以没收上缴国库

（二）基本特征分析以及所引发的思考

根据以上的案件梳理结果，可以发现财税腐败案例中的行为有两个基本特征：

第一，从行为裁量的过程来看，这些行为都是先违反了财税法律法规的规定，在达到一定程度后违反了刑法进入了司法程序。这一特征在裁量过程中表现为：在认定事实阶段，法官会将财税法律法规所规定的行为规则作为行为正当性的判断依据，而在定罪量刑阶段即法官在对违规行为的性质进行罪与非罪的拿捏，以及对犯罪行为所应承担的刑罚进行裁量的时候，会将刑法与刑事诉讼法的条款作为判断依据。而在进入刑事司法领域后，由于刑法的部门法要义是对已经发生并进入司法程序的财税腐败行为在刑法规则和原则的框架下进行评价从而限制司法裁量权的滥用，仅从这个视角对行为进行分析和裁量，虽然达到了定罪量刑上的规范性，却难以体现财税腐败行为与财税运行过程的联系，无法检视财税法律法规对腐败行为的规范作用。这个特征引发了笔者两个思考：首先，相较直接进入定罪量刑过程的事后治理，通过财税法制来治理腐败具有预防型治腐的特点；其次，相较刑事问责的问责程序严格且复杂，对于党内纪律问责和行政处分等问责方式，如何在公开程度较低的限制下,协调财税腐败行为的问责体系内部的各种问责方式是推动制度化治腐需要解决的前置性问题。

第二,从行为发生的领域来看,财税腐败行为绝大部分是发生在财政管理、财政收入与财政支出的领域中的,而财政基本行为,如预算行为中的预算编制与预算审批与财政收支划分行为等并未在案例中涉及,这与财政基本行为大多是涉及更高层级的权力配置方面的准立法行为有关,这一类行为的评价需直接依据宪法,这并不属于法院的管辖范围。这需要启动合宪性审查程序,而合宪性审查制度在我国尚处于从无到有的起步阶段,该制度应有的规范作用的发挥尚需要实践的积累。难以审查不代表该领域的腐败行为就不会发生,良好的制度设计应当走在可能发生的问题之前,虽然立法腐败并非本书所研究的对象,但作为腐败治理的源头性问题,这一问题值得以专章的形式单独讨论。除此之外的财税执法领域的腐败行为研究,需要一个能突破固有的"法律—行为"研究方式,并能贯通所有财税执法领域对行为进行纵向提炼抽象和分析评价的理论,而对财税腐败行为的构成要素分析将会是这一行为理论所必备的分析方法。

综上所述,一个集"以具体化行为要件为分析方法"以及"以预防型防腐为最终目的"两个特征于一体的财税行为理论,将会是规范财税腐败行为的有益工具。然而,在现有学术研究中,财税领域的行为理论都有哪些?分别有何特征?能否满足上文所提到的对财税腐败行为的分析范式的要求?以上将是下一小节所要回答的问题。

二、腐败的财税行为理论解读

(一)财税行为理论综述

财税行为理论,是传统法学侧重于规范研究到现代法学注重观察行为以解释法律现实这一法学研究范式的转变在财税法学领域的具体体现,该理论关注的是,财税领域各方主体的行为及其行为引发的法律关系的变化。相较规范研究,通过着重关注行为来观察法律运行过程的各种现象有两大优势:一是可以通过为财政行为与税收行为提供一套通用的分析框架来促进财税一体化的进程;二是能够更好地促进财税法律实践与财税法律规范之间的良性互动。[1]

1. 预防型治腐:财税行为理论之目的

在财税行为理论之前,经济法学学者就对经济法行为进行了研究,而在很长一段时间里,财税行为也一直被放在经济法行为的框架之下进行展开。但在公共财产法理论被提出后,财税法的功能定位发生了变化,相较强调宏观调控和市场规制的经济法,财税法基于其所调整的财产的公共性,应当侧重对公共财产权的控制以保护公民的私有财产权,相应地,财税行为理论应当侧重对公权力行为规范性的关注,这也与规制财税腐败行为这一目的契合。公权力的行使规范与否,应当以是否能依法完成筹集收入和科学使用收入完成事权为评判标准,在此标准下,公权力机关的财税行为可被分为:正常行为与异常行为。各类异常的财税行为所反映的是当下国家财税制度的不足与问题,而问题之所在即完善的方向。而异常行为中的大部分是由腐败引起的,其中包括了被发现的与未被发现这两种状态。实证研究的目的在于,通过研究被发现的并经过司法审判的行为,归纳和总结出各个财税领域中异常行为的特征,为排查相同领域的财税工作中存在的未被发现的财税腐败行为作出理论指引,及时止损。另外,通过进一步挖掘背后的制度弊端与缺陷则有助于尽早填补漏洞以减少和预防同类行为的再次发生。

2. 中微观视角:财税行为理论之视角

财税法学界对财税行为的讨论主要集中在对税收行为的研究,将财政与税收行为进行一体化研究的文献并不多。代表文献以及观点总结见表 3－2。

表 3－2 财税理论综述

作者	文献名称	主要观点
张守文	《税收行为范畴的提炼及其价值》	税收行为的范畴是广义上的税法主体围绕税收所进行的各种活动,即涉税行为

[1] 参见余倩颖:《财税行为理论综述——兼谈财税法学理论建构的本土意识》,载刘剑文主编:《财税法论丛》(第 11 卷),中国法制出版社 2010 年版,第 68～69 页。

续表

作者	文献名称	主要观点
张晓婷	《税行为研究》	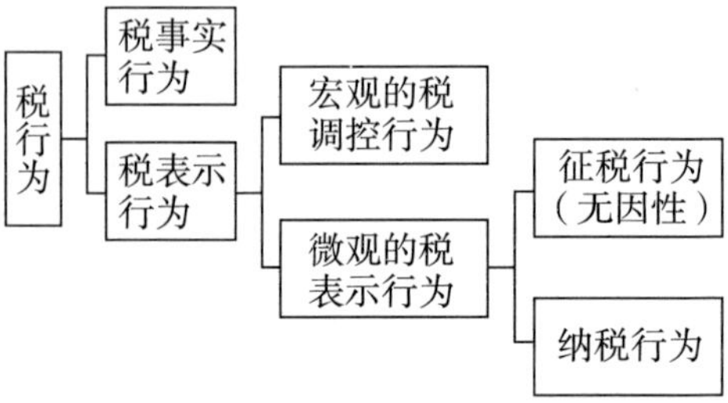
李刚	《税法与私法关系总论——兼论中国现代财税法学基本理论》	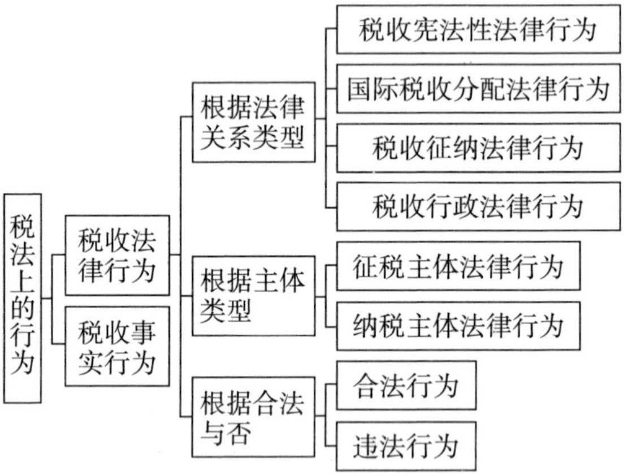
刘剑文、侯卓、耿颖、陈立诚	《财税法总论》	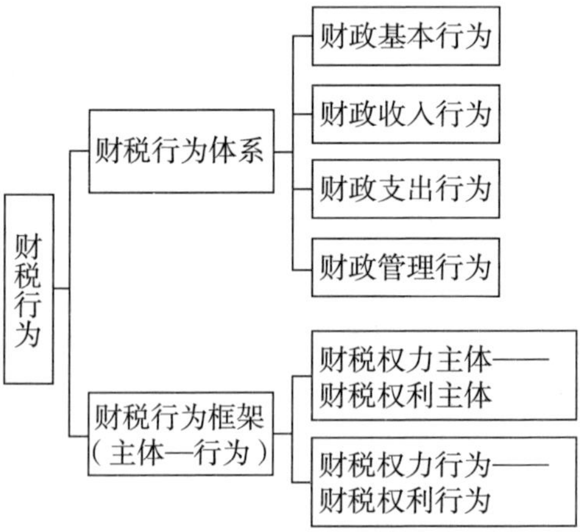

续表

作者	文献名称	主要观点
陈立诚	《财税行为构建论纲》	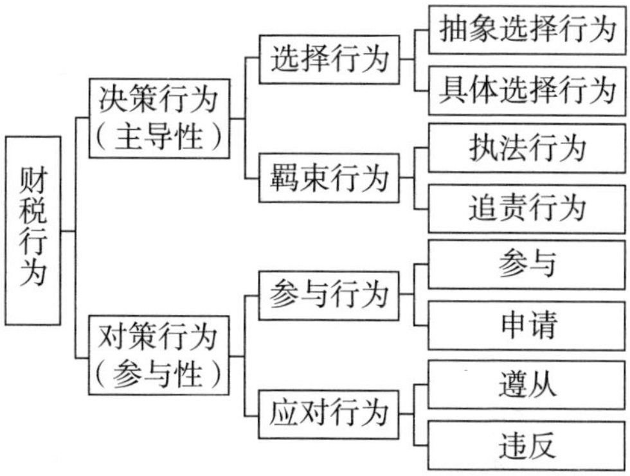

从上述关于税收行为理论以及财税行为理论的代表性研究来看，学者们的具体分类标准各有不同，但都不约而同地涉及“行为主体”这一关键要素，如两篇讨论税行为的文献都有提及“纳税主体行为与征税主体行为”的分类，这与《财税法总论》中的“主体—行为”范式同属一个分类逻辑，陈立诚在这一研究范式的基础上提出了“决策行为—对策行为”的新视角予以补充，而这其实也是对权力主体与权利主体之间的行为与关系的具体补充。因此，“主体—行为”这一研究范式是学者们对尚处于建构阶段的财税行为理论所达成的基本共识。而财税主体的异质性使财税法律关系异常复杂，既涉及国家机关之间的横向与纵向的分权关系，亦涉及国家与纳税人之间的税收债权债务关系、税收征纳关系等，也决定了财税行为理论的构建和完善之旅道阻且长。现有的文献关于财税行为理论的研究都是建立在“构建财税一体化研究范式”这一目标之上的，因此，如何能够更有逻辑地梳理财税法律法规的规范体系，以及如何全面系统地解释财税法律现实是目前财税行为理论研究的难点和要点。而在规范财税腐败行为这一问题上，财税行为理论中的宏观视角虽然确实能为案例的收集和行为的初步梳理提供全面的指导方向，避免出现严重的信息遗漏，但在具体的类型化研究的过程中，财税行为理论欲发挥更大的功效。需要进行视角的转变，深挖中观与微观理论视角之下的财税行

为所呈现的特征,聚焦具体的财税领域而非整体的财政运行过程,聚焦具象的行为人而非行政机关。因此,本书中的“财税行为理论”是在现有的财税行为理论的相关研究基础上,以“规范财税腐败行为”为问题导向而提出的一个既体现财税运行逻辑又能突出腐败行为特征的财税行为分析框架。

(二)基于财税行为理论的类型化分析框架构建

需要说明的是,本书的“基于财税行为理论的类型化分析框架”并不是在理论上的创新和突破,而是在问题导向之下对现有理论的借鉴和融合继而进行的分析框架的构建。财税法视野下的财税分类逻辑前文已经有所提及,概括而言,从主体上来看,它涉及国家机关与纳税人之间的行为,以及国家机关与国家机关之间的行为;从性质上来看,它包括财税执法行为和财税法规、规章及其他规范性文件的指定行为;从范围上来看,它涵盖财政基本行为、财政收入行为、财政支出行为以及财政管理行为,但不纳入财政监督行为。[1]其中,国家机关与国家机关之间的行为,以及财政基本行为中的财政收支划分行为属于宪法统摄下的权力配置问题,是影响财税行为模式的结构性基础问题,并不属于微观视野下个人或者单位腐败行为的范畴。如前文所述,制定财税法规、规章等抽象行为以及财政基本行为中的预算编制与审批可以被列入广义的财税立法行为,本书对此有专章论述,在此便不再赘述。因此,本书所研究的“财税腐败行为”,从传统的财税行为理论的角度来看,就是指涵盖财政收入领域、财政支出领域以及财政管理领域中的国家机关与纳税人之间、国家机关内部工作人员之间在财税执法过程中所出现的腐败行为。但是,国家机关与纳税人之间的法律关系,最终会落实到工作人员作为代理人与纳税人之间的实践互动。就微观视角下的分析框架而言,具体执行财税工作的工作人员并不是被国家机关吸收了人格的自然人,而是能够检视财税制度的关键代理人,因此,本书将进行分析的财税行为,是指具体执行财税工作的代理人的个人行为,而非国家机关作为公权力主体的组织行为。

在刑法视野下,腐败犯罪主要是指《刑法》中“贪污贿赂罪”一章的犯罪。

---

〔1〕 参见陈立诚:《财税行为构建论纲》,载《北京社会科学》2015 年第 7 期。

根据《刑法》的规定，“贪污贿赂罪”一章包括贪污、受贿、挪用公款、巨额财产来源不明、私分国有资产等14个罪名。根据《中国法律年鉴》近几年的数据统计，“贿赂、贪污、挪用公款”3类犯罪在整体腐败犯罪中占据绝对多数，约99%。[1] 根据前文的案例整理，会发现财税腐败行为在进入司法审判程序后大多也是被判定为这3类罪名。相较财税行为理论，刑法学中的犯罪行为理论作为刑法犯罪构成理论体系中的一环，已经形成了成熟的理论体系，财税行为理论中关于行为构成要件的论述无须另起炉灶，只需以公共财产法理论为指引，将现有刑法学中的理论进行筛选和适配，即可为财税法所用。但需要说明的是，此处借鉴刑法学的犯罪行为理论搭建分析财税行为的分析框架并非出于司法评价的目的，而是基于打造理论研究的工具的目标，而目标的不同会直接影响行为构成要件的组合情况。这一点，在我国《民法典》与《刑法》这两部法律对行为构成要件的对比中可以窥见一斑。对人身权益与财产权益的侵犯行为若造成较严重的后果，则侵权人很可能被同时追究民事赔偿责任与刑事责任，责任分配的前提是对行为进行评价，而为了保持司法评价的一致性，立法在后的《民法典》中所规定的侵权行为的构成要件也基本是遵循犯罪行为理论框架搭建而成的，但民法与刑法所承担功能的不同：侵权责任法更侧重于通过实现对侵权行为所产生的后果进行责任分配来尽快填补被侵权人的损失，而刑法则更侧重通过严格规范对犯罪嫌疑人和罪犯的定罪量刑以追求保障人权与打击犯罪的平衡，即前者更注重高效解决纠纷，后者更注重挖掘真相与公正，因此在同样的构成要件之下，侵权责任法对要件成立或者行为成立的标准相对较低。同样地，不同于侧重达成公正司法评价的刑法犯罪行为理论，财税行为理论需要在借鉴的基础上，聚焦能够助力其实现分析归纳财税腐败行为的特征并最终达到“预防型治腐”目的的要件。

国内刑法学界关于犯罪论体系的理论主要包括：将犯罪构成要件分为主体、客体、主观方面和客观方面的并列式的四要件说，以及将犯罪成立要件分

---

〔1〕 参见梅锦、徐玉生：《中国腐败犯罪状况的实证研究——以新型客观测量模式的引入为研究视角》，载《北京理工大学学报》（社会科学版）2018年第1期。

为构成要件符合性、违法性和有责性的递进式的三要件说。由于历史原因，苏联等国家采用的四要件说一直是我国犯罪构成要件理论的通说，而随着三要件说被介绍引入我国和现实中一些通过四要件难以解释的疑难案件的出现，刑法学界对改采三要件说的呼声也越来越高。但由于本书聚焦于对财税腐败行为的分析，该行为所侵犯的对象是没有具象所有人的公共财产，诸如正当防卫、紧急避险、被害人承诺等违法性阻却事由并不会出现，因此讨论违法性的意义并不大。另外，财税腐败行为所触犯的罪行都是身份犯，行为主体仅限于国家工作人员，在这类被严格责任约束的主体身上，一般情况下也不会出现诸如不具备刑事责任能力、缺乏违法行为认识和缺乏期待可能性等责任阻却事由，因此，讨论有责性的意义也不大。综上所述，财税腐败行为类型化分析框架的构建将聚焦对三要件说中犯罪构成符合性的几个要素（行为主体、危害行为、犯罪对象、危害结果以及因果关系）与四要件说的相关要素之间的整合和借鉴。具体的构成要件以及分析框架见图 3 - 1。

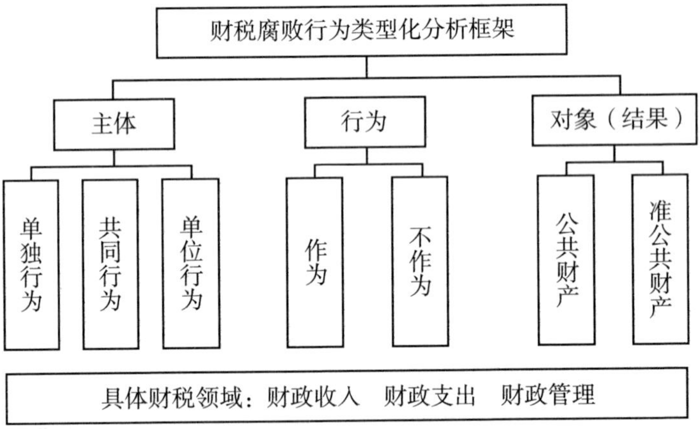

图 3 - 1 财税腐败行为类型化分析框架

财税腐败行为类型化分析的目的在于，将包裹在财税腐败行为之外的刑事罪名揭开，依据财税法律法规的禁止性规定和命令性规定，有所取舍地借鉴刑法学的犯罪构成要件理论，将行为再次拆分细化为各个行为要件，再辅之以具体财税领域为观察视角，实现对这些与财政税收相关的腐败行为的再抽象提炼,还原其被判定为犯罪行为之前作为财税违法行为的面貌。类型化框架的搭建还需遵循经济原则,即只将各个财税领域的违法行为之间存在差异的构成要件纳入,以期发现各个领域违法行为的特征,为进一步更有针对性地规范财税腐败行为凿开突破口。所有财税腐败行为在侵犯的客体上具有一致的指向,因此,笔者不再对此要件进行各领域的逐一分析。该共同指向是指纳税人基于委托代理关系对公共财产所享有的,要求受托人(政府)妥善管理公共财产以期能够从中受益的权利与利益,这与刑法中强调的"廉洁性"这一客体不同,前者更加注重对纳税人权利的保障,而后者的重心则是落在对政府权威的维护之上。这也是财税腐败行为值得在已有的刑事犯罪行为理论的研究之外,另行构建具有财税法所独有的价值判断标准的分析框架的一个重要原因,而这一分析框架暂时仅服务于笔者对财税腐败行为类型化的分析工作,能否进一步成为普适性的理论仍有待考究。

三、路径之展开:各领域财税腐败行为类型化分析

本部分的类型化分析将从主体、行为与对象三个要件展开,辅之以具体财税领域的财政资金运转所共同遵循的"收入—支出—管理"的逻辑,发现各个具体财税领域的腐败行为的要件特征,并结合财税法律制度的相关规范,挖掘各领域反腐工作的重心。

(一)财政管理领域腐败行为的构成要件分析

财政管理领域中的各项行为都与财政预算中行政部门之间的资金拨付相关,具体的构成要件分析见表3-3。

表3-3　财政管理领域腐败行为的构成要件分析

具体财税领域		财政管理			
构成要素		01	02	03	04
主体	单独行为	个人贪污	—	—	—
	共同行为	—	—	—	—
	单位行为	—	单位受贿	√	√

续表

具体财税领域		财政管理			
构成要素		01	02	03	04
行为	作为（具体手段）	骗取财政专项资金	帮助他人骗取专项资金	套取专项资金私发放给职工	擅自改变专项资金用途
	不作为	—	—	—	—
对象	公共财产	√	√	√	√
	准公共财产[1]	—	—	—	—

从主体上来看，财政管理领域的腐败行为多为单位行为，选取案例中的涉腐单位包括：农业局、县科学技术局、市交通局、县林业局等具体行政职能机关。由于这一领域的腐败行为所侵犯的对象以已经入库的公共财产为主，且主要涉及公共财产中的专项资金，根据以往的经验，需要国家在一般支出之外通过专项资金进行倾斜扶持的行业或者项目主要包括扶贫、农业林业、科教文卫、交通能源等领域，因此，上述领域中的掌握专项资金的申请与使用权力的主管部门及工作人员，应当成为财政管理领域腐败预防的重点关注对象。究其具体的手段，该领域的腐败大多表现为积极的作为，或者是无中生有式地骗取资金，或者是移花接木式地挪用资金。从行为导致的具体后果即资金的去向这一视角来看，这些腐败行为可以被分为对外流失型的腐败行为与内部错配型的腐败行为。在选取的案例中，01 号、02 号与 03 号案例属于第一种，具体的表现是：腐败行为人是将作为公共财产的专项财政资金转化为个人财产。01 号案例的行为人是通过个人贪污的方式直接将资金非法占为己有，02 号案例的行为人是因收受贿赂而使公共财产为他人非法占有，03 号案例的行为人是单位将专项资金发放到职工的手上。而 04 号案例则属于内部错配型的腐败行为，该案例中的财政资金并未落入私人领域，仍然是用于公共开支，因被擅自改变支出用途而导致资金的错误配置。04 号案是一个经过上诉的案件，上诉人及其辩护人在上诉期间提出了“挪用专项资金是

---

[1] 将应当形成公共财产但尚未真正转为公共财产的这部分财产，暂且命名为“准公共财产”。

为了弥补其他项目配套资金不足以完成县上安排的建设项目，所套取的资金全部用于单位公务支出，没有使公共财产、国家和人民的利益遭受损失”的辩护意见，但该上诉意见并未被法院采纳，未予采纳的判定是依据专项资金管理规定的相关要求作出的，即“专项资金试行专款专用、必须严格按照批准的项目和用途使用，不得截留、挪用、挤占，不得抵顶单位行政、事业经费”。上诉人即腐败行为人的上诉理由，反映了部分行政职能部门中负责专项资金管理的工作人员存在对“专项资金专款专用”这一规定的遵守意识较弱的问题，这种对自由裁量权的不谨慎态度，容易导致职权的滥用。因此，严格监督资金用途，通过严格审批和监督程序来促进有权部门与人员形成严格按照规定履职的意识，是规范财政管理领域腐败行为的重点。另外，上诉意见中的“为了弥补其他项目配套资金不足以完成县上安排的建设项目”这个行为动机的抗辩也反映了另一问题，即上级政府向下级政府安排事项的同时并未配备相应资金的问题，即事权与资金不匹配的问题。虽然行为动机并不能使违法行为正当化，但却是预防同样的腐败行为发生的突破口，对承担具体事务的基层政府的资金管理行为进行严格监督和约束的前提，是科学合理的财政预算与分配，否则，再严格的程序也将仅是治标之举而不触及根本。

（二）财政收入领域腐败行为的构成要件分析

财政收入领域的财税行为包括：税收行为，非税收入行为以及公债行为，但进入司法程序的财税腐败行为主要发生在财政税收领域，具体的构成要件分析见表3－4。

表3－4 财政收入领域腐败行为的构成要件分析

具体财税领域		财政收入			
构成要素		05	06	07	08
主体	单独行为	—	个人过失	—	领导责任
	共同行为	收受贿赂	—	收取手续费	—
	单位行为	—	—	—	—

续表

具体财税领域		财政收入			
构成要素		05	06	07	08
行为	作为（具体手段）	开具“底面不符”的税款票据	—	虚开专用发票	—
	不作为	—	未严格跟进预期不改的缴纳异常行为	—	未审核监督
对象	公共财产	—	—	—	—
	准公共财产	不征、少征	未征收	虚假抵扣	虚假抵扣

从主体上来看，税收领域的腐败行为主要是纳税人与税收征管机关工作人员之间的共同行为，结合其行为方式，在双方实现共同意志的达成之后，税收征管机关的工作人员或者采取积极违法的方式，如开具税款票据或者专用发票以协助共同行为人逃税，或者以消极不作为的方式不按法定程序履行征管职责或监督职责，导致未履行纳税义务的合谋人得到变相的“保护”。税收领域所涉及的无论是积极的腐败行为的发生，还是消极腐败行为所导致的积极逃税行为的既遂，都与不规范的“发票行为”有关，这一类违法行为是导致国家税收流失的最普遍的行为。《税收征收管理法》《税收违法案件一案双查工作规则》《税收执法过错责任追究办法》都对这类行为作出了禁止性规定，刑法对虚开增值税发票或虚开用于骗取出口退税、抵扣税款的其他发票等罪行的最高量刑也都达到了无期徒刑，刑罚之重的背后是罪行负面影响之深。但重刑似乎抵挡不住这一行为的频发，由此可见，这部分的腐败违法行为的发生并不是由于规则和处罚的缺位，票据管理制度完善与否，才是目前税收领域中纳税义务的履行程度高低和征税职责的落实情况好坏的关键之所在，也是规范税收领域腐败行为的着力点。而以上行为的共同结果则是，造成了本应当通过税收征纳的方式成为公共财产的部分资金未能进入国库，即税收领域腐败行为的对象是准公共财产，而准公共财产的损害是可以

通过事后追缴税款的方式进行修复的,积极追缴挽回损失的行为人也会因此得到量刑上的减轻甚至是免除。在处置这类可修复性较强的税收腐败行为时,对腐败行为人本人进行严格的责任追究是必须的,一方面,这是为了通过对行为人个人进行处罚以达到教育、震慑其他潜在的预备腐败者的效果;另一方面,也是公权力机关通过惩处违法行为进行公权力信用修复的方式。但除此之外,将规范角度调试到对公共财产保护的视野之下,会发现行为发生后的追缴和止损措施是更加实在且可持续的。若税收法律规范中能增加鼓励通过有效止损换取责任减轻的规定,不仅是对公共财产的一种修复型保护,也给予了腐败人员悔过自省的机会,使腐败违法行为与犯罪行为之间,即财税法律法规与刑事法律之间能实现平缓的衔接与过渡,促进反腐法律法规的体系化与制度化。

(三)财政支出领域腐败行为的构成要件分析

财政支出领域的财税行为包括:财政采购行为,政府投融资行为,政府拨贷款行为以及财政转移支付行为,具体的构成要件分析见表3-5。

表3-5 财政支出领域腐败行为的构成要件分析

具体财税领域		财政支出——采购		财政支出——拨贷款	
构成要素		09	10	11	12
主体	单独犯罪	—	—	√	—
	共同犯罪	收受贿赂	收受贿赂	—	收受贿赂
	单位犯罪	—	—	—	—
行为	作为(具体手段)	收受回扣	串通投标 安排陪标	—	—
	不作为	—	—	未严格审核	未严格遵循拨款用途要求
对象	公共财产	√	√	√	√
	准公共财产	—	—	—	—

其中仅有政府采购行为有较完整的法律法规进行规范与约束，这与政府采购行为发生频率高且与市场联系密切相关。而另外三种支出行为或者是行为主体限于政府机关之间，或者是所涉及的资金运转公开程度低，因此，进入司法审判程序的财政支出领域腐败行为主要集中在财政采购领域。另外，财政拨贷款领域的财税腐败行为的特征与财政管理领域针对专项资金的腐败行为相差无几，因此，财政支出领域的类型化研究对象可以暂且专注政府采购行为。由于财政支出行为具有授益性，行为人想从中获利的冲动会更加强烈，这一冲动的具体行为表现是政府一方负责采购的工作人员在采购过程中直接向相对人索要或者接受回扣，或者是在收受贿赂后以为目标供应商提供便利甚至是直接安排陪标的方式对外输送利益。与财政管理和财政收入领域的行为不同的是，政府采购行为是政府以合同相对人的身份进行公共财产管理的行为，这一行为在正常情况下是在市场中完成的，也就是说，这一行为的规范与否除了会影响公共财产是否得到有效利用，影响政府信用的好坏，更会直接关乎市场运行能否有效进行，因此，这一领域的腐败行为所引发的负面影响具有外溢性。从行为所侵犯的对象来看，政府的违法采购行为在完成后，支出的公共财产已经转化为购进的服务或产品，流失的公共财产并不像税收领域的准公共财产具有可替代性，可恢复性较弱，因此，该领域的腐败行为规范工作必须更加注重事前的预防和事中的监督。具体包括：采购当事人的选择、招标公开、采购标准制定等前期准备工作、采购合同的订立、谈判方式的选择等中间过程以及评审和验收等后续监督跟进过程。在以上内容的谋篇布局中，有采购法的总括性规定，还有基于总括性规定的实施细则，还有部分是对信息公开作出的规定。阳光是最好的防腐剂，虽然在与政府采购相关法律法规中，程序方面的规范已经基本具备，但要做到将规范落到实处，公众参与和监督是不可或缺的，而信息公开是公众参与的前提，是市场力量在采购过程中发挥约束作用的前提，因此，对政府采购领域腐败行为进行有效规范的关键在于信息公开制度的完善。

12 个有代表性的财税腐败案例在经过基于“法律—行为”的传统范式与财税行为理论的两次类型化梳理后，逐渐开始褪去其犯罪与刑罚的外衣，展现出“财税属性”。就财税行为主体而言，财政管理领域的财税行为多为掌握专项财政资金审批权的行政职能机关的单位行为，相应地，这些单位应该成为腐败治理的重点关注对象；财政收入和采购领域的腐败行为则多为行政机关及其工作人员与行政相对人或合同相对人的共同行为，相应地，财政收入和政府采购的信息公开与程序约束应该成为腐败治理的着重完善方向。就财税行为手段而言，三个领域的具体手段都可以被归纳为积极的作为和消极的不作为这两种方式，但腐败手段得以既遂的背后都有相应制度存在缺陷的深层原因：财政管理领域存在资金错配现象的背后，是工作人员“专款专用”的意识薄弱以及各级政府之间的财权与事权之前匹配失调的问题；财政收入领域存在导致税收流失的腐败现象的背后，是票据管理制度支撑不力的问题；财政支出领域存在的采购过程腐败行为频发的现象的背后，是信息公开力度不足的问题。就财税行为的后果而言，对准公共财产的侵犯可以通过追缴的方式进行修复，因此，事后及时的责任追究和适当的降罚免责处理结合的“软硬兼施”方式能达到对公共财产的最佳保护效果；公共财产因为违法违规支出而导致的资金浪费可修复性较小，因此，事前的严格预算和事中的精细流程当为这类型财税腐败行为治理的正确打开方式。

附录：案件详情总结

领域	国库管理	
案情简介	01 以贪污的方式骗取财政专项资金	02 以单位名义受贿并帮助骗取财政专项资金
案件名称	案号：(2014)金义刑初字第2280号 案由：何某贪污案	案号：(2017)桂09刑终187号 案由：范某某单位受贿、滥用职权案
(原审)被告人	何某：原义乌市农业局种子管理站高级农艺师及财务	范某某：原兴业县科协主席、兴业县科学技术局局长

续表

领域	国库管理	
认定事实及行为定性	被告人何某作为国家工作人员,利用职务之便,假借他人名义建立种植场以掩盖其经营的事实,并采取虚报土地面积、虚增投资额等方式骗取财政专项农业补贴(补助)共计人民币77.29万元。其行为已构成贪污罪	兴业县科学技术协会非法收受财政专项奖补资金申报单位财物,为申报单位谋取利益,情节严重,其行为已构成单位受贿罪;范某某作为兴业县科协主席,具体组织、实施该犯罪,应以单位受贿罪定罪处罚。范某某身为国家工作人员,明知涉案申报单位不符合申报财政专项奖补资金条件,仍然滥用职权,授意、指使、组织编造虚假材料进行申报,套取及违规拨付财政专项财政资金,致使公共财产、国家和人民利益遭受重大损失,其行为构成滥用职权罪
判决结果	(1)被告人何某犯贪污罪,判处有期徒刑10年(刑期从判决执行之日起计算)。 (2)追缴被告人何某的违法所得人民币77.29万元并上缴国库	(1)维持原判;即被告人范某某犯单位受贿罪,判处有期徒刑9个月;犯滥用职权罪,判处拘役5个月;决定执行有期徒刑9个月。对被告人范某某退出的违法所得2.4万元,予以没收,上缴国库。 (2)对兴业县葵阳镇新楼果蔬种植协会退出的违法所得8万元、大平山镇大苏村蔬菜协会退出的违法所得4万元、君林白鸽养殖科普示范基地退出的违法所得10万元、大平山镇雅桥村蔬菜种植协会退出的违法所得9万元予以没收,上缴国库

领域	国库管理	
案情简介	03 滞留、截留、挪用、坐支国家资金	04 擅自改变财政资金的用途
案件名称	案号:(2015)徐刑初字第242号 案由:李某甲私分国有资产、受贿案	案号:(2016)甘0824刑初6号 案由:周某滥用职权、贪污案

续表

领域	国库管理	
(原审)被告人	李某甲:原保定市交通运输局徐水区养路工区主任、党支部书记	周某:原庄浪县林业局局长
认定事实及行为定性	(1)私分国有资产事实 2011年8月至2012年1月,被告人李某甲在任保定市交通运输局徐水区养路工区(以下简称徐水养路工区)主任期间,指使该工区工程股股长张某甲(另案处理)采取虚造临时工工资的方式套取国家资金103.178万元,并将其中44万元私分发放给工区职工。 (2)受贿事实 2011年至2013年,被告人李某甲在担任徐水养路工区主任期间,利用职务上的便利,在安排该工区工程并结算工程款的过程中为他人谋取利益,收受赵某丙、李某庚、吉某给予的钱款,共计人民币12.5万元。案发后,赃款已全部退缴	2002年8月至2007年11月,被告人周某在担任庄浪县林业局局长期间,自己决定或者伙同分管财务的副局长李某(另案处理),利用职务便利,授意财务人员柳某、王某、柳某平、苏某及基层场圃负责人在实施退耕还林、公益林、三北四期防护林、巩固退耕还林成果等项目过程中,冒充他人名义开具虚假发票、虚假支付工资等,分39次从该局财务账、下属林场、苗圃账内套取国家专项资金1377.72225万元,全部置于账外用于单位学习考察费、油料费、差旅费、会议费、电话费、烟酒费、招待费及发放职工补助、福利、修建家属楼等支出
判决结果	被告人李某甲犯私分国有资产罪,判处有期徒刑7个月,罚金人民币2万元;犯受贿罪,判处有期徒刑1年零2个月,罚金人民币11万元;决定执行有期徒刑1年零6个月,罚金人民币13万元	被告人周某犯滥用职权罪,判处有期徒刑3年,缓刑5年

续表

领域	税收征管	
案情简介	05 不征、少征收税款	06 玩忽职守未征收税款
案件名称	案号:(2018)川 0726 刑初 20 号 案由:冯某某徇私舞弊不征、少征税款罪	案号:(2017)豫 13 刑终 688 号 案由:韦某某玩忽职守案
(原审)被告人	冯某某:原北川羌族自治县地方税务局科员	韦某某:原河南省南阳市地税局直属分局税源二科科长
认定事实及行为定性	被告人冯某某自 2012 年 8 月至案发时主要从事房屋交易办理信息采集录入、开具发票、税款征收等工作。其间,被告人冯某某多次利用征收税款的职务便利,开具各联票面金额不一致(以下简称底面不符)的销售不动产发票,隐瞒情况,弄虚作假,违规不征、少征税款共计人民币 40,841.28 元,并非法收受他人贿赂共计人民币 6000 元。同时,在以现金形式收取上述违规税款的实缴税款后,又以自己或同事彭某的名义开具“底面不符”的税款票据,从中侵吞税款共计人民币 96,055.34 元	韦某某身为国家机关工作人员,在工作中未认真履行职责,致使应该征收的 2,137,406.7 元税收未征收,给国家和人民利益遭受重大损失,情节特别严重,其行为已构成玩忽职守罪。韦某某上诉称尽到了职责:发现纳税异常后,将情况转交稽查科处理,且金冠公司也被列入了 2008 年稽查计划。经查,韦某某未向主管局长汇报,且金冠公司被列入 2008 年税务稽查检查计划序列是正常的年度稽查,不是韦某某提请的,故该上诉理由不成立,本院不予采纳
判决结果	被告人冯某某犯徇私舞弊不征、少征税款罪,判处有期徒刑 8 个月;犯贪污罪,判处有期徒刑 1 年,并处罚金人民币 10 万元,数罪并罚,总和刑期 1 年零 8 个月,决定执行有期徒刑 1 年零 6 个月,缓刑 2 年,并处罚金人民币 10 万元	被告人韦某某犯玩忽职守罪,判处有期徒刑 3 年

续表

领域	税收征管	
案情简介	07 滥用职权虚开专用发票	08 税务机关领导责任
案件名称	案号:(2012)召刑初字第53号 案由:张某某滥用职权案	案号:(2017)湘0903刑初307号 案由:贺某某等玩忽职守、贪污案
(原审)被告人	张某某:原漯河市道路运输管理处处长	贺某某:原益阳市赫山区国家税务局副局长,分管纳税服务科、征收管理科工作 曹某:原益阳市赫山区国家税务局纳税服务科科长(2012年10月29日至2015年4月26日) 张某某:原接任曹某为益阳市赫山区国家税务局纳税服务科科长
认定事实及行为定性	2000年3月30日至2003年4月14日,被告人张某某在漯河市道路运输管理处任处长期间,受漯河市地方税务局委托管理河南省道路货物运输专用发票,在其任职过程中,该运管处在收取1%的手续费及3.3%的税款后,任何人都可以去开具运输发票。其中,河南省宏达股份有限公司(以下简称宏达公司)在被告人张某某任职期间,共从该运管处下属各圆票点虚开道路货运专用发票119份,总金额5,276,422.23元,宏达公司利用该批发票向税务部门抵扣增值税款369,349元	被告人贺某某在分管纳税服务科、征收管理科工作期间,被告人曹某、张某某在先后担任纳税服务科科长期间,均没有设立复核岗位对综合服务窗口工作人员的代开发票情况进行审核监督,也没有按规定安排导税台工作人员对代开发票情况进行核实。2013年5月30日至2015年9月6日,益阳市赫山区国税局纳税服务科综合窗口工作人员李某某利用负责增值税专用发票和普通发票代开工作的职务便利,在代开发票系统中对9个固定的完税证对应的增值税普通发票重复作废,重复开出增值税普通发票,私下收取纳税人缴纳的税款98.43万元,造成国家税收损失288.3179万元。 关于被告人贺某某、曹某及其辩护人提出,贺某某、曹某已尽工作职责,是否设置复核岗位、是否进行审核与李某某犯罪之间没有刑法意见上的必然因果关系,以及税收损失并未灭失或流失,未给国家造成损失,贺某某、曹某的行为不构成犯罪的辩解和辩护意见,因与查明的事实不符,故对上述辩

续表

领域	税收征管	
		护、辩解意见,法院不予采纳。关于被告人张某某及其辩护人提出张某某履行了应尽的职责,挽回了59万元的经济损失,其任期内的经济损失不足30万元,张某某的行为不构成犯罪的辩解和辩护意见,本院予以采纳
判决结果	被告人张某某身为国家机关工作人员,在受委托管理道路运输货运专用发票期间,不正确履行职责,导致圆票业务失控,造成国家直接经济损失294,226.03元,其行为已构成滥用职权罪。公诉机关指控的罪名成立。鉴于被告人张某某的犯罪情节轻微不需要判处刑罚,依法免于刑事处罚	案发后,被告人贺某某、曹某主动或经传唤到案,如实供述犯罪事实,系自首,依法可以从轻或减轻处罚。鉴于本案的发生责任较为分散,以及在案发后,被告人及所在单位积极追缴税款,减少国家损失,可酌情从轻处罚。被告人贺某某、曹某的犯罪情节较轻,可免予刑事处罚。 被告人贺某某犯玩忽职守罪,免予刑事处罚。 被告人曹某犯玩忽职守罪,免予刑事处罚。 被告人张某某无罪
领域	政府采购	
案情简介	09 收受回扣	10 串通投标
案件名称	案号:(2017)湘1228刑初49号 案由:姚某某受贿罪、贪污罪	案号:(2017)吉0303刑初9号 案由:孙某某贪污、受贿、串通投标案
(原审)被告人	姚某某:原人民检察院办公室主任兼财务室负责人、会计	孙某某:原伊通县司法局局长

续表

领域	政府采购	
认定事实及行为定性	2010 年年底至 2013 年年初,被告人姚某某在担任某某县人民检察院办公室主任兼财务室负责人、会计期间,代表某某县检察院与怀化某某电脑有限公司进行政府采购的经济往来中,违反国家规定,先后 7 次收受某某电脑公司法定代表人罗某某所送的回扣款共计人民币6.31 万元,归个人所有;利用职务上的便利,非法收受广东某某家具制造有限公司怀化片区区域经理蒲某某人民币 2 万元,在结算、拨付办公家具货款时为蒲某某提供帮助。被告人姚某某身为国家工作人员,在经济往来中,违反国家规定,收受回扣,归个人所有和利用职务上的便利,非法收受他人财物,为他人谋取利益共计 8.31 万元,数额较大,其行为已构成受贿罪	被告人孙某某身为伊通县司法局局长,利用职务的便利,伙同他人侵吞国家公款,其行为构成贪污罪;被告人孙某某利用职务便利,为他人谋取利益索取钱财,其行为构成受贿罪;被告人孙某某在承建该局业务用房过程中,与投标人串通,具体做法为:孙某某为了让于某中标,找到伊通县工程建设招标管理中心主任李某,让李某在工程项目招投标时给予关照,让于某中标。为了确保于某中标,孙某某让于某再找两家公司陪标,无论哪家公司中标都是于某承建工程。该行为损害了其他投标人利益,情节严重,其行为构成串通投标罪
判决结果	被告人姚某某犯受贿罪,免于刑事处罚。被告人姚某某违法所得的人民币 108,900 元,依法予以追缴,上缴国库	被告人孙某某犯贪污罪,判处有期徒刑 1 年 10 个月,并处罚金人民币 10 万元;犯受贿罪,判处有期徒刑 3 年零 6 个月,并处罚金人民币 40 万元;犯串通投标罪,判处有期徒刑 6 个月,并处罚金人民币 2 万元,数罪并罚决定执行有期徒刑 5 年零 6 个月,并处罚金人民币 52 万元
领域	政府贷款	政府贷款与采购
案情简介	11 未严格履行政府贷款审核职责	12 虚构采购协议将贷款用于项目以外的用途

续表

领域	政府贷款	政府贷款与采购
案件名称	案号：(2015)宁刑初字第00681号 案由：曾某某等玩忽职守案	案号：(2017)冀0204刑初106号 案由：马某某滥用职权、受贿案
(原审)被告人	曾某某：原邵阳市双清区农林局计财股股长 郑某某：原邵阳市财政局农财股股长	马某某：原唐山市滦南县建设局副局长兼滦南县自来水厂厂长
认定事实及行为定性	2012年至2013年，邵阳市双清区农林局计财股股长被告人曾某某、邵阳市财政局农财股股长被告人郑某某，未认真对中富公司提交的林业贷款中央财政贴息资金申报资料的真实性、合规性等方面进行审查，致使中富公司提交的虚假申报材料被加盖公章确认并同意向上级林业及财政部门报送，导致中富公司以虚假资料骗取国家林业贷款中央贴息资金627万元。 案发前，邵阳市双清区农林局向中富公司追回其骗取的林业贷款中央财政贴息资金420万元。2015年4月22日，被告人曾某某、郑某某分别主动到侦查部门投案，并如实供述了自己的犯罪事实	2001年4月至2004年12月，被告人马某某任唐山市滦南县建设局副局长兼滦南县自来水厂厂长，作为滦南县子项目的负责人，负有严格按照程序实施工程的职责，其在明知日元贷款只能用于设备与材料的采购的情况下，违反规定，于2004年至2005年，伙同唐山市利用日元贷款项目执行管理办公室负责人李某某(另案处理)及其他5个子项目负责人石某某等(另案处理)共同商量套取剩余日元贷款609,905,887日元，折合人民币44,044,025元，并与北京金某机电发展有限公司签订虚假采购协议不实际供货，将其中41,784,952元直接给各县区子项目单位使用，并支付北京金某机电发展有限公司剩余日元贷款的5%作为代理费，给国家造成经济损失2,259,073元人民币，且至今各县区财政局仍在偿还剩余日元贷款的利息。2003年至2004年，马某某在明知日元贷款只能用于设备与材料的采购，并已通过招标程序与中标供货商签订合同的情况下，违反规定，与贵州中经进出口有限责任公司等4家中标供货商签订委托自采协议，由滦南县自来水厂直接使用中标日元贷款自行采购设备或材料，并支付中标供货商中标日元贷款的一定比例作为管理费，造成经济损失483,522元人民币。被告人马某某收受杨某5万元和王某15万元

续表

领域	政府贷款	政府贷款与采购
判决结果	被告人曾某某犯玩忽职守罪,判处有期徒刑 10 个月,宣告缓刑 1 年; 被告人郑某某犯玩忽职守罪,判处有期徒刑 10 个月,宣告缓刑 1 年	被告人马某某犯滥用职权罪,免予刑事处罚;被告人马某某犯受贿罪,判处有期徒刑 2 年,并处罚金人民币 10 万元,数罪并罚,决定执行有期徒刑 2 年,并处罚金人民币 10 万元。 被告人马某某退缴收受的贿赂款人民币 19.5 万元,予以没收上缴国库

第二节　财税立法阶段的腐败行为及治理

财税立法腐败,即在财税领域立法过程中,立法者出于私利作出财税权力在实体内容或者行使程序方面有损公共利益的安排,这种腐败行为相较其他领域的腐败行为腐蚀性更强,可谓腐败之源头危机。虽然财税立法阶段的腐败行为在中国相较行政和司法腐败较为鲜有,但通过梳理已有《宪法》与《立法法》等上位法律对立法阶段税权和财权的配置,仍可窥见其中可能的腐败缝隙。通过列举财税法在实践中出现过的部门利益制度化以及资源税改革中出现的利益妥协现象,可以发现其中的腐败空间。从成因的角度切入,外国财税立法过程出现的腐败现象大致可以归纳为权力型立法腐败、程序型立法腐败以及利益型立法腐败,通过分析国外经验也有助于预见我国财税立法过程的腐败隐患。另外,在推进全面依法治国与巩固反腐败斗争压倒性胜利的时代背景下,反腐工作的重心也相应从执法与司法阶段前移至立法阶段。从公共财产理论与委托代理理论出发考察财税领域的立法现状,发现其中存在权责配置不当、约束机制缺失的问题。欲弥补财税立法中应然与实然之间的差距,规制财税立法腐败,须首先做到民主立法和依法立法,构建预防型的反腐机制,此外,还应加强对财税立法的事后监督,包括人大审查制度以及司法附带审查制度,构建倒逼型的反腐机制。

一、财税立法腐败的中国隐患与外国现象

（一）财税立法腐败：准公共财产之源头危机

公共财产理论为财税治腐提供了范畴论的奠基，财税制度对腐败的治理的范畴应当限定在公共财产领域，所谓的公共财产，即“公权机关等基于提高社会整体福利以及促进社会公平正义等公益目的而依法占有、使用的财产”，[1]根据这个定义，公共财产可以再细分为已经经由法定程序为公权机关所占有和使用的公共财产，以及本应经由法定程序转换为国家财政但尚未完成转换的准公共财产。根据腐败行为产生的权力部门的不同，政治腐败可以分为立法腐败、行政腐败、司法腐败以及党内腐败。而准公共财产的转换失败可能归结于两种原因：一种是在财税执法过程中的行政腐败行为；[2]而另一种则是财税立法过程中的立法腐败行为。相较在执法过程中与行政相对人存在直接和广泛联系的行政机关，以及在个案司法裁量过程中需要妥当处理当事人切身利益的司法机关，立法机关往往容易成为公众监督的空白区域。鉴于立法机关的立法工作专业性强，抽象程度高且不可诉等原因，立法过程的腐败行为具有非典型性、合理隐蔽性以及局域性等特点，[3]监督难度大，在我国治理腐败实践中也鲜有案例可寻。

在财税领域的立法过程中，有贪腐企图的官员若利用自己的立法者身份，或是影响手握立法权限的人，作出财税权力在实体内容或者行使程序方面有损公共利益而有利于自身利益的安排，将会造成对准公共财产的损害。这是一种间接性的侵犯行为，该腐败行为直接从源头处使本应该通过制度安排纳入国家财政的资金因私人利益而流失。这比发生在财政资金收支过程中的直接侵占或者挪用公共财产的行为更加隐蔽，甚至能借助被裹挟了的法

---

〔1〕 华国庆：《试论财税法的本质属性》，载刘剑文主编：《财税法论丛》（第16卷），法律出版社2015年版，第13页。

〔2〕 王文婷：《财税行为理论对财税腐败行为的规范——基于对我国财税腐败案例的类型化研究》，载《辽宁大学学报》（社会科学版）2020年第2期。

〔3〕 参见邱成梁：《论“立法腐败”的界定、危害与规制》，载《四川行政学院学报》2014年第1期。

律为腐败行为披上了“合法的”的外衣，使腐败在源头上就得到了保护，因此，这类腐败行为一旦发生，会产生源头性的、持久的且难以被发现和消除的危害，这类腐败行为一旦形成达到一定的数量和规模，准公共财产将会大规模地因制度障碍而无法顺利转化为国家财政，被寄予厚望的财税制度将从“腐败的源头治理切入点”遗憾地成为“腐败的源头危机”，因此，财税法律制度在这个阶段及时介入和调整是避免源头危机的必要举措。

（二）中国财税立法阶段的腐败空间

1.《宪法》与《立法法》中的税权分配与腐败空间

在以人民主权为逻辑起点的宪治国家里，国家通过行使作用于公民财产权利的税收权力，来实现公民享有公共产品和公共服务的权利，由此，税权是国家权力与公民权利的结合。[1]《宪法》与《立法法》作为公法，作为财税法律法规的上位法，其对税权分配的合理与否，是能否实现约束国家权力进而保障公民权利的关键。立法腐败是源头腐败，而分配立法权的《宪法》与《立法法》中对财税立法权力配置的疏漏之处有可能成为该阶段腐败的制度风险。

（1）财税立法权的横向分配及制度缝隙

我国《宪法》第56条规定了公民有依照法律纳税的义务。这是宪法中关于税收的唯一规定，该规定指出了公民纳税的依据是法律。那么，什么是法律？或者依法纳税的“法”的范围是什么？关于这一点，《立法法》作出了进一步的规定。《立法法》第7条规定，国家立法权由全国人民代表大会及其常委会行使，第8条第6项进一步将税收纳入法律保留事项，即税收事项仅能由全国人民代表大会及其常委会以制定法律的方式进行调整。而紧接着的第9条作出了例外规定：在税收事项尚未制定相关法律时候，全国人大及其常委会有权授权国务院根据实际需要先行制定行政法规。

综上所述，税收立法权原则上由人民代表大会行使，但也不排除由国务院经全国人大及其常委会授权行使。授权立法权的规定为国家行使征税权

〔1〕 参见赵立新：《税权的宪政逻辑》，载《政治与法律》2007年第1期。

提供规则依据的同时,也为少数行政部门及其工作人员滥用立法权进行寻租贪腐留下了空间。行政机关与立法机关、司法机关最大的不同在于其更追求行政效率,当一味追求行政效率的执法者同时拥有了立法权,且缺乏有效的监督的时候,这种原本基于信任而授予的行政立法权将很可能成为行政机关追求行政绩效和部门利益,甚至是少数公务员谋求个人利益的最隐蔽的"武器"。

(2)财税立法权的纵向分配及规制空白

根据《宪法》第100条的规定,省、直辖市以及设区的市的人民代表大会和它们的常务委员会,在不同上位法相抵触的前提下,可以制定地方性法规,并报对应的人民代表大会常务委员会备案或批准。《宪法》赋予了地方权力机关一定的立法权,但并没有对其具体的权限进行说明。再结合前文所提及的《宪法》第56条即关于税收的唯一规定,以及《立法法》中关于税收立法权的规定,可以得出这样的结论:根据财税法上位法的规定,税收的立法权集中在中央。

分税制改革后,税权上收,事权下放,担负地方经济发展任务和提供社会公共服务的地方政府承担着较大的支出责任,由于中央财政以税收为主要的收入来源,地方在上缴税收后,所余税收并不足以支持地方发展的支出责任,加之我国转移支付制度尚未完善和成熟,各地政府面临着财政资金紧张的压力,此谓地方政府事权与财权的不匹配。面对这一难题,相比缩减开支,地方政府更愿意采取拓展筹集资金来源的解决方法,而在税权受到限制的情况下想要另辟蹊径,开拓税收以外的收入来源是唯一路径。因此,以行政事业收费收入、政府性基金收入、罚没收入等为主的非税收入成为地方政府扩充财政收入的普遍选择。但是相较税收,非税收入的收费项目的设立和征收的依据大多来自行政部门内部的审批,存在法律根据缺位、监督机制缺失等问题,而约束程序的缺位也为掌握审批权的地方政府官员留下了腐败的空间。若是存在有效的监督,立法腐败的空间将难以形成,地方政府在财税立法过程中所受到的监督压力远低于中央行政机关所面临的监督压力。原因有二:一是立法文件自身"监督基因"的缺失所造成的事中监督的缺失;二是中央政府基于与地方政府利益一致以及地方监督机关缺位而导致的事后监督的不力。首先,中央行政机关在滥用转授权立法权的同时可能引发的财税立法腐败行为是以部门规章、行政法规甚至是法律等立法层级较高的文本的形式呈现,而地方政府在税收立法权在上位法的规定中受到限制的情况下,所可能引发的财税立法腐败行为则更多集中在规范性文件的领域。作为弥补高位阶的法律因稳定性导致的滞后性等缺陷的低位阶法律,规范性文件拥有灵活性大和实操性强等优势,而这些优势的获得则是舍弃了立法过程中部分严格的监督程序的结果。其次,一方面,有的地方政府在扩张地方财政的压力之下,为了追求效率而大量采用行政规范性文件立法的方式为税收外的财政来源"正名",这为地方政府的财税立法腐败空间的形成提供了"腐败收益高"的正向激励;另一方面,监督机关的缺位导致寻租腐败难以被发现或者在被发现后难以有效问责,这为地方政府的财税立法腐败空间的形成提供了"腐败风险低"的反向激励,由此可见,地方政府在财税立法领域进行寻租的腐败空间的形成是有其制度激励因素的。

2. 财税法领域内的立法实践与腐败空间

上位法对税权在横向和纵向上的分配都为立法腐败留下了形成的空间,但"空间"本身是中性的,若从积极的角度分析,这也可能是国家权力机关在制定上位法时为了使更加贴近财税实践的中央行政部门和地方政府能够发挥其积极性和自主性特意留下的空间。而拥有立法权限的国家机关以及实质履行立法责任的国家工作人员最终的或创新或腐败的抉择,并非规范分析自身所能够回答,这还需要实践予以验证。通过观察财税法领域中的立法实践,笔者虽然并未发现被定性为"立法腐败"的案件,却也窥得其中存在的腐败空间。

(1)部门利益制度化中的腐败空间

如前文所述,我国《宪法》与《立法法》在财税立法权横向配置方面,允许国务院经授权根据实际需要先行制定行政法规。在我国的立法实践中,全国人大及其常委会曾先后通过了两份财税领域授权立法的文件。一是 1984 年第六届全国人大常委会第七次会议上通过的《关于授权国务院改革工商税制发布有关税收条例草案试行的决定》,这份文件已在2009年被全国人大常委会废止;二是1985年第六届全国人大第三次会议上通过的《关于授权国务院在经济体制改革和对外开放方面可以制定暂行的规定或者条例的决定》,该文件至今仍然有效。而财税主管部门经过国务院转授权,多次变动印花税、增值税、房产税等税种的课税要素。2007年5月30日凌晨,财政部、国家税务总局联合发文上调证券交易印花税税率事件就是一个典型的案例。[1] 虽然这次紧急上调税率的目的在于防止过度投机,但目的正当性并不能掩盖财税主管部门通过规范性文件在一夜间调整税率这一行政行为在程序上的不正当性。这是财税主管部门滥用经国务院转授权所获得的立法权的结果,但这一行为的目的并非出于私利,这与财税立法腐败行为的主观要件不符,因此并不能被定性为"财税立法腐败"。但这个案例中所体现的程序上的不规范,反映了行政立法过程中监督的缺位,这样的程序环境给予了行政机关过大的自由裁量权,这会导致部门利益制度化,也会给行政机关中负责法规起草和解释的具体部门及其官员留下腐败空间,被称为"立法腐败经典案例"的郭某某案就是例证。[2] 虽然郭某某案并不是发生在财税立法领域的立法腐败案件,但这一腐败行为的行政立法属性为行政立法主导下的财税立法体系敲响了警钟。

通过分析国内这起经典的立法腐败案例,我们可以发现其中两个特征:一是立法腐败行为的主体为中层技术官僚;二是立法腐败行为的既遂是行政机关内部执法者、立法者之间合作以及监督者缺位所共同导致的综合结果。郭某某作为商务部条约法律司的巡视员,这一职务并不是掌握着人事权或者财务权等更加容易被行贿主体关注到的领导职务,但其手中掌握的对商务部相关法律法规的制定权和解释权,足以让他为行贿者间接输送利益。另外,

---

〔1〕《关于调整证券(股票)交易印花税税率的通知》(财税字〔2007〕84号)。

〔2〕作为商务部条约法律司巡视员的郭某某以对商务方面法律法规的熟悉,利用手中的在企业并购、外商投资和反垄断等方面的规则制定权和解释权,为对其行贿的企业大开方便之门。2010年5月21日,北京市第二中级人民法院认定郭某某收受人民币441万余元、美元25万余元、港币22万余元,以明显低于市场价格购买房产获利人民币165万余元;受贿数额总计价值人民币845万余元。法院以受贿罪判处郭某某死刑,缓期2年执行,并处没收个人全部财产。

郭某某凭借其北京大学国际经济法学的专业背景以及20年的实务经验,早已成为一名谙熟商务方面法律法规的技术官僚,其工作的专业性为他创造了具体工作过程中的信息不对称环境,这使他在解释甚至是制定法律法规时掺入私利的行径,一方面,不会引起不了解立法技术上级领导的注意;另一方面,更不会遇到经验不足且一般只负责上行下效的下级人员的反对。当然,中央的法律法规的修改和解释相较地方性规章或者规范性文件的出台,程序上更为规范,中间的制约因素也更为复杂,因此,若没有商务部门中个别与外资企业管理相关的执行部门官员的配合,仅凭郭某某一己之力,是难以做到长时间的寻租贪腐而不被发现的。〔1〕 在分析了郭某某案的这两大特征后再反观财税法领域内的立法实践,我们可以发现类似的现象以及其中的腐败空间:中层技术官僚“低调地”把持法律法规的制定权和解释权却游离在行政监察机关的监督视野之外,甚至是出现违规操作也未被问责(如关于前文所述“印花税税率被紧急上调事件”的后续报道并没有涉及对相关负责人进行问责的内容),中央财税主管部门作为执法者经国务院转授权取得立法权,而这些部门中也存在执法权和立法权相互交错而监督权缺位,这都加大了中央财税主管部门在部门利益制度化的利益驱动下进行立法腐败的可能性。

(2)资源税改革中的利益妥协与腐败空间

我国资源税的雏形起始于新中国成立之初的盐税,盐税的设立是为了解决战后财政资金困难的问题。“资源税”的正式开征始于1984年10月1日,〔2〕经过计征方式、征税范围等各方面的试点和探索后,国务院于1993年12月25日发布《资源税暂行条例》,奠定了我国资源税制度的基本框架。

---

〔1〕 从郭某某的案件中,我们可以发现,掌握立法权的条约法律司负责人郭某某正是在外资司司长邓某和国家工商行政管理总局(现国家市场监督管理总局)外商投资企业注册局副局长刘某等人支持下,才知道在哪些法规政策上可以设租,才可以使有着明显瑕疵和怀有私利的政策在执行阶段不被质疑而获得租金,如果没有这些执行机构的支持,郭某某的立法寻租的目的很难达成,因为这些执行者清晰地掌握政策制定带来的利益偏好,如果他们提出质疑,这些政策根本不可能出台,更不可能为其带来切实的利益。参见卢正刚、李岩:《政府俘获:一种值得警惕的腐败新形式——郭京毅案的研究》,载《华中科技大学学报》(社会科学版)2011年第3期。

〔2〕 1984年9月18日,国务院颁布《资源税条例(草案)》,决定从1984年10月1日起开征资源税。

2010年6月新疆地区开展从价计征试点工作，我国自此开始了新一轮的资源税改革，而有学者通过观察认为，此次资源税改革出现了“政府俘获”[1]的现象，[2]笔者认为此种观点存在概念使用不当的问题。政府俘获与政治游说不同，其具有“程序不公开”“行为没有合法依据”等特点，是特殊利益集团通过行贿等手段“俘获”立法者或管制者使其制定有利于利益集团的加强或维护其垄断地位的规则和政策的非法行为。[3] 而笔者所描述的本次资源税改革过程中财政部门对大型国有企业的区别对待，以及中央政府对个别地方政府的特殊照顾是一种利益妥协的结果，在实践中并出现“非法交易行为”，因此，采用“政府俘获”来进行论述有失偏颇，但这并不影响本书对这些利益妥协现象进行分析的必要性。

首先，在原油、天然气资源税的改革过程中，政府在提高将计征方式由从量计征改为从价计征进而提高资源税税负的同时，同时也提高了石油特别收益金的起征点，也保留了许多税费减免优惠政策，以此抵消了资源税税负上升对企业的税负影响，可见，原油、天然气资源税的改革是以不提高国有垄断资源企业整体税费负担为前提的。

其次，此次煤炭资源税改革方案最终确定了2%～8%的税率幅度，这体现了地方政府尤其是部分依赖煤炭资源取得财政收入的地方政府以及国有企业聚集的煤炭行业在改革过程中的对政府的“俘获”。[4]

资源行业的大型国有企业以及地方政府基于相较其他纳税人的优势地

---

[1] “政府俘获”是由芝加哥学派的代表人物施蒂格勒首先提出，他在发表的《经济管制论》(1971年)中，探讨利益集团对政府政策的影响，提出了政府俘获理论。政府俘获，是指立法者和管制机构也追求自身利益的最大化，因而特殊利益集团能通过“俘获”立法者和管制者，使政府提供有利于他们的管制。

[2] 参见周志波、张卫国：《我国资源税制度演化历史与改革路径研究》，载《宏观经济研究》2015年第9期。

[3] 参见卢正刚：《游说还是俘获：不同立法体制下利益集团的行为选择》，载《安徽师范大学学报》(人文社会科学版)2013年第2期。

[4] 由于全国煤炭资源分布极不均衡，各省市从煤炭资源中获取的财政收入规模和比例差别很大。为了减少煤炭资源税改革在地方政府层面的阻力，中央政府通过制定2%～10%的幅度比例税率默认了部分省市的资源依赖型财政利益，原有的煤炭收费项目的收益可以通过“换名”和提高税率的方式得以保留。

位获得了与立法机关进行博弈和谈判的机会,但因为缺乏公开性,这一过程也不能被视为合法的"政治游说"。综上所述,前文所述的这次资源税改革中出现的立法者在资源税税收要素中方面作出的利益妥协行为既不同于合法的政治游说,也不同于非法的政府俘获。立法过程中有关利益方的利益诉求本无可厚非,但是缺乏其他相关方参与的单方面的利益表达所推动的改革和立法的最终结果,很可能是维护部分强势利益群体的利益而忽视了对公共利益的保护,而这种透明度不高,参与度不足的立法过程很可能诱导"灰色行为"滑向非法一端,即政府俘获。

此时,位处改革和立法的关键位置的部门和政府官员便有了利用手中权力进行寻租的空间,在财税领域内,权力拥有者寻租的方式可能表现为"政府俘获"也可能表现为"立法腐败",表 3－6 是对两种寻租方式的构成要件对比表。从中,我们可以发现,相较立法腐败行为[1]可能涉及财政税收领域的各个方面,政府俘获的发生领域相对较窄,这与该理论的提出背景有关,"政府俘获"一词源于规制经济学,该理论始于经济学家对美国产业规制政策的研究,并随着经济学家对政府与企业关系的关注而逐步完善,因此,其关注领域被限定在受政府规制的行业与产业的范围内。就主体和行为而言,两种寻租方式的权力寻租者的范围不同,具体的获利行为方式也不同,政府俘获既包括有的立法者为谋私利而制定有利于部分利益主体的产业政策和行业标准,也包括了有的执法者为偏袒特殊利益群体而无依据地选择性地甚至是扭曲性地执行既定的政策和标准;而立法腐败则仅关注立法者在制定法律(广义上的法律)过程中的寻租行为,但是这种理论上的差异在以行政主导的财税立法体系中得到了部分的消解。因为财税领域的大部分法律文本都是执法者经授权制定或者实际参与制定的,这种实践中执法者拥有"形式立法权限"和"实质立法权力"的现象使政府俘获与立法腐败在主体方面和制定规则的行为这两个方面并不存在实质上的差异。而两者的差异主要集中在其

---

[1] 本段落中的"政府俘获"与"立法腐败"所表达的内涵即"财税领域内的政府俘获"与"财税领域内的立法腐败",为避免概念表述的冗长影响论证表达的简洁性,特将限定词略去。

行为所产生的危害结果上，政府俘获中涉及的是消费者、企业与政府之间的法律关系，而立法腐败则是涉及纳税人与国家之间的法律关系。政府俘获下产生的产业政策与行业标准，会为行业内的部分掌握大量政府资源的企业大开便利之门，导致诸如商业贿赂，滥用市场支配地位等不正当竞争行为，进而损害消费者利益，对这一损害结果的救济需要适用《消费者权益保护法》《反不正当竞争法》《反垄断法》等法律。而立法腐败下颁布的税收方面的法律则会违反税收公平原则，损害了因立法过程中并未获得充分利益表达的机会而在税法执行中需要承担更多纳税负担的纳税人的利益，另外，立法腐败下颁布的财政方面的法律则会在预算、支出等各个方面危害公共财产的配置安全和处置安全，其危害结果会产生对相对人来说有全局性的影响，对政府来说则可能引发民众不信任的执政风险，这样的危害结果是无法仅仅依靠法律途径予以救济和恢复的。

表 3－6　税领域内的政府俘获与立法腐败的构成要件对比

项目	财税领域内的政府俘获	财税领域内的立法腐败
领域	受政府规制的产业与行业中涉及财政税收的领域	财政税收领域
主体	利益相关主体 立法者、执法者	利益相关主体 立法者
行为	制定和执行行业政策与标准	制定法律（广义上的法律）
目的	相关利益主体获得或巩固优势地位 政府机关或工作人员为谋私利	相关利益主体获得或巩固优势地位 政府机关或工作人员为谋私利
结果	造成不正当竞争 损害消费者利益	损害其他纳税人利益 侵犯公共财产安全

（三）国外财税立法阶段的腐败现象

1. 印度尼西亚经验：权力型财税立法腐败

在苏哈托时代，印度尼西亚在政治改革中进行权力下放，但权力下方使贿赂和受贿系统呈现分散的形态,地方政府没有受到强有力的监督和约束,因此造成了严重的腐败问题。印度尼西亚商会(the Indonesian Chamber of Commerce)在2001年《权力下放法》颁布后,立即针对地方政府腐败增加的现象提出了申诉,这些投诉大都是针对新的地方条例而提出的,而这些与腐败挂钩的地方条例的内容主要与税收相关,具体包括具体税种的设立、税款征收以及各种类型的许可证。例如,如果过去商人将货物从一个地区运往另一个地区只需要商业许可证和商业驾驶证,但因为有些货物需要纳税,商人们需要从该地区的税务局获得特别通行证。这些条例的设定旨在补充规则以加重企业负担,从而为地方政府提供收受贿赂的基础和空间,税收政策和税收立法沦为地方政府和官员权力寻租的工具。[1]

印度尼西亚在财税阶段的腐败现象,是其在政府改革中将权力下放以致权力分散且缺乏监督所致,这是税权在纵向上分配不当所导致的立法腐败现象,因此称其为权力型立法腐败。对照我国现状,虽然上位法规定了税收立法权集中在中央,但实际上,地方政府因事权与财权的不匹配而额外开拓财政收入来源,为地方政府官员留下腐败的空间,此为纵向上税权与财权分配不当所埋下的权力型立法腐败隐患。

2. 加拿大经验:程序型财税立法腐败

有外国学者在研究加拿大的腐败现象时提出了小腐败(petty corruption)与大腐败(grand corruption)的概念。小腐败是关于在适用规则方面有酌处权的低级官员有选择地执行某一政策,而大腐败涉及规则本身的制定,或者是制定赋予未经授权的、为私人目的服务的公共政策,这种大腐败需要那些处于或接近政治权力顶端的人的参与。产业政策的制定是涉及财政支出的重大立法活动,这些产业政策涵盖公共工程项目、重大采购、就业计划和对企业的选择性补贴。在加拿大,这些政策和法规在出台之前往往需要通过负责区域发展的机构的评估和过滤,而政策的制定过程中若缺乏多方利益主体的

---

〔1〕 Ari Kuncoro,"Corruption and Business Uncertainty in Indonesia", *ASEAN Economic Bulletin*, Vol. 23, No. 1, April 2006, pp. 13-14.

表达和协商渠道以及公开透明的制定程序,最终的结果很容易导致为了官僚或政治目的而脱离总体政策目标。这为政治家提供了机会,将补贴和合同引导到特定的商业伙伴,以换取回扣。[1]

加拿大财税阶段的腐败现象是其在财政支出的政策制定程序公开性不足所致,因此,称其为程序型立法腐败。而公开性不足的背后原因与制定政策主体的机构性质相关,若制定政策的主体为议会,则不会有公开性不足的问题,而当行政部门或某区域部门成为制定主体时,作为行政效率的行政部门往往会为了行政效率选择最便捷的程序,而越少人参与讨论的立法程序是立法速度最快的。反观中国,在税权的横向配置上,我国也存在行政机关经授权代为立法的现象,而行政立法过程中的程序透明不足的问题则很容易诱惑部门利益制度化,而这为专门负责立法工作的技术官僚留下了立法腐败的空间,此为横向上税权分配不当导致立法程序公开性不足所埋下的程序型立法腐败隐患。

3. 美国经验:利益型财税立法腐败

政治游说,是指利害关系的群体对立法者施加压力以影响立法结果所从事的政治活动,不同于"政府俘获","政治游说"具有公开性。规范的政治游说可以促进立法过程相关利益方的诉求表达,提高立法活动的参与度,进而提高出台法案的可执行性,但政治游说也为议员们提供了立法腐败的空间。

"罗伊·布朗特涉嫌立法腐败案"就是政治游说中出现的腐败案件。罗伊·布朗特在担任众议院多数党的党鞭期间,在国土安全立法以及伊拉克战争紧急拨款提案确定的过程中,利用自身在众议院的权力和地位,提出有利于与其有密切联系的利益集团企业的条款。

与众议会议员罗伊、布朗特有紧密政治联系[2]与私人联系[3]的美国莫

---

〔1〕 Michael M. Atkinson, "Discrepancies in Perceptions of Corruption, or Why Is Canada So Corrupt? Political Science Quarterly", Vol. 126, No. 3, Fall 2011, pp. 451 – 459.

〔2〕 美国莫里斯烟草公司的母公司美国烟草巨商奥驰亚集团公司(Altria Group, Inc.)是罗伊·布朗特重要的竞选赞助商,共向其政治委员会提供了27万多美元的竞选献金。

〔3〕 另外,在提交该议案时,罗伊·布朗特正与后来成为其第二任妻子的莫里斯公司的说客帕尔曼(Abigail Perlman)幽会。此外,罗伊·布朗特之子安德鲁(Andrew)也在努力为该公司游说。

里斯烟草公司(Philip Morris Companies Inc.)在销售市场中受到了其对手来自网络销售的竞争,该公司试图通过布朗特在立法中加入"限制网上香烟销售"的条款,打击竞争对手。2002 年 11 月,罗伊·布朗特企图直接跳过中间投票程序直接该条款加入国土安全法中,但该条款既未经过小组委员会审查,也未获议长和多数党领袖的批准,且内容明显有利于莫里斯烟草公司,因此最终没有被通过。罗伊·布朗特此次行动虽然未获成功,但这并没有影响其在众议院的地位。2003 年 4 月,罗伊·布朗特又开始为另外两家为其提供过竞选献金的公司谋求立法偏袒。为了帮助美国联合包裹服务公司(UPS)和美国联邦快递公司(FedEx Corp.)保持在美国物流行业的垄断地位,阻止其竞争对手敦豪国际航空快件有限公司(DHL)[1]在美的业务扩展,罗伊·布朗特通过说服参议院拨款委员会主席,在伊拉克战争紧急拨款提案中成功地加入一项条款。该条款规定军用物资必须由外资持股不高于 25% 的美国公司承运。[2]

美国的立法腐败现象,是政治游说中的大型利益集团为了获得在法律权利安排上的优势,通过向与其本来就有着密切联系的议会议员行贿所致,因此,称其为利益型立法腐败。但"政治游说"与"政府俘获"是两个不同的概念。[3] 在议会主导的财税领域立法体制下,美国立法活动中的政治游说则集中发生在议会议员身上。"虽然政治游说会导致一些利益集团对法律政策垄断的风险,但并没有出现失控的情况,华尔街除外,美国的游说制度与其选举,权利配置和听证会等政治制度相配套,可以说相关政治制度的存在诱致了游说行为的产生,而这些制度也约束着游说的行为边界,使之不至于向失控的方向发展。"[4]但究其本质,这两种行为都是利益集团为了获取有利于

---

〔1〕 该公司的大股东为德国邮政全球网络公司,且持股比例超过 25%。

〔2〕 参见张宇燕、富景筠:《当代美国的腐败——数据、案例与机理》,载《国际经济评论》2006 年第 6 期。

〔3〕 主要表现在:概念涵盖范围不同,合法性程度不同,. 公开性程度不同,以及所适用的领域和产生的结果不同。详见卢正刚:《游说还是俘获:不同立法体制下利益集团的行为选择》,载《安徽师范大学学报》(人文社会科学版)2013 年第 2 期。

〔4〕 卢正刚:《游说还是俘获:不同立法体制下利益集团的行为选择》,载《安徽师范大学学报》(人文社会科学版)2013 年第 2 期。

自身利益的规则安排而对立法者施加影响的行为，此为利益型立法腐败隐患。

（四）财税领域治腐工作重心的前移：基于推进全面依法治国与巩固反腐败斗争压倒性胜利[1]的共同要求

我国立法腐败的案例并不常见，在财税立法阶段的腐败案例更是暂未出现，但问题没有被发现并不等于问题不存在，问题存量少不代表对其不需要予以关注和研究。“有法可依，有法必依，执法必严，违法必究。”这是党的十一届三中全会提出的法制建设方针，时隔30载，2008年，时任全国人大常委会委员长吴邦国在第十一届全国人大第一次会议上宣布：“中国特色社会主义法律体系已经基本形成。”改革开放以来，经历了30年的立法实践，我国已走出了过去“无法可依”的荒芜时期，但在初步实现“有法可依”目标的同时，现有法律体系中仍存在不同门类的法律规范之间，以及不同层级的法律规范之间的逻辑不够严谨、结构尚需优化等问题，而这些问题也为立法者提供了寻租的空间。

2018年，习近平总书记在党的十九大报告中提出：“深化依法治国实践……推进科学立法、民主立法、依法立法，以良法促进发展、保障善治。”党的十九大报告中提出的“良法善治”的目标，就是对现有法律体系中存在的种种问题的回应。在建设法律体系的初级阶段，立法机关的立法工作着重于完成“有法可依”的任务，反腐工作的关注焦点以及被查处的腐败案件大多集中于可能产生“有法不依或选择性依法，执法不严或选择性执法，以及违法不究或选择性追究”等问题的执法和司法阶段。“冰冻三尺非一日之寒”，法治国家更难一蹴而就。在新时代，要实现“有法可依”向“良法善治”的进阶，每一位立法工作人员都需付出不懈努力。为了保障这一进阶目标的早日实现，也为了防止立法者因一时的贪欲与侥幸心理落入歧途，反腐工作与防腐

[1] 习近平总书记在十九届中央纪委三次全会（2019年1月11日）上的重要讲话中指出：党的十九大以来，我们贯彻落实新时代党的建设总要求，坚持把党的政治建设摆在首位，深化运用监督执纪“四种形态”，夺取反腐败斗争压倒性胜利，着力惩治群众身边的腐败问题，完善党和国家监督体系，取得了新的重大成果，为实现党和国家事业新发展提供了坚强保障。

工作也应及时跟进,逐渐将关注范围逐渐拓展到立法领域,防患于未然。另外,习近平总书记在十九届中央纪委三次全会上的重要讲话中指出,要抓住"关键少数"——强调领导干部,特别是高级干部,要认真贯彻新形势下党内政治生活若干准则,而所谓的"关键少数"除了指级别高的领导干部,也应当包括虽然级别不高但是身居要职的干部,所谓"一夫当关,万夫莫开",若此夫所承担的是立法工作,其也应被视为"关键少数",对其应当进行严格的监督。财税领域中的立法行为也应当逐渐被列入反腐败工作的重点序列,防止腐败行为向前延伸,从而有效巩固已经取得的压倒性胜利。

二、实然与应然之间:规制财税立法腐败的理论建构

(一)基于公共财产理论之财税立法领域权责配置优化方向

建基于公共财产权之上的公共财产法理论系从财产属性的角度,以规范、控制公共财产权为功能取向的现代财税法理论,是财税法治思维下对国家治理模式的新探索。[1] 该理论的立论的基础在于财税领域所涉及财产的"公共性"属性,从而强调政府作为这笔财产的管理者而非所有者的身份。财税法的立法应当是将这一理论落实到具体规则设置中的实践过程,这一过程应当始终以控制财产权为核心,并以实现和保护纳税人的权利为最终目的。

根据公共财产理论的要求,在预算方面,公共财产的支配应当法治规范,公开透明。若将制作预算视为一种权力,而这一权力行使的目的是对公共财产的收支作出计划,基于公共财产的公共属性,对公共财产的支配在背后必须有公共意志的支持,此为财税立法领域内的预算制定者即公共财产分配方案的制定者获得制作预算权力的前提责任,即预算领域内权责的应然配置。2015 年,全国人大审议通过了《预算法》,为立法机关对国家财政的收支过程的监督提供了又一有力的法律约束规范。但在实践中,预算法的约束功能并

[1] 参见刘剑文:《论财税体制改革的正当性——公共财产法语境下的治理逻辑》,载《清华法学》2014 年第 5 期。

未能得到很好的彰显。预算领域的立法腐败现象,尚未出现在法律制定的过程中,而是体现在政府财政支出领域制定“产业政策”“采购政策”等效力层级较低的规范性文件,以及在财政收入领域增设项目时无视预算法作为上位法的约束,违反了“未经代议机构审议,政府不得随意变更或另设财政收支”这一关于预算民主的要求。

根据公共财产理论的要求,在税制方面,公共财产的取得应当严格法定,并合理承担妥适的经济社会功能。税制中的税收除了作为国家财政中比重最大的来源,为国家职能的实现提供了资金支持,同时也是政府对市场经济运行进行宏观调控的工具之一。在税收立法的过程中,“征税对象”“税率”等关键税收要素的决定权掌握在立法者手中,此为立法者的权力。而税收以政府履行国家职能,提供公共服务为最终目的的,此为税收作为一种财政收入的最终责任,因此,作为税收制度的立法者,其立法权力的行使必须以发挥税收服务公共利益的功能为导向,排除在财税立法过程中作出对个别利益群体有所偏向而损害公共利益的安排,此为税收领域内权责的应然配置。在资源税改革的过程中,资源税的改革方案中出现了利益向个别产业的国有企业与个别地方政府倾斜的内容,这导致资源税的立法无法通过税率调节产业经济行为,从而削减了其节约资源、保护环境的税收调节功能。且仅向个别资源产业课征资源税的安排会产生替代效应,有违税收中性原则。

中央与地方政府间的财政问题,体现在公共财产法框架下,是公共财产的权属问题。[1] 中央与地方间的财政问题即公共财产的收入权力与支出责任在两者之间配置问题,事权的积极履行需要资金基础,此为支出责任,而支出责任的全面落实需要恰当收入权力的匹配,此为收入权力。以支出责任为导向,调节配置相应的收入权力,此为财税领域内纵向权责的应然配置。《宪法》与《立法法》中关于税权的纵向分配方式采用的是集权模式,虽说税权高度收归中央有其现实必要性,但必要性并不能说明其合理性,在实践中,由于

---

[1] 参见刘剑文:《论财税体制改革的正当性——公共财产法语境下的治理逻辑》,载《清华法学》2014 年第 5 期。

地方各级政府所负担的支出责任所获得的税收收入无法匹配，导致有的地方政府长期通过其他途径来扩充财政收入。

（二）基于委托代理理论之财税立法领域约束机制优化方向

根据前文对财税立法腐败空间的分析，我国立法腐败发生以及可能发生的空间大都集中在行政立法的过程中，虽然我国宪法文本中规定了税收相关的立法权限原则上应当属于法律保留事项，但实践中出现了大量国务院行使授权立法权，以及国务院将立法权转授权的行为，即我国财税领域的行政立法实践出现了实际运行与宪法文本不相符的情况。人大与政府之间的授权立法行为，本质上是一种委托代理关系。在委托代理关系的应然层面上，若委托代理规范被严格遵循，在每一个代理链条中，代理人的代理行为都配有约束机制促使其忠实地履行自己的职责，这样的代理过程就是完全有序的，代理结果将是委托人利益的完全实现。但在现实中，委托代理规范并非总是被严格地遵循，相反，由于信息不对称等原因的存在，委托代理风险始终是存在的，而立法腐败就是委托代理风险的表现之一。〔1〕

虽然税收立法属于法律保留事项，但是由于国务院作为行政部门直接参与税收征收管理等具体行政活动，在税收实体内容与程序制定等各个方面具备专业知识方面的信息优势，且政府职能的扩展需要规则的及时配合和跟进，于是立法机关选择将立法专属权部分委托给国务院，国务院接受委托后出台各项行政法规来落实授权立法权。而国务院作为最高行政机关，对税收的实务实操与技术信息不如其税务主管部门掌握得翔实，于是出现了将其授权立法权进行转委托，由财政部、国家税务总局出台行政规章的形式来弥补国务院在税收法规方面的缺口。即使是在私法领域，转委托行为也需要经过原委托人的同意才能生效，在强调“法无规定即禁止”的公法领域，这一立法权的转委托的约束程序应当更加严苛，否则容易产生代理人逆向选择的问题。即税收法律层级普遍较低的现象，会产生行政机关作为复代理人在立法

〔1〕 参见冯英：《政府过程视角下的行政立法腐败问题分析》，载《中国行政管理》2012 年第 10 期。

过程将部门利益制度化的空间,甚至是产生个别责任人立法腐败的代理风险。

而要预防这一风险,除强调受托人自身信义义务外,作为委托人的立法机关也需通过积极地行使其立法审查的监督权来强化针对受托人的约束机制。卢梭在《社会契约论》中是这样论述公民与国家之间的委托代理关系的:为了摆脱自然状态,人类需要创建一种以全部共同力量来维护和保障每个结合者的人身和财产的结合形式,这一结合形式是通过达成社会契约来实现的。而社会契约的条款可以被归结为这么一句话:每个结合者以及他所有的一切权利已全部转让给整个整体了。这样一个由全体人联合起来形成的公共人格,以前称为"城邦",现在称为"共和国"或"政治体"。[1] 而在共和国的诸多国家机关中,国家权力机关是负责行使公民所转让的关于规则制定的权利的国家机关,在授予其立法权的同时,为了保障法律能保持科学性和合理性,权力机关也被授予了对现存法律法规等众多规范的审查监督权,这在我国《宪法》中也有所规定。[2] 但在实践中,委托代理关系中作为公民的受托人若未妥善维护委托人的权益的勤勉义务,致使个别立法腐败行为未被及时地发现和制止,则会引发公民对立法机关的不信任,代理风险的最终结果将很可能演变为被代理人的执政风险。

三、实然往应然之路:规制财税立法腐败的制度建构

由于立法腐败具有很强的隐蔽性以及负面影响范围的广泛性,与以往腐败问题治理实践中先发现后查处的方式不同,立法腐败问题的治理需要强调提前介入,防患未然。深化依法治国的实践需要从"有法可依"向"良法善治"进阶,良法是善治的前提,要做到科学立法,"廉洁立法"是前提,而要做到"廉洁立法",民主立法和依法立法是程序保障。要全面规制立财税立法阶段的腐败问题,在完善立法程序之外,还需加强对财税立法的事后监督。

---

〔1〕 参见[法]卢梭:《社会契约论》,李平沤译,商务印书馆 2011 年版,第 18～20 页。

〔2〕 《宪法》第 62 条、第 67 条。

(一)完善立法程序:构建预防型治腐机制

1. 坚持民主立法:财税立法之公意基础

法律调整的是人的行为,人为一定行为是为了实现一定的权利,进而获取相应的利益,因而进行博弈收益分析,有助于更好地把握各类主体为实现其利益所作的努力,并可以从法律角度作出肯定或否定的评价,而财税法作为典型的分配法,对相关主体利益的影响巨大,在立法过程中更需要注重博弈收益分析。[1] 而博弈收益的分析仅靠立法机关与立法者进行逻辑的推演和数据的分析是不足够的,需要各方利益主体的积极发声和充分讨论。另外,如前文所述,公共财产的安排必须基于公共意志,各方利益主体意见的充分表达有利于夯实财税立法公意基础。因此,畅通的利益诉求渠道和有效的表达程序是保障财税立法科学性的基础,也是压缩和减少财税立法腐败空间的前置性方法。

民主立法之首要步骤,是畅通立法过程中的利益诉求渠道,为相关利益群体(包括不同的政府主管部门,各地方的政府,各行业内的企业以及同一行业内处于不同发展阶段的企业)提供表达诉求的平台,将财税立法过程中可能发生的政府俘获转化为过程透明的公开博弈。各方利益主体参与立法包括:法律草案征求意见、座谈会、论证会、听证会、公开征集立法项目建议、委托起草法案以及列席和旁听等方式。提高行政部门和公众的参与度之外,需要以财政平等主义与税收公平原则为标准,对各方诉求进行利弊权衡,确立最终规则。

2. 坚持依法立法:财税立法之准则约束

财税立法的过程是一个嵌套着多层委托代理关系的立法过程,若缺乏了严格的准则约束,代理人会拥有过大的任性空间,这便留下了立法腐败的隐患。所谓无规矩不成方圆,无准则约束的立法过程也就难以保证廉洁立法。财税领域依法立法的理论基础是税收法定原则,税收法定原则的基本内涵可以被归纳为:税收要素法定、税收要素确定以及征税程序合法三个方面。但

---

〔1〕 参见张守文:《财税法疏议》(第2版),北京大学出版社2016年版,第296页。

需要说明的是,税收授权立法与税收法定原则并不是矛盾的。虽然税收法定原则中的"法"仅限于狭义的法律,但是"当制定法律的条件尚不成熟时,国务院经授权对部分事项现行制定行政法规"的行为本身是以承认税收法定为前提的,[1]否则,国务院行使的就是职权立法权而非授权立法权。而授权立法现象虽然在财税立法实践中较为常见,甚至是比立法机关亲自进行立法更常见,但这并不是导致财税立法腐败的充分条件,真正造成立法腐败空间的是授权立法程序的规范性不足,授权立法后颁布的法规没有得到与时俱进的评估与改进,以及国务院通过法条授权的方式将部分税种的税收要素的确定权转授权给了层级更低的财税主管部门。相应地,"依法立法"的要求并非要完全遏制授权立法与转授权的行为,而是要规范其行为的程序,通过减少程序上的模糊性来更明确地约束立法行为,压缩立法腐败的空间。而针对现有的财税领域的行政法规、部门规章以及规范性文件,也应该加快落实税收法定,逐步、逐级、逐层地清理,最终将已经出台多年,积累了足够实践反馈成果的行政法规上升为法律。

(二)加强立法监督:构建倒逼型治腐机制

1. 立法监督之人大审查制度

2018 年 3 月,"全国人大法律委员会"正式更名为"全国人大宪法和法律委员会",这意味着我国宪法中规定的合宪性审查的落地。这次的机构改革,在形式上实现了全国人大对我国法律体系的全方位监督,也体现了我国在依法治国实践中对立法监督的强调和重视。对财税领域中立法腐败空间的事后监督,全国人大宪法和法律委员会应当当仁不让地承担起在财税立法领域的合宪性审查与合法性审查责任,切实发挥立法机关的监督作用。

财税领域的行政法规和部门规章甚至是规范性文件的起草者虽然是各个部门,但实操任务终须落在中层技术人员身上,他们一般拥有技术上的经验和优势,负责政府部门的立法工作,而业务职能部门的领导可能并不通晓法学知识,难以对规则的合法性和合理性作出专业的判断,因此,这些部门中

---

[1] 参见刘剑文:《落实税收法定原则的意义与路径》,载《中国人大》2017 年第 19 期。

层级不高但是把握技术关口的技术人员成为立法的关键,而处在这个位置上的官员的腐败行为也容易成为导致立法“溃堤之蚁穴”。那么,反其道而治之则可以达成精准反腐,即这些中层技术人员应当成为人大在进行立法监督时重点关注的对象,关注度的提升会带来曝光度的增加。阳光是最好的防腐剂,从原来的无人问津到在众人瞩目之下起草立法,工作环境的转变能提高立法技术工作流程的透明度,进而加大其腐败的心理压力,从而真正建立“不敢腐”和“不能腐”的反腐机制。

2. 立法监督之司法附带审查制度

“如果一条完全确立的普通法规则或含义明确的制定法规则可以明确适用于某一案件的事实,那么显而易见,法官创造活动的范围就极为狭小了。”[1]法官的自由裁量权的大小与法律规范的细致程度呈负相关的关系,在明确、合理的法律规则下,法官要做的仅仅是依法司法,但如果在进行司法裁量过程中所依托的法律法规本身有失公平,那么司法裁量的结果自然也会有失公允。短期而言,这是对当事人利益的损害,长远来看则是埋下了法律权威被削弱,公众缺乏遵法守法意识的祸根。在这样的情况下,为了维护司法公正,让公民在每一个个案中感受到公平正义,具备良好职业素养的法官会产生对法律法规内容本身进行审查和纠正的冲动。但出于各种原因,根据我国《行政诉讼法》的规定,抽象行政行为属于不可诉行政行为,[2]我国法官并没有对法规、部门规章甚至是规范性文件进行直接审查的权力。但在行政诉讼过程中,行政相对人可以在就具体行政行为起诉行政机关的同时,对该行为所依据的部分行政文件提起附带审查。[3] 根据前文所述,我国目前财

---

〔1〕[美]E. 博登海默:《法理学:法律哲学与法律方法》,邓正来译,中国政法大学出版社 2017 年版,第 581 页。

〔2〕《行政诉讼法》第 13 条规定:“人民法院不受理公民、法人或者其他组织对下列事项提起的诉讼:(一)国防、外交等国家行为;(二)行政法规、规章或者行政机关制定、发布的具有普遍约束力的决定、命令;(三)行政机关对行政机关工作人员的奖惩、任免等决定;(四)法律规定由行政机关最终裁决的行政行为。”

〔3〕《行政诉讼法》第 53 条规定:“公民、法人或者其他组织认为行政行为所依据的国务院部门和地方人民政府及其部门制定的规范性文件不合法,在对行政行为提起诉讼时,可以一并请求对该规范性文件进行审查。前款规定的规范性文件不含规章。”

税领域的立法任务大多由国务院及相关政府部门承担,虽然无法以直接诉讼的形式对其进行事后监督,但充分利用行政诉讼中规定的对规范行为文件的附带审查机制,也不失为及时发现不合法的财税规范从而压缩低层级财税规范制定过程中的腐败空间的有效路径之一。

腐败行为产生的主导原因的不同大致可以分为:因财权税权分配不当所导致的权力型立法腐败,因财税领域立法程序设计不当所导致的程序型立法腐败,以及因立法者与利益集团之间产生利益交换所导致的利益型立法腐败。而这三种立法腐败行为的诱因,在行政主导下的财税立法体制中更容易被激活,但是这一立法现状是我国还处于全面依法治国的全面推进时期这一阶段特征在立法领域的客观体现,是在短时间内无法彻底改变的现象。严格实现税收法定是追求的目标和方向,而目标的实现与否与实现程度是因变量,理论研究的关键不应在于紧紧抓住因变量不放或者就因变量自身的改变讨论策略选择,关键应在于,找到与因变量相关且可以调节或者调节成本较低的自变量。具体在财税领域立法腐败的规制策略中,首先要承认当下行政主导的立法体制短时间内难以改变的这一前提,寻找并调节其他可控因素,如立法程序的完善和立法监督的加强。立法程序的公开透明是预防腐败的绝佳路径,但在供各方利益主体进行公开博弈的平台搭建之后,相应地如何对不同实力甚至是实力悬殊的博弈各方所提出的利益诉求进行衡量和决策,这是一个更关键的问题。财政平等与税收公平等原则自然是进行利益权衡时候应当考虑的原则,但难点在于,如何将这些理论原则通过恰当的规则和程序设计巧妙地进行表达,这仅仅靠学者的逻辑推理是无法完成的,还需要实务界共同关心中国财税立法未来的志士仁人们的共同努力。

第三节　财税法对环保和扶贫领域腐败的治理

腐败的根源在于"公财私用",治理腐败的关键在于严格管理财权,在环保、扶贫领域更是如此。出台的相关文件和法律法规也体现出这一用意,即通过"规制用财"来实现"管人",以财税制度来治理腐败。例如,在相关文件方面,2017 年以来,生态环境部(原环保部)陆续制定并公开发布了《关于进一步严明强化督查工作纪律的通知》《生态环境部督查和巡查工作纪律规定（试行）》《生态环境部污染防治攻坚战强化监督工作“五不准”的通知》《蓝天保卫战强化督查廉政纪律再提醒》等工作文件，对受贿行为进行双向查处，对工作人员支配使用财政资金进行事前、事中和事后监督，加强执法队伍的廉政建设；在法律法规方面，《宪法》中的预算权配置规定，《预算法》中有关国家预算编制、审批、执行和监督等的具体规定，《政府采购法》中的关于政府采购的财政支出详细规定，《审计法》中的财政监督规定以及《刑法》中的财产类犯罪规定等都是通过对公共财产的保护来治理腐败，环保、扶贫领域的腐败实质上都是对公共财产的侵犯，亦要受到上述法律的规制。

从行为类型化视角来看，环保、扶贫领域的腐败行为都是通过非法途径将公共财产〔1〕转移为私人财产，属于权力异化的表现。而财税法的核心任务在于“控制政府在私人财产转化为公共财产过程中的权力，并控制政府在使用公共财产过程中的权力”，〔2〕即“通过规制用财实现规制用权”。因而运用财税制度规制环保、扶贫领域的腐败问题是财税法任务的题中应有之义。通过对环保扶贫领域的腐败案例类型化分析可以看出，该领域的贪污、挪用公款等腐败行为都和财税制度存在漏洞密切相关，因此财税制度的完善对环保、扶贫领域腐败问题的有效治理意义非凡。

一、我国现阶段财税腐败的领域化现象

阿克顿明确指出：“权力导致腐败，绝对权力导致绝对腐败”，其本质意思为：权力腐败的实质是权力人的腐败，而绝对权力是指人在享有和行使权力时不受任何制约。因而，涉及腐败问题时，我们应当认识到权力本身不会腐化变质，权力的腐败产生于掌权者的享有和行使行为，权力和权力人的行为应得到同等重视。腐败这一非正当的逐利行为往往发生在经济领域，尤其

---

〔1〕 公共财产，是指公权机关等基于提高社会整体福利以及促进社会公平正义等公益目的而依法占有、使用的财产。参见华国庆：《试论财税法的本质属性》，载刘剑文主编：《财税法论丛》（第16卷）法律出版社2015年版，第13页。

〔2〕 刘剑文：《公共财产法：财税法的本质属性及其法治逻辑》，载《财经法学》2015年第1期。

是财税领域。而财税腐败问题领域化的根治必须先从财税行为的类型化分析入手，依据“法律—行为”范式研究环境保护和扶贫领域的财税收入、支出、管理行为，找准前述领域腐败行为的共性与特性，深挖财税制度的“起弊之源”，从具体制度上找出环保、扶贫领域的反腐“短板”，精准惩治重点领域的腐败问题，保证专项资金“专用”，从源头上切断财税腐败的利益链条。

（一）财税腐败行为领域化之行为共性

1. 权力观念之偏差

公权力主体树立正确的权力观念不仅可以有效保障人民群众的切身利益，还对推动国家现代化建设的意义非凡。而权力观正确与否关键在于公权力主体是否深入理解了权力源于何处以及权力为谁服务。权力来源及服务对象的历史发展趋势呈现波浪式的增长，比如，西方封建社会的“君权神授”、资本主义社会的“主权在民”，但究其本质，人民并不是权力的主人，而马克思主义权力观科学地指出，国家的一切权力都源于人民，人民委托政府代为行使权力，政府及其公职人员必须对其负责，为其服务，保障人民的正当利益。依据我国《宪法》第 1 条、第 2 条的规定，我国实行社会主义制度，一切权力属于人民。中国共产党的宗旨是全心全意为人民服务。但是在环保、扶贫领域，一些公权力主体并未树立正确的权力观，其行为严重侵犯了人民的合法权益。党的十九大报告指出，加快生态文明体制改革，建设美丽中国，要动员全党全国全社会力量坚决打赢精准脱贫攻坚战。环境保护和精准扶贫作为中国现代化建设的重要战略任务，受到党和国家的高度重视。目前，环保和扶贫部门的思想教育、监督机制的落后无法适应迅速增长的受重视程度，个别公职人员或党员的权力观发生了扭曲，在巨大的利益面前丧失了信仰与理想，把人民赋予其的权力作为聚敛财富的工具，进而腐败。

2. 资金管理之漏洞

财政专项资金，是指由各级财政部门安排的单独核算、用途固定、专款专用的财政资金，主要用于公共事业以及社会保障等领域，具有支出范围界定明确、项目预算管理严格、跨部门协作的特点。但是目前，我国财政专项资金管理存在一些问题。第一，在专项资金预算编制层面。预算编制仍是依照历史基数加增长的预算方法而非零基预算(Zero-base Budgeting)[1]来进行预测单位预算,无法切合单位实际需要,此外,由于预算编制范围和标准的不统一,预算编制缺乏规范性,极易造成对财政专项资金管理的强制性偏低。第二,在专项资金使用层面。国库集中支付改革不到位、专项资金审批拨付流程长、拨付使用过程规划不合理等因素造成专项资金散放于各商业银行中,形成了单户金额小但总量较大、游离于预算体制外的沉淀资金,严重地降低了专项资金的使用效率,增加了资金管理过程中的舞弊风险。第三,在专项资金监管层面。现行专项资金监督制度主要为单独核算和审计监督,其将重点放在了项目资金收支核算方面而未兼顾项目进度和项目资金支付匹配度问题,此外,前述制度侧重于事后监督,在项目支出决策和执行中缺乏有效的事前和事中监督,造成资金使用的潜在风险和问题不能被及时发现、处理,有害于专项资金的专用性和有效性。

具言之,国家在政策和资金方面着力支持环境保护和扶贫工作的开展,可以保证贫困问题和环境污染的有效解决,如在2019年的预算草案中提出,继续支持打好三大攻坚战,在脱贫攻坚方面的中央财政专项扶贫资金安排为1260.95亿元,比2018年增长了18.9%,在污染防治方面的中央财政大气污染防治资金安排为250亿元,比2018年增长了25%,水污染防治方面的资金安排为300亿元,比2018年增长了45.3%。但是,国家的大力支持和专项资金管理的漏洞使贪腐者在环保和扶贫部门既有贪腐的权力,亦有贪腐的资源,进而为一些只想谋取私利的掌权者提供了可乘之机。综观近几年环保和扶贫部门所发生的腐败案件,可以发现多为贪污罪、受贿罪、挪用公款罪,如2019年四川省遂宁市的环保窝案,不仅侵犯了国家公共财产,也在很大程度上导致环境污染加剧和贫困问题日益严重。

3. 基层腐败之滋生

目前,我国扶贫工作的机构设置分为国务院、省、市、县四级,国务院、省和市主要负责不同层级的政策方针工作,而扶贫政策的具体实施由县级负责,

[1] 零基预算,是不考虑过去的预算项目和收支水平,以零为基点编制的预算,具体指不受以往预算安排情况的影响,一切从实际需要出发,逐项审议预算年度内各项费用的内容及其开支标准,结合财力状况,在综合平衡的基础上编制预算的一种科学的现代预算编制方法。

比如,精准识别贫困人员、调配扶贫干部、扶贫专项资金的使用等。由于我国贫困地区大多为农村特别是偏远地区,因而扶贫工作顺利开展的中坚力量是村级干部,对分配扶贫资源和统计贫困人员具有重要意义,扶贫资金也把部分资金投入农村地区,也导致农村成为扶贫领域中极易滋生腐败的地区。例如,甘肃省漳县扶贫办支出20万元扶贫资金,以发放给贫困户的名义购买了200只羊,实际上将羊无偿给了养殖专业合作社,因而,200只羊经过村委会、合作社等几个人的运作转变为私人财产,扶贫领域的腐败主体往往是距离贫困人员更近的乡镇领导干部和基层干部,且一个案件往往会牵涉多个层级的扶贫干部。

党的十八届五中全会明确指出,环保部门实行省以下环保机构检测监察执法垂直管理制度,现今我国已经按照生态环境部《关于统筹推进省以下生态环境机构监测监察执法垂直管理制度改革工作的通知》的要求完成了试点省份的垂直改革工作,地方环保部门不再受制于地方政府,但是地方环保部门权力的集中也使环保领域成为腐败案件的高发地带,在63起案例中,1/5为官方明确宣布的窝案,例如,2012年的江苏南通窝案涉案人员达30余人,腐败主体从个体逐渐发展为群体,且大多为县处级、科级及以下的业务执行人员。

(二)财税腐败行为领域化之行为特性

财税法的核心任务,在于通过控制公共财产保护公民的私有财产权,因而财税行为理论[1]应当将重心放置于规范公权力行为之上,剖析财税领域中公权力机关的异常行为,全面、深入地挖掘腐败问题背后的财税制度弊端,及时填补漏洞,实现财税腐败行为的源头治理。环保、扶贫涉及国计民生,国家在专项资金和政策方面给予其大力支持,而财权过于集中和资金管理宽松易导致公权力主体滥用权力,从而使该领域成为腐败的"重灾区"。因而环保、扶贫领域应当被纳入财税行为理论的重点研究对象,在借鉴刑法学犯罪构成要件的基础上,基于具体财税领域视角,从主体、行为、对象对环保、扶贫领域的腐败行为进行类型化分析,抽丝剥茧,在归纳该领域财税腐败行为的行为共性的基础上总结其行为特性,全面、彻底地治理环保、扶贫的财税腐败

[1] 财税行为理论主要研究财税领域各方主体的行为以及行为引发的法律关系变化。

行为。通过下文的案例梳理可以发现环保、扶贫领域腐败行为的不同主要体现在犯罪类型和发生领域两方面(见表3－7)。

第一,犯罪类型的不同。环保领域腐败行为大多为受贿罪,属于间接侵犯公共财产,即公权力主体利用职务之便在政府采购、发放补贴、审查准入资格过程中收受贿赂,为他人提供帮助或者给予他人便利,而扶贫领域财税腐败行为往往触犯贪污罪、挪用公款罪,属于直接侵犯公共财产,即公权力主体利用职务之便通过虚报、伪造等手段挪用公款归个人使用。第二,发生领域的不同。环保领域腐败行为主要发生在财政收入、支出、管理领域,如专项资金发放、非税收入、政府采购,而环保领域的腐败行为通常发生在财政支出、管理领域,如专项资金发放、保管。

表3－7　环保、扶贫领域财税腐败行为的区别

领域	犯罪类型		发生领域
环保领域	受贿罪	行为:利用职务之便为他人提供便利 结果:权钱交易,间接侵犯公共财产	财政收入:非税收入 财政支出:政府采购
扶贫领域	贪污罪、挪用公款罪	行为:利用职务之便通过虚报、伪造等手段挪用公款 结果:以权谋私,直接侵犯公共财产	财政支出:项目审批 财政管理:资金发放、保管

二、环保领域财税腐败考察

(一)环保领域财税腐败案例梳理——基于"法律—行为"范式

从现实情况来看,环境污染问题的越发严重会危害我国居民的身心健康。依据世界卫生组织报告,中国每年因空气污染而死亡的人数约为656,000人,成为世界上每年因空气污染而致人死亡数目最高的国家。因而,有关部门在努力治理环境污染方面做了大量的工作,从树立和落实科学发展观、建设资源节约型环境友好型社会到"蓝天保卫战"的提出,生态文明建设的地位日益突出。从2013年至今,在大气污染、水污染、土地保护和固废处理等环保领域出台的政策多达36项,我国的环保投资数额亦在不断上升(见图3－2),而且依据2016年年底发布的《全国城市生态保护与建设规划(2015~2020年)》,到2020年,我国环保投资占GDP的比例将不低于3.5%,[1]可以看出国家在资金和政策方面给予了环境保护高度支持,虽然在很大程度上有效地缓解了环境污染问题,但是环保部门地位的提升和权力的集中也导致腐败现象频发,尤其是在财税领域,如某些官员为了高额贿赂金额帮助高污染企业逃脱行政处罚。为了深入研究环保领域的财税腐败行为,下文将基于"法律—行为"范式,即从一类的财税法律对应着一类的财税行为的角度通过"事实认定与判决结果",[2]对近6年的各类具有代表性案例进行类型化分析,整理结果分为两个版本,[3]一个是包括案件名称、被告人信息以及具体违法行为认定的详细版,另一个是仅包括浓缩事实和判决结果的精简版。精简版归总内容见表3-8。

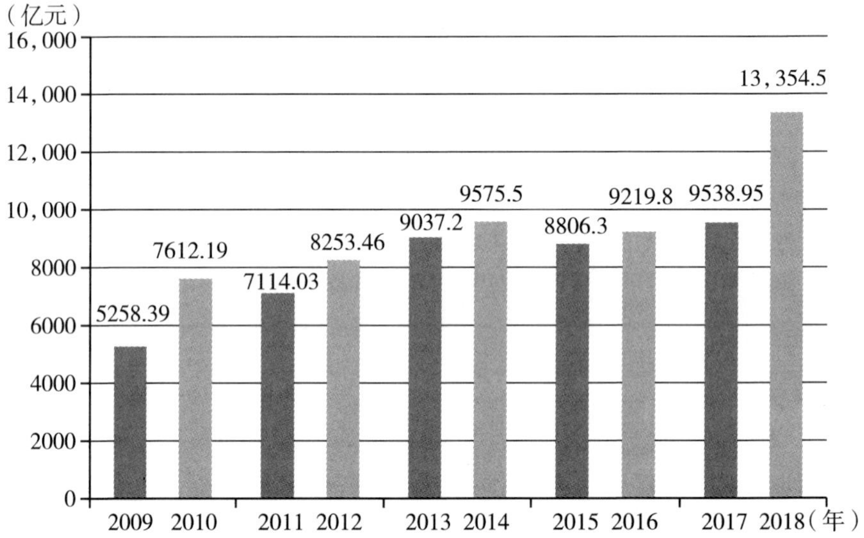

图3-2 2009~2018年我国环境保护污染投资数额

[1] 根据发达国家的经验,环保投入占GDP的比重在1%~1.5%时,才可能遏制环境污染的恶化趋势,比重升至2%~3%时,才有可能改善环境质量。

[2] 关于"法律—行为"范式和"事实认定与判决结果"的理论阐述参见王文婷:《财税行为理论对财税腐败行为的规范——基于对我国财税腐败案例的类型化研究》,载《辽宁大学学报》(社会科学版)2020年第2期。

[3] 为了方便阅读和突出重点,详细版附于本章最后,这里呈现的是精简版的案件整理成果,其他未具体提及的信息会在之后进一步类型化梳理的过程中提及。为了写作方便,笔者为每个案件加上了编号,后文在提及相关内容时,将直接提及编号,如01号案。

表 3－8　精简版案件汇总

所属领域	认定事实	主体	对象	判决结果
财政管理	01 挪用环保专项资金用于个人开支、借给他人使用	单独行为	公共财产	犯贪污罪、受贿罪、挪用公款罪、单位受贿罪，决定执行有期徒刑 6 年，并处罚金人民币 50 万元
	02 以春节补助金、慰问金的名义发放给单位职工私分国有资产	共同行为	公共财产	犯单位受贿罪、私分国有资产罪，决定执行有期徒刑 2 年零 3 个月，并处罚金人民币 1 万元
财税收入（非税收入）	03 通过免除行政处罚收受贿赂	单独行为	准公共财产	犯受贿罪，赵某判处有期徒刑 1 年零 2 个月，赵某虎判处有期徒刑 9 个月，并处罚金人民币 10 万元，责令被告人赵某继续退出赃款人民币 58, 700 元，被告人赵某虎继续退出赃款人民币 10, 500 元。
财政支出	04 政府采购中收受贿赂	单独行为	公共财产	被告单位吉林省双辽市环境保护局犯单位受贿罪，判处罚金人民币 10 万元（已缴纳）；被告人刘某甲犯单位受贿罪，具有坦白情节免予刑事处罚
	05 政府采购中收受回扣	单独行为	公共财产	单位犯单位受贿罪，判处罚金 10 万元；被告人犯单位受贿罪判处有期徒刑 2 年，犯受贿罪判处有期徒刑 12 年，数罪并罚，决定执行有期徒刑 13 年
	06 政府采购中提供帮助收受贿赂	单独行为	公共财产	犯受贿罪、污染环境罪决定执行有期徒刑 17 年，并处罚金人民币 190 万元，责令退缴违所得人民币 18, 613, 320. 59 元予以没收，查封房产并予以拍卖
	07 通过发放环保政策性补贴收受他人财物	单独行为	公共财产	犯环境监管失职罪、受贿罪，决定执行有期徒刑 2 年零 10 个月，并处罚金人民币 20 万元
	08 以虚报申报材料和玩忽职守不进行合规审查方式收受贿赂	单独行为	公共财产	该管理站犯单位受贿罪，判处罚金人民币 10 万元。被告人犯单位受贿罪、受贿罪、玩忽职守罪，决定执行有期徒刑 2 年零 2 个月，并处罚金人民币 10 万元

（二）环保领域财税腐败类型化分析

从前文案例整理中可以看出，环保领域中的财税腐败行为绝大部分发生在财政管理、财政收入和财政支出领域中，而对环保领域的财税腐败行为的有效规范则需要一个集“以具体化行为要件为分析方法”以及“以预防型防腐为最终目的”两个特征于一体的财税行为理论。本部分的类型化分析将按照具体财税领域的财政资金运转所共同遵循的“收入—支出—管理”的逻辑，从财税行为理论角度分析环保领域财税腐败行为的具体问题，找出该领域腐败问题的症结所在。

1. 财政支出制度之缺陷

我国《预算法》第 53 条明确规定：“各级预算由本级政府组织执行，具体工作由本级政府财政部门负责。各部门、各单位是本部门、本单位的预算执行主体，负责本部门、本单位的预算执行，并对执行结果负责。”各级政府环保预算部门、预算单位的预算执行活动的合法性得以确立，但是政治家与各个部口的官僚的支出决策影响这些资金的使用情况。在这个过程中，如果缺乏有效的财政控制，资金可能被贪污、浪费，各种滥用职权的行为就会出现。由于未建立起完备的环保预算支出管理制度、预算主体职能交叉、缺乏主体责任意识和随意使用环保预算资金，作为环保预算执行的责任主体——政府各部门极有可能在缺少权力制约和监督的情形下进行权力寻租，以公谋私，滋生腐败。

从前述案例中我们可以看出，环保领域的财税腐败行为大部分与财政支出中的政府采购相关，原因在于财政支出行为具有授益性，而政府采购行为涉及政府和其他市场主体，资金运转较频繁，行为人难以抵抗巨大利益的引诱。虽然政府采购行为已经具备了较为健全的法律法规体系，但是在资金投入大幅增加的环保领域，有的政府的采购人员极其容易在采购过程中直接向相对人索要或者接受回扣，如 04 号案例中的行为人在采购合同订立中收受相对人提供的贿赂用于单位花销，05 号案例中的行为人在工程建设中向施工方索要回扣用于单位办公经费、公务接待等支出，06 号案例中的行为人以公谋私，为相对人在项目采购过程中提供便利而收受贿赂。一方面，政府采购的行为主体不限于政府各部门之间,还涉及政府以外的主体;另一方面,政府采购行为是政府和相对人通过签订合同的形式来管理公共财产,其和市场领域密切相关,因而政府采购领域的腐败行为会带来内、外部的双重不利影响,即不仅会侵犯公共财产,不利于建设信用政府,还阻碍市场的正常运行。此外,因政府违法采购行为所流失的公共财产的可恢复性极低,因而必须加强政府采购领域的事前和事中监督,防止公共财产的流失,从源头上遏制权力腐败行为的产生。

2. 财税收入权限之滥用

财政收入行为主要分为税收行为,非税收入行为和公债行为三种,而环保领域中的非税收入常常频发腐败,主要集中在环保行政执法环节。其一,排污费征收环节。依据《排污费征收使用管理条例》和《关于环保部门实行收支两条线管理后经费安排的实施办法》规定:排污费的征收、使用必须严格实行“收支两条线”。环保部门向排污单位征收的排污费一律上缴财政,环境保护执法所需经费列入本部门预算,由本级财政予以保障。排污费应当全部专项用于环境污染防治,排污费必须纳入财政预算,列入环境保护专项资金进行管理,任何单位和个人不得截留、挤占或者挪作他用。但是在实际征收过程中,有的企业为了达到降低成本和少缴排污费的目的,不择手段地向环保部门的执法人员行贿,而少数征收执法人员在巨大利益的驱使下,不根据实际情况核定排污量或者不依据真实排污量随意减少甚至免除排污费。

其二,行政处罚环节。目前,我国在环境行政处罚方面的力度很强,依据我国《水污染防治法》第 84 条的规定,在饮用水水源保护区内设置排污口的,由县级以上地方人民政府责令限期拆除,处 10 万元以上 50 万元以下的罚款;逾期不拆除的,强制拆除,所需费用由违法者承担,处 50 万元以上 100 万元以下的罚款,并可以责令停产整治。但是重罚仍旧抑制不住甚至会加重腐败行为的频频发生,由于处罚数额之间的差距较大和环境保护法律执行的形式化,一些企业为了减轻或者免除处罚而向环保人员行贿,进而导致少数执法人员违反法定程序随意降低处罚种类和处罚金额额度,[1]甚至对环境违法行为置之不理。行政执法是环保制度的重要保障,但环保领域的财税腐败的治理效果欠佳不是由于规则的缺位和处罚的力度不够,而关键在于缺乏健全的对准公共财产的征收过程的监督和责任追究机制。

3. 财政管理机制之漏洞

通过对上述案例的类型化分析,从行为主体角度来看,环保领域的财税管理腐败行为可以分为个人行为和单位行为两类,皆为积极的作为,其所侵犯的对象为公共财产中的环保专项资金;从行为方式的角度来看,个人腐败行为通常以账目冲抵的方式将公款用于个人花费,此谓对外流失型的腐败行为,如01号案例中的行为人利用职务之便侵吞本单位公款预购个人所用的红木家具,指使报账员冲抵账目。单位腐败行为往往是行为人擅自改变专项资金用途而将其挪用于其他公共开支,例如,山西省审计厅对省环保局2003年至2005年3月经济责任履行情况审计报告显示,56个市、县环保部门将污染治理资金3457万元挪用于本部门经费支出。由于环保工作具有高度专业性,外部监督难以得到有效实施,主要依靠内部监督机制来实现,环保部门拥有较大的行政自由裁量权,再加上环保财政预算执行的监督在立法、信息公开和主体力量等层面都比较薄弱,从而环保领域的腐败问题较为严重。财政管理领域的各项行为都涉及财政预算中的行政部门之间的资金拨付,因而环保领域财税腐败行为治理的关键环节之一为合理分配财政预算,严格约束和监督环保财政资金的使用,最终达到腐败问题标本兼治的最佳效果。

(三)环保领域财税腐败问题对策性研究

对上述案件所披露的环保领域的财税腐败行为的有效治理,要牢牢坚持"标本兼治、综合治理、惩防并举、注重预防"的方针,环保领域惩治和预防腐败体系的构建,一方面,要从纵横两个维度改革权力制约与监督机制;另一方

---

〔1〕 参见邹红珍:《不同市场化程度下腐败对我国环境污染的分析》,湖南大学环境应用经济学系2016年硕士学位论文,第24页。

面，着力完善财税具体制度，凝聚各个部门的核心力量，从源头上遏制腐败的蔓延。

1. 总体思路：健全权力制约和监督机制

财税具体制度治理腐败的关键不在于“治民”而在于“治权”，“即控制政府在私人财产转化为公共财产过程中的权力，并控制政府在使用公共财产过程中的权力”。[1] 腐败是上述过程中权力异化的表现，因此，通过财税法的途径治理腐败，实质上是财税法任务的本质要求。权力过于集中为腐败行为提供了肥沃土壤，也极易导致滥用权力、权力寻租、权责不分和管理混乱。环保部门地位的上升、权力的增加，在很大程度上诱发了部分官员的财税腐败行为，该领域腐败具有多重危害性，其不仅侵犯了公共财产，还严重阻碍了环境污染的有效治理。因而，环保领域亟须设立有效、稳定、健全的反腐败制度，实现环保部门权力的合理配置和制约监督。具体而言，其一，在纵向维度上完善权力之间的制约机制，对中央与地方财权、事权的划分进一步优化，强化权力之间的制约和监督，此外，必须在环保各个环节建立严格的责任制度，保证公职人员做到有章可循、有章必循、依章办事、违章必究，实现环保执法的规范性，改进对政府的预算监督制度，建立并逐步落实述职评议机制，从制度层面强化管理机制和增强监督效力。其二，在横向维度上优化权力的制约与监督机制。在政府内部监督层面，加强内部权力制约和党内监督，对过于集中的权力要采取分权原则，比如，在项目环保审批、验收环节，要落实“审验分开”制度；在司法监督层面，畅通环境诉讼渠道，明确诉讼资格和管辖权限，保障司法部门对环境政策结果监督作用的有效发挥，坚守“正义的最后一道防线”，进而整合各种形式的监督力量，由内而外地全面治理环保领域的财税腐败行为。

2. 具体进路：强化财税制度反腐的源头效应

国家的有效治理要做到“良法”和“善治”并举，在“良法”的基础上实现

[1] 刘剑文：《公共财产法：财税法的本质属性及其法治逻辑》，载《财经法学》2015 年第 1 期。

“善治”，让法治成为一种真真切切的“生活方式”。[1] 综观上述环保腐败案例所出现的财税具体领域，基本都制定了完备的法律法规，比如，政府关于环保的采购行为有《国家环境保护总局政府采购管理实施细则》等法律法规进行规范和约束，但是政府采购领域的腐败行为频发。财政监督具有标本兼治的作用，是惩治和预防腐败的重要手段，[2] 因而环保领域财政活动的法治化要从监督财政决策和运行两个层面着手，增强财政决策、运行的程序化和透明化，方能实现公财私用的综合治理。

政府在实施具体财政行为时享有较大的行政裁量权，少数公职人员容易进行权力寻租，滥用职权谋求个人利益，导致腐败现象产生，在环保领域更是如此，环保工程审批、建设以及环保执法的腐败行为往往源于违反法定程序，因而规范环保领域财税腐败行为必须落实程序法定、透明原则。其一，在预算制度方面，依据我国《预算法》的规定，按照功能将环保预算支出进一步细化分类，实现全口径预算，加强各级人大常委会对本级环保预算资金划拨的审批监督，强化国库的统一化管理，防止单位挤占、挪用和截留财政资金，提高预算的透明度，严格追究环保部门不依法公开的法律责任，保证社会公众清楚了解预算资金的去向。其二，在政府采购制度方面，对政府采购行为，如采购当事人的选择、招标公开、采购合同的订立等程序在实际过程中必须严格监管，扩大公众的参与和监督，拓宽信息公开的广度和深度，破除政府采购中的主观性、专制性，实现全方位的监督效果。其三，在财政收入制度方面，从上述案例可以看出，一些企业为了减免处罚而贿赂环保执法人员，导致准公共财产的流失，所以该领域的监督要突出重点，必须加大对排污费征收、环境执法、环境监测等重点环节的监管力度，防止权钱交易。总之，财政决策和运行领域和资金的拨付使用密切相关，极易诱发腐败行为，腐败治理必须要

---

〔1〕 参见陈立诚、刘剑文：《财税制度反腐：一种源头治理的新进路》，载《政治学研究》2015 年第 1 期。

〔2〕 这一概念产生于 19 世纪后半叶的美国，意指“一名负有责任的官员的私人利益与其官职责任之间的冲突”。经过不断的发展与演化，避免利益冲突已经成为美国整个反腐败体系的核心思路。参见周琪、袁征：《美国的政治腐败与反腐败——对美国反腐败机制的研究》，中国社会科学出版社 2009 年版，第 63 ~ 69 页。

兼顾预防和惩治,权力监督的重心要放在事前和事中,防止腐败问题产生或进一步恶化。

三、扶贫领域财税腐败考察

(一)扶贫领域财税腐败案例梳理——基于"法律—行为"范式

扶贫问题一是攸关广大人民群众的切身利益,二是涉及社会的稳定发展,三是牵涉国家的宏伟目标——全面建成小康社会,因此,党和国家一直高度重视扶贫工作的开展。早在1984年,我国就开始了全国扶贫的征程,此后又相继出台了"八七"扶贫计划、2001—2010扶贫开发纲要、2011—2020扶贫开发纲要,再到今天的解决扶贫"最后一公里"之良策——精准扶贫政策,经过将近40年的扶贫攻坚之战,中国脱贫人口数量累计达到8亿,扶贫工作的成绩颇佳。但是,现如今腐败问题成了开展扶贫工作的关键"绊脚石",严重阻碍了全国扶贫政策的部署实施,危害了扶贫对象的切身利益。国家在治理扶贫腐败上狠下功夫,比如,中央纪律检查委员会在官网上设立了"腐败曝光专区"专栏,习近平总书记在多次讲话中对扶贫腐败问题的解决作出重要指示,但是扶贫领域的腐败行为仍旧较为严重。综观扶贫腐败的相关案例,大多涉及贪污罪、挪用公款罪、私分国有资产罪和受贿罪,侵犯对象主要为扶贫专项资金或扶贫建设项目,从侵犯对象角度可以看出,其发生的领域为财政管理和财政支出领域,那么不妨从财税具体行为的角度分析该领域腐败问题的根源,基于"法律—行为"范式,对近几年的各类具有代表性的案例进行类型化分析,探索治理扶贫腐败行为的新思路,推动扶贫工作的顺利开展。整理结果分为两个版本,[1]一个是包括案件名称、被告人信息以及具体违法行为认定的详细版,另一个是仅包括浓缩事实和判决结果的精简版。精简版归总内容见表3-9。

---

〔1〕 为了方便阅读和突出重点,详细版附于本章最后,这里呈现的是精简版的案件整理成果,其他未具体提及的信息会在之后进一步类型化梳理的过程中提及。为了写作方便,笔者为每个案件加上了编号,后文在提及相关内容时,将直接提及编号,如01号案。

表 3－9 精简版案例汇总

领域	行为	主体	对象	判决结果
财政管理	01 采用虚假申报方式骗取国家泥草房改造补助资金	单独行为	公共财产	犯贪污罪，判处其有期徒刑 10 年零 6 个月
	02 截留孤儿基本生活保障补助金	单独行为	公共财产	犯贪污罪，判处有期徒刑 7 年
	03 伪造材料变卖扶贫羊；挪用扶贫公款归个人使用	单独行为	公共财产	犯贪污罪、挪用公款罪，数罪并罚，判处有期徒刑 1 年，并处罚金 10 万元
	04 通过虚假申请共同骗取危房改造扶贫款	共同行为	公共财产	以贪污罪判处张某某有期徒刑 8 个月，并处罚金 10 万元；判处李某某有期徒刑 8 个月，缓刑 1 年，并处罚金 10 万元
财政支出	05 为他人申请移民项目及拨付移民项目资金提供便利而收受他人贿赂；共同侵吞培训费返还款；不认真履行工作职责，致使移民后期扶持建设项目未实施并造成国家移民项目资金遭受重大损失	单独行为	公共财产	犯受贿罪、贪污罪、玩忽职守罪，判处有期徒刑 11 年
	06 假借整合资金借口重申扶贫道路工程款，共同套取国家扶贫资金占为己有	单独行为	公共财产	犯贪污罪，判处有期徒刑 10 年零 6 个月，剥夺政治权利 1 年，并处没收财产 10 万元；犯受贿罪判处有期徒刑 3 年；决定执行有期徒刑 12 年，剥夺政治权利 1 年，并处没收财产 10 万元
	07 在扶贫物资采购和扶贫基础建设过程中为他人谋取利益而收受他人贿赂	单独行为	公共财产	犯受贿罪，判处有期徒刑 5 年，并处罚金 35 万元

续表

领域	行为	主体	对象	判决结果
财政支出	08 在承揽扶贫工程项目中给予他人照顾而收受贿赂	单独行为	公共财产	犯受贿罪、巨额财产来源不明罪，数罪并罚，判处有期徒刑 14 年
	09 利用分管该县中央彩票公益金支持革命老区整村推进扶贫项目和担任验收小组组长的职务之便，在组织实施项目中多次收受他人财物	单独行为	公共财产	犯受贿罪，判处有期徒刑 10 年

（二）扶贫领域财税腐败类型化分析

目前，我国的扶贫工作已经进入攻坚阶段，中央到地方各级政府都在扶贫工程上投入了大量的资金，然而扶贫资金由政府转移支付给扶贫对象，是一种无须任何对价即可获取的资金收入，具有巨大的诱惑性。[1] 政府的公职人员会在强烈的冲动之下通过自身掌握的公共权力（如贫困指标分配权和扶贫资金配置权），谋取个人利益，进而导致公共财产的流失。上述案例表明，该领域的腐败行为主体往往趋于基层化和群体化，行为方式主要为虚假申报、挪用、贪污扶贫资金和利用职务便利为他人谋取利益而收受贿赂，究其原因，我们可以发现问题源于财政管理和财税支出领域中的监管不力，具体问题体现在以下两个方面。

1. 扶贫资金管理之漏洞

现阶段，我国的扶贫主体趋于多元化，包括政府财政支持、市场资金扶持和社会群体帮扶三种方式，扶贫对象具有复杂性和广泛性，进而决定了扶贫资金来源的多样性。虽然国家对扶贫的支持力度增加，使政府各级部门相互协调的能力和沟通能力则有所提升，但扶贫资金的管理难题也层出

---

〔1〕 参见张辉：《我国精准扶贫过程中的腐败问题研究——基于 708 起典型腐败案例》，东北师范大学行政管理 2018 年硕士学位论文，第 93～94 页。

不穷。

其一,扶贫资金管理不规范且过于松散。目前,我国扶贫资金管理采用分权模式,各级政府的专项扶贫资金由多个部门管理,但是扶贫资金的相关指导文件中仅简单罗列禁止的项目支出,由于本位主义的影响和尚未建立良好的沟通协调机制,有的部门之间相互扯皮,扶贫资金管理的指导也并未得到有效的遵循和实施,给行为人提供了腐败机会。除此之外,扶贫资金和扶贫项目的监督任务则由发改委、财政部、扶贫办、纪检和监察机关来负责,管理的部门过多就容易造成"九龙治水而水不治"的局面,进而出现监督漏洞。其二,财务管理制度缺乏实质意义上的合法性和合规性。扶贫资金的财务审批并未严格审核报账材料的真实性,少数基层扶贫干部通过虚假报账骗取扶贫资金,如03号案例中的行为人伪造发放名册私自截留扶贫羊139只,后将上述羊只变卖所得的7.784万元留作私用。此外,基层财务管理制度混乱,尚未严格依照法定程序运行,财务人员往往身兼数职,例如,在01号案例中,余某利用职务便利,伙同妻子毛某,用村民杨某的户口册为其申请了农村低保,但两人没有告知杨某有低保,也没有将低保存折交给杨某,余某夫妻二人从2011年1月14日至2013年11月7日,将杨某的低保共1.146万元从信用社取走并侵吞。

2. 扶贫资金信息公开之不足

依据《村民委员会组织法》第30条的规定,村民委员会实行村务公开制度,对政府拨付和接受社会捐赠的救灾救助、补贴补助等资金、物资的管理使用情况和村民委员会协助人民政府开展工作的情况,[1]村民委员会应当及时公布,并接受村民的监督。此外,国家在扶贫工作的开展过程中也实施阳

---

〔1〕《村民委员会组织法》第30条规定:"村民委员会实行村务公开制度。村民委员会应当及时公布下列事项,接受村民的监督:(一)本法第二十三条、第二十四条规定的由村民会议、村民代表会议讨论决定的事项及其实施情况;(二)国家计划生育政策的落实方案;(三)政府拨付和接受社会捐赠的救灾救助、补贴补助等资金、物资的管理使用情况;(四)村民委员会协助人民政府开展工作的情况;(五)涉及本村村民利益,村民普遍关心的其他事项。前款规定事项中,一般事项至少每季度公布一次;集体财务往来较多的,财务收支情况应当每月公布一次;涉及村民利益的重大事项应当随时公布。村民委员会应当保证所公布事项的真实性,并接受村民的查询。"

光化管理制度，要求扶贫部门要依法公开需要公开的内容。但是，在扶贫政策的具体落实过程中，部分工作人员并未牢牢坚守"阳光化扶贫"，扶贫资金信息公开不充分，导致腐败问题频发。其一，公开内容片面化。在扶贫的过程中，一些扶贫工作人员未将符合条件的扶贫对象、扶贫资金的具体去向以及申请扶贫的指标、标准向村民公开，导致村民不能充分了解具体政策，即使自己的合法权益受到了侵犯都不知情，扶贫资金的管理也无法受到有效监督，腐败行为易发。其二，公开内容偏重结果。从现实角度分析，扶贫资金管理过程的信息公开不充分，某些地方一般不公开扶贫项目工程的申请标准和招标过程，关于扶贫对象仅象征性地向社会公开甚至只通知对象本人。在05号案例中，2007年至2012年，黄某某在担任宜黄县民政局副局长兼县移民办公室主任期间，利用掌握全县移民项目计划审核上报、验收及资金拨付的职务便利，在移民村组申报移民项目及资金拨付过程中，为他人申请移民项目及拨付移民项目资金提供便利，先后收受他人贿赂共计人民币25.2万元。从案例中可以看出，扶贫资金被截留或者扶贫工作人员在扶贫项目建设过程中受贿的根源在于扶贫资金管理中的信息公开不充分，即扶贫政策的信息不对等。

（三）扶贫领域财税腐败问题对策性研究

习近平总书记在全国脱贫攻坚表彰活动中指出："全面建成小康社会，实现第一个百年奋斗目标，一个标志性的指标是农村贫困人口全部脱贫。"脱贫扶贫工作的顺利完成是实现第一个百年奋斗目标的重要基础，但是扶贫领域尚未建立自身的腐败治理体系，因此，扶贫领域财税腐败问题的有效解决不仅需要各部门形成监督合力，还要健全自身的监督机制，更要规范管理扶贫款物和项目。

1. 体系建构：健全扶贫领域监督机制

在反腐大环境下，我国已经建立了较为全面系统的权力监督体系，党委、纪委、监察、审计等部门会对同一权力进行监督，但是扶贫领域的贪污腐败现象仍时常发生，综观上述腐败案例，问题在于缺乏严密专门的监督机制。因而为了顺利完成扶贫工作的"最后一公里"，需从建立具有针对性的监督制度入手。其一,建立精准监督扶贫部门。我国的扶贫主体趋于多元化,包括政府财政支持、市场资金扶持和社会群体帮扶三种方式,扶贫资金来源具有多样性,且扶贫对象具有复杂性和广泛性,再加上扶贫部门众多,管理混乱,因而可由各个扶贫部门牵头和纪委、监察委员会共同成立专门负责扶贫反腐的临时性机构,在扶贫工作完成后,该机构即可撤销。该机构若发现扶贫腐败的线索且证据属实,可立即交由检察机关处理,将监督责任落到实处。其二,重点优化基层扶贫纪检监察巡视制度。案例表明,扶贫领域的财税腐败行为趋于基层化且环节较为集中,因此,纪检监察人员要真正深入基层,了解扶贫政策的实际执行情况,建立不定期、高频率、高质量和高效率的监督巡视机制,运用多样化手段重点审查扶贫对象申报材料、扶贫资金具体去向,扶贫项目招标工作,清除权力寻租土壤,竭力为扶贫工作扫清障碍。

2. 具体进路:实现扶贫款物和项目的规范化

纵然扶贫在政府工作中一直居于十分突出的位置,党和国家在扶贫腐败治理上也作出了很多努力,但在资金管理方面,仅在《关于创新机制扎实推进农村扶贫开发工作的意见》中简单提及简化资金拨付流程、下放项目审批权限、实行专项资金的分账管理等,而并未对前述内容作出细化和具体实施规定,因而,扶贫腐败行为的约束必须从财政管理行为和财政支出两领域出发,彻底清除监督死角,堵住扶贫腐败之路。其一,完善扶贫资金管理制度。马克思在《资本论》中写道:“一旦有适当的利润,资本就大胆起来。有 50% 的利润,它就铤而走险;为了 100% 的利润,他就敢践踏一切人间法律;有 300% 的利润,他就敢犯任何罪行,甚至冒被绞首的危险。”扶贫资金管理的漏洞驱使某些官员滥用权力进行贪腐,因而地方应当在国家出台的资金管理文件的指导下结合本地区的实际情况制定扶贫资金管理实施细则,进一步加强对资金使用行为的规范和严格监管,由特定人员记录每笔资金的具体去向和用途,定期查阅和核对扶贫资金的信息,保证社会群众清楚了解扶贫资金使用的范围、条件、数额等具体内容,让扶贫财务收支情况处于阳光之下。其二,强化信息公开的力度。信息公开是最好的“防腐剂”。扶贫领域财税腐败的发生根源在于信息不对称，因此，扶贫工作的良好开展必须要增加扶贫资金使用的透明度，首先，要依据《政府信息公开条例》，做到公开的信息全面、真实、详细，比如，扶贫项目的招标标准及危房改造以及扶贫对象的申请条件、名单等，还要保证所公开信息的有效性、有用性和及时性，做到实质意义上合规性和合法性，其次，拓宽信息公开的途径，可以充分利用基层地区的信息公开栏及时更新扶贫资金的使用情况，有条件的地区可以通过电子显示屏、微博或者微信公众号等方式公布，此外，还可以将信息公开与基层干部的工作奖惩机制结合起来，对政绩优异的予以公开表彰，对违规的予以通报批评，以问题曝光的压力促使扶贫信息公开制度的有效实施。

对环保、扶贫领域17个具有代表性的腐败案例进行基于“法律—行为”范式与财税行为的类型化梳理后，财税制度在具体领域中的缺陷清晰地呈现出来。就财税腐败行为而言，其共性在于少数公权力主体权力观念出现偏差，把人民赋予其的权力作为聚敛财富的工具；国家在政策和资金方面大力支持环保和扶贫领域的开展，权力、地位的大幅提升，为少数贪腐者提供了可乘之机；腐败行为的主体，趋于基层化和群体化。就财税具体制度而言，其问题在于，在财政管理领域，各级政府之间财权和事权不相匹配，相关部门职能交叉并拥有较大自由裁量权，缺乏良好有序的沟通交流机制，导致“专款”不能“专用”甚至“私用”；在财政收入领域，准公共财产的流失往往发生在行政执法的环节，行为人通常收受他人贿赂而减免处罚；在财政支出领域，财税腐败行为大多和政府采购行为有关，根源在于信息公开不充分，容易发生权力寻租。总之，因财税腐败行为而流失的公共财产的可恢复性较低，具体领域的腐败案例表明，财税权力在各个环节的运行都需要有序、高效、稳定的制约监督机制，保证信息全面且充分地公开，做到事前和事中监督、内部和外部监督相结合，监督部门管理实现统一化和规范化，形成监督合力，进而从源头上抑制腐败行为。

附表 1　环保腐败案例表(详细版)

国库管理领域	
编号	01
案情简介	挪用公款用于个人开支、借给他人使用
案件名称	案号:(2017)鲁 1721 刑初 492 号 案由:山东省东明县环境保护局局长等贪污、受贿、挪用公款、单位受贿案
(原审)被告人	张某某为原山东省东明县环境保护局党组书记、局长
认定事实	一、贪污事实 1. 被告人张某某在担任东明县环境保护局局长期间,利用职务之便,于 2011 年 4 月安排本单位报账员杨某使用 3.8 万元公款为其个人支付预购红木家具的定金。 2. 被告人张某某在担任东明县环境保护局局长期间,利用职务之便,于 2011 年 1 月侵吞本单位公款 30,785.29 元,其后以发票在会计杨某处冲抵账目。 3. 被告人张某某在担任东明县环境保护局局长期间,利用职务之便,于 2010 年 10 月安排会计杨某将山东玉皇化工集团为东明县环境保护局解决的 467,884 元办公经费中的 169,120 元用于其个人花费。 4. 被告人张某某在担任东明县环境保护局局长期间,利用职务之便,以"刘某"的名义将次子张某安排到成武县环境保护局,后又将其调入东明县环境保护局。2008 年至案发,在张某在东明县环境保护局未实际工作的情况下,以"刘某"名义在该局领取"工资"共计 205,967 元。 二、挪用公款事实 被告人张某某在担任东明县环境保护局局长期间,利用职务之便,于 2008 年 8 月 4 日将东明县环境保护局的 30 万元公款借给史某、陈某,用于菏泽中环绿建环保科技有限公司验资。公司验资后不久,被告人张某某将此款归还。 三、受贿事实 1. 被告人张某某在担任东明县环境保护局局长期间,利用职务之便,为毛某经营的"格润生态园"大酒店在经营、房屋租金缴纳等方面谋取利益。2009 年 11 月,被告人张某某收受毛某所送现金 20 万元。 2. 被告人张某某在担任东明县环境保护局局长期间,利用职务之便,于 2011 年 3 月以东明县环境保护局经费紧张为由,让山东洪某化工集团帮助解决办公经费 499,900 元,被告人张某某将此款侵吞,据为己有。 四、单位受贿事实 被告人张某某在担任东明县环境保护局局长期间,利用职务之便,以东明县环境保护局经费紧张为由,于 2010 年 10 月向山东玉皇化工集团索要现金 467,884 元,于 2017 年 1 月向山东洪某化工集团索要现金 10.7 万元

续表

国库管理领域	
判决结果	被告人张某某犯贪污罪,判处有期徒刑3年,并处罚金人民币20万元;犯受贿罪,判处有期徒刑3年零6个月,并处罚金人民币30万元;犯挪用公款罪,判处有期徒刑6个月;犯单位受贿罪,判处有期徒刑8个月。决定执行有期徒刑6年,并处罚金人民币50万元
编号	02
案件字号	(2014)汕龙法刑初字第570号
案情简介	汕头市环境保护局环境监察分局等单位受贿、私分国有资产案
(原审)被告人	汕头市环境保护局环境监察分局; 邝某为汕头市环境监察支队代理支队长
认定事实	一、单位受贿事实 2009年至2013年,新意公司总经理陈某某先后5次共送给被告单位监察分局"春节慰问金"共计140,000元,被告人邝某收受后,交由被告单位监察分局办公室(后改为信访办公室)主任苏某某、徐某某等人保管,后用于被告单位监察分局向职工发放春节"开门红"等账外支出。该分局作为国家机关在经济往来中,在账外暗中收受春节慰问金,应以受贿论,依照单位受贿罪的规定处罚。邝某作为被告单位监察分局直接负责的主管人员,也构成单位受贿罪。 二、私分国有资产事实 2008年8月至2013年10月,被告人邝某在任监察分局局长期间,违反国家规定,决定以单位购买环保资料宣传品、宣传用品、办公用品、日用品、劳保用品、专用材料、节日食品等名义,将公款596,931元用到汕头市好某某商务有限公司、汕头市易某超市有限公司、汕头市汕某文化艺术品有限公司购买购物卡,然后发放给监察分局职工及相关部门人员。 2009年1月至2013年1月,经被告人邝某审批同意,监察分局以支付印刷费、资料设计费、会务费、培训费及差旅费等名义,分别从汕头市商某某国际旅行社有限公司、汕头市金某旅行社有限公司、汕头市金潮旅行社有限公司、汕头市金平区华某办公设备商行、汕头市南某广告有限公司开具发票,抵除税点套取现金后,将118,500元以"春节补助""春节慰问金"的名义发放给单位职工及退休老干部。 邝某以单位名义决定以春节补助、春节慰问金的名义发放给职工及退休老干部118,500元,以购物卡名义发放给单位职工596,931元(共计715,431元),邝某的上述行为符合私分国有资产的犯罪构成

续表

国库管理领域	
判决结果	一、被告单位汕头市环境保护局监察分局犯单位受贿罪,判处罚金人民币 10 万元(罚金应于本判决发生法律效力的第 2 日起 5 日内缴纳)。 二、被告人邝某犯单位受贿罪,判处有期徒刑 1 年零 6 个月;犯私分国有资产罪,判处有期徒刑 1 年,并处罚金人民币 1 万元。总和刑期有期徒刑 2 年零 6 个月,并处罚金人民币 1 万元,决定执行有期徒刑 2 年零 3 个月,并处罚金人民币 1 万元
财政收入领域	
编号	03
案件字号	(2014)汕龙法刑初字第 570 号
案情简介	汕头市环境保护局环境监察分局等单位受贿、私分国有资产案
(原审)被告人	汕头市环境保护局环境监察分局; 邝某为汕头市环境监察支队代理支队长
认定事实	一、单位受贿事实 2009 年至 2013 年,新意公司总经理陈某某先后 5 次共送给被告单位监察分局"春节慰问金"共计 140,000 元,被告人邝某收受后,交由被告单位监察分局办公室(后改为信访办公室)主任苏某某、徐某某等人保管,后用于被告单位监察分局向职工发放春节"开门红"等账外支出。该分局作为国家机关在经济往来中,在账外暗中收受春节慰问金,应以受贿论,依照单位受贿罪的规定处罚。邝某作为被告单位监察分局直接负责的主管人员,也构成单位受贿罪。 二、私分国有资产事实 2008 年 8 月至 2013 年 10 月,被告人邝某在任监察分局局长期间,违反国家规定,决定以单位购买环保资料宣传品、宣传用品、办公用品、日用品、劳保用品、专用材料、节日食品等名义,将公款 596,931 元用以到汕头市好某某商务有限公司、汕头市易某超市有限公司、汕头市汕某文化艺术品有限公司购买购物卡,然后发放给监察分局职工及相关部门人员。 2009 年 1 月至 2013 年 1 月,经被告人邝某审批同意,监察分局以支付印刷费、资料设计费、会务费、培训费及差旅费等名义,分别从汕头市商某某国际旅行社有限公司、汕头市金某旅行社有限公司、汕头市金潮旅行社有限公司、汕头市金平区华某办公设备商行、汕头市南某广告有限公司开具发票,抵除税点套取现金后,将 118,500 元以"春节补助""春节慰问金"的名义发放给单位职工及退休老干部。 邝某以单位名义决定以春节补助、春节慰问金的名义发放给职工及退休老干部 118,500 元,以购物卡名义发放给单位职工 596,931 元(共计 715,431 元),邝某的上述行为符合私分国有资产的犯罪构成

续表

财政收入领域	
判决结果	一、被告单位汕头市环境保护局监察分局犯单位受贿罪，判处罚金人民币 10 万元（罚金应于本判决发生法律效力的第 2 日起 5 日内缴纳）。 二、被告人邝某犯单位受贿罪，判处有期徒刑 1 年零 6 个月；犯私分国有资产罪，判处有期徒刑 1 年，并处罚金人民币 1 万元。总和刑期有期徒刑 2 年零 6 个月，并处罚金人民币 1 万元，决定执行有期徒刑 2 年零 3 个月，并处罚金人民币 1 万元
财政支出领域	
编号	04
案件字号	（2015）东刑公初字第 48 号
案情简介	吉林省双辽市环境保护局等单位受贿案； 刘某原系吉林省双辽市环境保护局局长
认定事实	2012 年 8 月至 2013 年 10 月，被告人刘某在担任吉林省双辽市环境保护局局长期间，在吉林省双辽市农村环境连片整治项目中，为双辽市环境保护局采购翻斗车和农用小解放汽车，先后两次收受长春市东风顺达汽车销售有限公司总经理王某给予的现金共计人民币 356,000 元，用于单位花销。被告单位吉林省双辽市环境保护局为他人谋取利益，非法收受他人钱财，情节严重，其行为已构成单位受贿罪，依法应予处罚。被告人刘某甲系被告单位负责人及实施受贿行为的直接责任人，亦应以单位受贿罪论处
判决结果	一、被告单位吉林省双辽市环境保护局犯单位受贿罪，判处罚金人民币 10 万元（已缴纳）。 二、被告人刘某甲犯单位受贿罪，具有坦白情节，免予刑事处罚
编号	05
案件字号	（2015）西刑初字第 9 号
案情简介	青海省湟中县环境保护局等单位受贿案
（原审）被告人	被告单位湟中县环境保护局； 被告人罗某某为湟中县环境保护局法人代表

续表

财政支出领域	
认定事实	1. 2010 年 3 月 23 日罗某某被任命为湟中县环境保护局局长,2011 年至 2012 年,罗某某在其任职期间,以被告单位湟中县环境保护局的名义,利用职权向承包湟中县环境保护局农村环境连片整治工程的施工方索要回扣 52 万元(其中向袁某某索要 10 万元,向李某某两次索要 36 万元,向蒲某某索要 6 万元)。后将该款用于该单位办公经费、公务接待等支出。 2. 被告人罗某某利用担任湟中县环境保护局局长的职务之便,在实施农村环境综合整治项目过程中,2012 年 7 月至 8 月,收受袁某某给予的好处费 20 万元,两次收受蒲某某给予的好处费 10 万元,于 2014 年春节收受袁某某给予的好处费 5 万元
判决结果	一、被告单位青海省湟中县环境保护局犯单位受贿罪,判处罚金 10 万元(罚金于判决生效后 1 个月内缴纳)。 二、被告人罗某某犯单位受贿罪判处有期徒刑 2 年,犯受贿罪判处有期徒刑 12 年,数罪并罚,决定执行有期徒刑 13 年
编号	06
案件字号	(2017)京 02 刑初 31 号
案情简介	马某受贿、污染环境案
(原审)被告人	马某为原北京市方中市政建筑工程有限公司执行董事、法定代表人及北京市市政工程管理处有限公司七处经理
认定事实	一、受贿事实 被告人马某利用担任北京市方中市政建筑工程有限公司执行董事、法定代表人,原北京市市政工程管理有限公司七处经理及北京市政路桥管理养护集团有限公司市政七处党支部书记兼经理的职务便利,为天津欧梭商贸有限公司承揽和执行本市海淀区六里屯垃圾填埋场污水外运项目和土工膜采购项目提供帮助,为天津欧梭商贸有限公司谋取利益,非法收受天津欧梭商贸有限公司实际控制人吕某(另案处理)给予的贿赂钱款共计人民币 1800 余万元,其行为已构成受贿罪,且数额特别巨大。 二、污染环境事实 2012 年 10 月至 2015 年 4 月,被告人马某伙同天津欧梭商贸有限公司及吕某、李某(均另案处理)等人违反国家规定,将该公司从本市海淀区六里屯垃圾填埋场外运的垃圾渗滤液倾倒入位于本市海淀区后厂村路等地的市政污水井内,该公司违法所得人民币 5000 余万元。在此期间,马某多次指使张某(另案处理),帮助天津欧梭商贸有限公司解决外运污水车辆被查扣的事项。马某还伙同他人违反国家规定倾倒有害物质,严重污染环境,其行为已构成污染环境罪

续表

财政支出领域	
判决结果	一、被告人马某犯受贿罪，判处有期徒刑15年，并处罚金人民币150万元；犯污染环境罪，判处有期徒刑2年零10个月，并处罚金人民币40万元。决定执行有期徒刑17年，并处罚金人民币190万元 二、责令被告人马某退缴违所得人民币18,613,320.59元。 三、查封的北京市朝阳区广渠路××号院××号楼××××号房产并予以拍卖，拍卖款先行支付房屋拍卖的有关费用及该房屋应付的其他费用后，剩余部分及扣押的人民币4,487,624元并入判决主文第二项执行。如不足，继续追缴，如有剩余，剩余部分并入罚金项执行
编号	07
案件字号	(2015)湖吴刑一初字第415号
案情简介	包某某环境监管失职、受贿案
(原审)被告人	被告人包某某为湖州市环保局固体废物监督管理中心副主任、主任兼任湖州市环境保护局污染防治与总量控制处副处长
认定事实	一、环境监管失职罪 2011年至2014年，被告人包某某在担任湖州市环保局固体废物监督管理中心副主任、主任兼任湖州市环境保护局污染防治与总量控制处副处长期间，负责全市固废环境管理工作，在行政许可、危险废物转移、处置申报审批、主管危废企业等环境保护监管过程中，严重不负责任，不认真履行职责，致使被监管企业湖州市工业和医疗废物处置中心有限公司发生重大污染事故，多次非法倾倒、掩埋、排放危险废物，严重污染环境，社会影响恶劣，且造成国家和人民利益损失1,322,020元。 二、受贿事实 2011年至2015年，被告人包某某在担任湖州市环境保护局污染防治与总量控制处副处长、湖州市环保局固体废物监督管理中心副主任、主任期间，利用其负责全市危废企业监管、企业排污整治、污染治理环保政策性补贴发放等职务之便，为他人谋取利益，非法收受他人财物，总计价值人民币260,000元
判决结果	一、被告人包某某犯环境监管失职罪，判处有期徒刑9个月；犯受贿罪，判处有期徒刑2年零6个月，并处罚金人民币20万元。决定执行有期徒刑2年零10个月，并处罚金人民币20万元 二、退缴在本院的人民币26万元，其中赃款人民币25万元予以没收，上缴国库，余款人民币1万元转为被告人包某某的罚金

续表

财政支出领域	
编号	08
案件字号	(2014)文中刑终字第12号
案情简介	马关县环境保护局受贿、单位受贿、滥伐林木、滥用职权
(原审)被告人	被告单位柳河县农业环境保护与农村能源管理站； 被告朱某某为原柳河县农业环境保护与农村能源管理站站长； 被告曹某臣； 被告曹某河为原马关县环境保护局局长
认定事实	被告人曹某臣、曹某河在申报2014年农业清洁生产示范项目(以下简称项目)中,通过虚构企业信息、夸大企业生产能力等手段,获得该国家专项补贴项目,在项目建设过程中,曹某臣、曹某河借用柳河县太平建筑工程有限责任公司(以下简称太平公司)资质,自行组织人员施工,未按实施方案要求建设厂房、收储点,为应付检查、审计,曹某臣、曹某河通过购买发票等手段虚作柳河盛世防水卷材厂支出账目及太平公司支出账目,使该项目顺利通过审计,获得国家专项补贴资金人民币203万元,曹某臣、曹某河为谋取上述不正当利益,向柳河县农业环境保护与农村能源管理站(以下简称农环站)站长朱某某行贿现金人民币17万元,向负责申报材料编写人员尹某行贿现金人民币1万元,向项目主管单位农环站行贿现金人民币10万元,时任站长朱某某安排出纳吴某将这10万元存入个人账户保管,用于支付该单位账外支出。 被告人朱某某作为该项目的主管单位负责人,在组织该项目实施过程中故意不履行职责,明知柳河县盛世防水卷材厂不符合条件,在建设过程中未按照实施方案要求建设,仍继续帮助曹某臣、曹某河通过审计、检查,并收受曹某臣、曹某河贿赂现金人民币17万元,最终导致国家重大经济损失214万元
判决结果	一、被告单位柳河县农业环境保护与农村能源管理站犯单位受贿罪,判处罚金人民币10万元。 二、被告人朱某某犯单位受贿罪,判处有期徒刑6个月;犯受贿罪,判处有期徒刑2年,并处罚金人民币10万元;犯玩忽职守罪,免予刑事处罚。决定执行有期徒刑2年零2个月,并处罚金人民币10万元。 三、被告人曹某臣犯行贿罪,判处有期徒刑1年,并处罚金人民币5万元;犯对单位行贿罪,判处有期徒刑6个月,并处罚金人民币2万元;犯诈骗罪,判处有期徒刑11年,并处罚金人民币10万元。决定执行有期徒刑11年,并处罚金人民币17万元。

续表

财政支出领域	
	四、被告人曹某河犯行贿罪，判处有期徒刑徒刑 1 年，并处罚金人民币 5 万元；犯对单位行贿罪，判处有期徒刑 6 个月，并处罚金人民币 2 万元；犯诈骗罪，判处有期徒刑 11 年，并处罚金人民币 10 万元。决定执行有期徒刑 11 年，并处罚金人民币 17 万元。 五、依法追缴被告单位违法所得人民币 10 万元。 六、依法追缴被告人朱某某违法所得人民币 17 万元。 七、依法追缴被告人曹某臣、曹某河违法所得 203 万元

附表 2　扶贫领域腐败案件表（详细版）

财政管理领域	
编号	01
案件字号	(2014)长刑初字第 207 号
案情简介	吉林省长岭县长岭镇东升村原党支部书记董某友贪污案
(原审)被告人	被告董某友为吉林省长岭县长岭镇东升村原党支部书记
认定事实	董某友在任吉林省长岭镇东升村党支部书记期间，利用职务上的便利，于 2008 年至 2011 年，伙同董某民等 8 人(已另案处理)以他人名义，采用虚假申报的方式骗取国家泥草房改造补助资金 39.6 万元，董某友获得赃款 35.7 万元，全部被其挥霍
判决结果	犯贪污罪判处其有期徒刑 10 年零 6 个月
编号	02
案情简介	云南省文山州丘北县原温浏乡政府秘书余某贪污案
(原审)被告人	余某为云南省文山州丘北县原温浏乡令冲村村委会主任、党总支书记
认定事实	余某利用担任云南省文山州丘北县温浏乡令冲村村委会主任、党总支书记的职务便利，伙同妻子毛某(另案处理)为本村 4 名孤儿申请办理了孤儿基本生活保障补助金，但没有将民政部门发给 4 名孤儿的基本生活保障补助金的存折交给抚养人，余某夫妇二人从 2012 年 4 月 26 日至 2013 年 12 月 12 日，将 4 名孤儿信用社账户上的 7.2 万元取走，案发后余某退还了 4300 元。余某还利用职务便利，伙同妻子毛某，用村民杨某的户口册为其申请了农村低保，但两人没有告知杨某有低保，也没有将低保存折交给杨某，余某夫妻二人从 2011 年 1 月 14 日至 2013 年 11 月 7 日，将杨某的低保共 1.146 万元从信用社取走并侵吞

续表

财政管理领域	
判决结果	犯贪污罪,判处余某有期徒刑 7 年
编号	03
案情简介	宁夏回族自治区平罗县红崖子乡党委原委员、人武部原部长、红翔新村党支部原书记王某某贪污案
(原审)被告人	被告王某某为宁夏回族自治区平罗县红崖子乡党委原委员、人武部原部长、红翔新村党支部原书记
认定事实	2014 年 10 月左右,王某某利用担任党支部书记的职务便利,在协助政府分发扶贫羊只过程中,伪造发放名册,私自截留扶贫羊 139 只,后将上述羊只变卖所得的 7.784 万元留作私用。2015 年,王明海利用乡党委委员的职务便利,挪用公款 12 万元为己用
判决结果	犯贪污罪、挪用公款罪,数罪并罚,判处王某某有期徒刑 1 年,并处罚金 10 万元
编号	04
案情简介	四川省合江县先滩镇龙口村村委会原副主任张某某、原村支书李某某共同贪污案
(原审)被告人	张某某为四川省合江县先滩镇龙口村村委会原副主任、李某某为四川省合江县先滩镇龙口村原村支书
认定事实	2011 年至 2012 年,张某某、李某某经共同商议,各自利用职务上的便利,在办理农村危房改造补助申请工作中,伙同他人弄虚作假,骗取国家危房改造扶贫款共计 9.2 万元占为己有
判决结果	以贪污罪判处张某某有期徒刑 8 个月,并处罚金 10 万元;判处李某某有期徒刑 8 个月,缓刑 1 年,并处罚金 10 万元
财政支出领域	
编号	05
案情简介	江西省宜黄县民政局原副局长黄某儿受贿、贪污、玩忽职守案
(原审)被告人	被告黄某儿为江西省宜黄县民政局原副局长

续表

财政支出领域	
认定事实	一、受贿事实 2007 年至 2012 年，黄某儿在担任宜黄县民政局副局长兼县移民办公室主任期间，利用掌握全县移民项目计划审核上报、验收及资金拨付的职务便利，在移民村组申报移民项目及资金拨付过程中，为他人申请移民项目及拨付移民项目资金提供便利，先后收受他人贿赂共计人民币 25.2 万元。 二、贪污事实 2010 年至 2012 年，黄某儿利用担任宜黄县移民办公室主任的职务便利，以收取单位工作经费为名，先后收受宜黄县委党校给予的培训费返还款 10.5 万元，并伙同周某某、黄某金（另案处理）将其中的 4 万元及新丰乡人武部长方某某所送的 1 万元，共计 5 万元予以共同侵吞，其中黄某儿个人分得 1.7 万元。 三、玩忽职守事实 2006 年至 2012 年，黄某儿在担任宜黄县移民办公室主任期间，工作严重不负责任，不认真履行县级移民部门对全县库移民后期扶持建设项目的实施监督和验收等工作职责，致使宜黄县 124.2672 万元的乡镇村组大中型水库移民后期扶持建设项目未实施，造成国家移民项目资金遭受重大损失
判决结果	犯受贿罪、贪污罪、玩忽职守罪，判处有期徒刑 11 年
编号	06
案情简介	广西上林县原扶贫开发办公室主任周某某贪污、受贿案
（原审）被告人	周某某为广西上林县原扶贫开发办公室主任
认定事实	2010 年 7 月，周某某明知上林县乔贤镇小卢至板浪扶贫道路工程已于 2008 年建成，且已按实际里程亦结算完毕，其利用担任上林县扶贫主任的职务便利，以整合资金为借口，授意李某某（另案处理）向上林县财政局重新申请拨付虚构的新建水头村至板浪道路项目的工程款，以从中共同侵吞国家扶贫款。随后，李某某授意他人伪造相关印章、签名等并制作虚假申报材料，经过周某某审批上报，上林县财政局于 2011 年 1 月、7 月分别拨付财政扶贫 37.8 万元和 4.2 万元给李某某。在周某某配合下，李某某套取国家扶贫资金并实际占有了 42 万元。2007 年年底，被告人周某某在任上林县扶贫办主任期间，利用其职务便利，以调动工作为由，收受扶贫道路工程承建方李某某的钱款送给时任南宁市扶贫办主任的林某某，后因工作调动未果，林某某将 4 万元退还给周某某，周某某将相关款项据为己有

续表

财政支出领域	
判决结果	南宁市中级人民法院一审判决周某某犯贪污罪,判处有期徒刑10年零6个月,剥夺政治权利1年,并处没收财产10万元;犯受贿罪,判处有期徒刑3年。决定执行有期徒刑12年,剥夺政治权利1年,并处没收财产10万元
编号	07
案情简介	海南省澄迈县扶贫办原主任陈某某受贿案
(原审)被告人	陈某某为海南省澄迈县扶贫办原主任
认定事实	2011年9月至2015年12月,陈某某利用担任扶贫办主任的职务便利,在扶贫物资采购和扶贫基础建设过程中,先后多次收受他人贿赂款共计101万元,为他人谋取利益
判决结果	法院以受贿罪判处陈某某有期徒刑5年,并处罚金35万元
编号	08
案情简介	甘肃省陇南市武都区扶贫办原主任董某某受贿案
(原审)被告人	董某某为甘肃省陇南市武都区扶贫办原主任
认定事实	董某某利用职务便利,分别给予王某某等16人在承揽武都区扶贫工程项目方面以照顾,为此多次收受上述人员给予的"好处费"共计人民币332万元;董某某另有891.16万元财产不能说明合法来源
判决结果	犯受贿罪、巨额财产来源不明罪,数罪并罚,判处董某某有期徒刑14年
编号	09
案情简介	贵州省沿河土家族自治县扶贫开发办公室原副主任杨某某受贿案
(原审)被告人	杨某某为贵州省沿河土家族自治县扶贫开发办公室原副主任
认定事实	杨某某利用分管该县中央彩票公益金支持革命老区整村推进扶贫项目和担任验收小组组长的职务之便,在组织实施项目中多次收受他人财物共计人民币22万元
判决结果	以受贿罪判处杨某某有期徒刑10年

第四节 财税法视角下的医疗腐败治理机制研究

医学是人类善良情感的一种表达,它起源于人类最朴素的救助愿望,而医疗腐败却为这种善良蒙上了尘埃。医疗腐败治理成效不仅关系我国医疗卫生体制改革能否顺利进行,同时还损害了医疗质量,提高了医疗成本,直接影响了社会公平和稳定。医疗资源作为一种准公共产品,离不开公共财政的支持,因此,从财税法的视角认识和探讨医疗腐败问题,不仅在研究视角、研究路径上具有创新意义,同时也对从深层次治理治理医疗腐败提供了可能。通过在财税法视角下对医疗腐败进行类型化解读后发现,医疗领域众多的腐败问题,实际上都是以医疗机构为中心向其他部门蔓延的。由于我国新医改推进后法治化的医疗财政转移支付机制缺位、"以药养医"筹资机制畸形、公立医院内部治理结构失灵以及医疗人员激励机制不健全是导致医疗领域腐败的重要原因。治理医疗领域腐败,需要将视野聚焦于我国医疗改革背景之下,建立合理的医疗财政激励机制、控权机制以及监督机制,形成腐败治理的"推力"与"压力"。但是应当认识到,财税治理路径只是一种"过程性"路径,同时也并不具备与刑事法律程度相当的强制性与严厉性。财税治腐的任务并不在于直接对相关人员进行直接惩戒,而是在于建立相应的缓冲机制,防止由于财税违规行为进一步恶化造成巨额损失,因此,财税法对医疗腐败的治理应当以事前环节、事中环节为重点,防微杜渐,减少腐败发生。

一、医疗腐败的一般性与特殊性

我国的当下的医疗卫生体制改革已经进入"深水区",而医疗领域的腐败问题成了深化医药改革的"绊脚石"。从全球范围来看,医疗领域向来是腐败的高发领域。医疗腐败,是指发生在医疗卫生相关领域的腐败现象,包括诊疗领域、医药行政管理领域、医药采购领域、医疗设施建设领域、医疗保险领域等,其涉及诊疗机构、医药企业、政府部门、保险机构、患者等诸多主体,其本质是医疗卫生领域的权力滥用。医疗腐败不仅阻碍了医疗卫生事业的健康发展,同时也造成了医患关系的紧张和对立,成了影响社会公平和稳定的障碍之一。

从立法来看，我国医疗领域的相关法律均对医疗领域的腐败进行了规制。2019 年 12 月 28 日通过的《基本医疗卫生与健康促进法》第 54 条第 2 款明确规定："医疗卫生人员不得利用职务之便索要、非法收受财物或者牟取其他不正当利益。"我国的《执业医师法》第 27 条也作出了相应规定。我国的《药品管理法》第 88 条对药品上市许可持有人、药品生产企业、药品经营企业和医疗机构、医疗机构负责人、药品采购人员、医师、药师在药品购销中的相关行为明确加以禁止。[1]

从腐败的发生机理来看，医疗领域的腐败同其他领域的腐败在发生学上存在内在的一致性。从"委托—代理"理论这一分析框架来看，其本质都是在多层级委托的结构之下，代理人（权力的授予者）滥用自身被授予的权力为自己谋取私利的行为。具体到医疗领域，人民通过国家权力机关委托政府经营医疗卫生事业，政府受托后出资设立各级公立医疗机构并委托卫生行政机构进行监督和管理、委托医院管理者进行业务管理，同时，医院还委托具备相应资质的医务人员从事诊疗活动，由此形成了"人民—权力机关—政府（包括卫生行政机构）—医疗机构（包括医疗管理人员）—诊疗人员"这样多层次的代理结构。在该结构中，中间链条环节的每一个主体都兼具代理人与委托人的双重身份。[2] 这种漫长的"委托—代理"链条形成了监督力递减的效应，从而使对越靠近代理链条末端的主体，监督成本越大。同时，在"委托—代理"结构中，委托人希望的是以最小的成本取得优质的回报，而代理人则希望通过代理活动获取最大的代理收益，由此，增大了代理人利用所掌握的资源（主要是医疗相关的决策权）为自身谋取私利的风险。

---

〔1〕《药品管理法》第 88 条规定："禁止药品上市许可持有人、药品生产企业、药品经营企业和医疗机构在药品购销中给予、收受回扣或者其他不正当利益。禁止药品上市许可持有人、药品生产企业、药品经营企业或者代理人以任何名义给予使用其药品的医疗机构的负责人、药品采购人员、医师、药师等有关人员财物或者其他不正当利益。禁止医疗机构的负责人、药品采购人员、医师、药师等有关人员以任何名义收受药品上市许可持有人、药品生产企业、药品经营企业或者代理人给予的财物或者其他不正当利益。"

〔2〕参见李江等：《论医院的腐败与医院管理》，载《医学与哲学》2019 年第 18 期。

医疗领域是关系民众生命健康安全的特殊领域，直接影响患者的生命健康权益。医疗腐败会引发医疗从业人员的利益与患者健康权之间的冲突以及谋取个人利益和为患者提供最佳治疗之间的冲突。医疗腐败具有直接的传导性，相关人员占据着医疗资源流通的关键环节，其获利的实质不是创造价值，而是通过增加（分享）医疗资源的交易成本来实现的，因此，医疗腐败成了"看病难、看病贵"的重要推手。腐败会损害医疗质量，导致不适当的治疗，提高医疗成本，使人们得不到充分的服务。同时，医疗领域腐败频发也在一定程度上造成了患者对医务人员的不信任，由此导致了医患之间的紧张对立，成了近年来一系列"暴力伤医"事件的导火索。因此，治理医疗腐败，不仅是法律问题，更是一个社会问题、民生问题。

从性质来看，医疗服务与医疗产品是一种具有正外部效应的准公共产品，这一属性自然也属于公共财政的治理范围。医疗领域的腐败问题主要是围绕医疗资源的分配、使用而产生的，而这一过程最终落在公共财政的收支、管理和监督的范畴，因此，从财税法的视角认识和探讨医疗腐败问题，不仅在研究视角、研究路径上具有创新意义，同时也对从深层次治理医疗腐败提供了可能。新通过的《基本医疗卫生与健康促进法》第 81 条规定："县级以上人民政府通过预算、审计、监督执法、社会监督等方式，加强资金的监督管理。"这事实上也从实在法的角度奠定了财税路径治理医疗腐败的制度基础。医疗资源涉及社会稳定发展和民众的普遍需要，而医疗腐败的发生则会造成医疗资源分配的"不正义"，通过对医疗资源进行财税法规制，将财税手段与其他治理手段进行整合，能够开辟出一条更加有效的医疗腐败治理路径。

二、财税法视角下医疗腐败的类型化解读

类型化思维是介于抽象概念和具体事实之间的桥梁，恰如考夫曼所说："概念没有类型是空的，类型没有概念是盲目的。"[1]因此，将医疗腐败进行类型化、具象化解读，是系统认识医疗腐败发生机制，并制定针对性对策的前

---

〔1〕［德］考夫曼：《法律哲学》，刘幸义等译，法律出版社 2004 年版，第 192 页。

提。按照医疗体制运作的过程大致可以分为公共医疗资源初次配置阶段、公立医疗机构对医疗资产使用阶段以及公共医疗服务供给阶段,在不同阶段,相关利益主体形成了一定的利益链条,由此形成了公共医疗资源初次配置阶段腐败、公立医疗机构对医疗资产使用阶段的腐败和公共医疗服务供给腐败。而从本质上来看,这三类腐败均与公共资源的分配、交换存在关联。

(一)公共医疗资源初次配置阶段的腐败

公共医疗资源初次配置主要体现在人、财、物的配置,包括医疗从业人员的配置、医疗财政资金的配置和医疗公共资产的配置。公共医疗资源初次配置阶段的腐败嵌套于国家的医疗体制之中,属于最具破坏性和最棘手的腐败问题。医疗资源的配置状况直接影响医疗卫生服务的治理和国民的健康水平,因此,公平性作为卫生资源配置的基本原则,重要性显得尤为突出。医疗资源分布不均衡以及供需矛盾仍然是我国医疗卫生事业发展所面临的重大难题,而医疗资源配置腐败则进一步影响了医疗资源的公平配置。

公共医疗资源初次配置阶段的腐败主要是发生在医疗卫生行政部门以及医院管理部门,具体行为包括:(1)在医疗机构人事安排等方面暗箱操作,收受贿赂;(2)医疗卫生机构相关人员挪用、贪污医疗财政资金、医院科室收益等;(3)卫生行政部门相关公职人员在医疗资源配置的过程中,滥用审批权、决策权,以权谋私,取得不正当利益(相关案例见表3-10)。

表3-10 公共医疗资源初次配置阶段的腐败典型案例[1]

行为类型	典型案例	相关情节
在医疗机构人事安排等方面暗箱操作,收受贿赂	"辽宁医学院四虎贪腐案"	辽宁医学院原党委书记、辽宁省人大环境资源城乡建设委员会原副主任张某某先后收取梁某某、罗某某、王某某等三人贿赂,并把罗某某和梁某某二人分别从辽宁医学院附属第一医院院长和第三医院院长的位置提拔至辽宁医学院副院长;把王某某从辽宁医学院附属第三医院副院长提拔至院长

[1] 案例根据相关新闻报道和裁判文书整理而成。

续表

行为类型	典型案例	相关情节
挪用、侵占医疗财政资金	“鞍山市某医院原院长李某骗取医疗保险金案”	鞍山市某医院原院长李某在职期间，以“为医院创收”为名，呼吁全院职工一起伪造虚假病历、住院治疗费等方式，共虚报应收鞍山市某医院的医疗保险住院统筹拨付款6407万余元。该院10个科室、73名医生均参与作假，在履行医疗保险服务协议过程中，采取虚构事实的手段骗取国家医疗保险资金
挪用、侵占医疗财政资金	“贵州省贵阳市白云区沙文镇卫生院原院长赵某某套取医疗经费案”	贵州省贵阳市白云区沙文镇卫生院原院长赵某某，与他人共谋，通过假造人员工资、绩效，套取国家拨付给该院的公共卫生服务费、基药经费等各种经费共计92万余元
医疗卫生行政部门滥用审批权，与医疗机构、医药企业进行权钱交易	“安徽省卫计委医政处原副处长（正处级）阮某受贿案”	2009年至2015年，安徽省卫计委医政处原副处长（正处级）阮某利用职务之便，收受10余家民营医疗机构和管理公司贿赂共500多万元，为民营医院的设置、升格、增设科室、设立分院等审批事项谋取不正当利益
医疗卫生行政部门滥用审批权，与医疗机构、医药企业进行权钱交易	“原国家食品药品监督管理总局党组成员、副局长吴某贪腐案”	吴某在2009年担任国家食品药品监督管理局副局长期间，以及2017年至2018年担任国家食品药品监督管理总局副局长兼国家卫生和计划生育委员会副主任期间，在履行药品监管职责中滥用职权，为相关单位和个人在药品审批、子女就业等事项上提供帮助，直接或通过其亲属非法收受财物

（二）公立医院医疗资产使用阶段的腐败

医疗资产分为固定资产和非固定资产，前者主要包括大型医疗设备等资产，后者主要包括具有药品、医用耗材等。医疗资产交易过程中存在各种利益关系，容易出现利益冲突。从现实情况来看，大多数医院并未建立起较为完善的医疗资产管理机制，医疗资产管理较为混乱，在医疗资产交易过程中，缺乏严格具体的资产配置标准，使相关人员在交易过程中随意性较大，财务部门给予购置资产的预算限制较小，从而为腐败留下了空间。

从行为模式上来看，公立医院医疗资产使用阶段的腐败具体表现为：（1）医药、医疗器械经销商通过不同渠道和手段，贿赂医院相关公职人员；

(2)医院在药品、医疗器械、医用耗材采购过程中,资金使用不规范,出现侵占、挪用;(3)医院在医疗器械采购、工程基建招投标过程中,规避招标、虚假招标、围标招标等。同时,医疗资产交易腐败的形式也呈现隐蔽化、复杂化的特点,相关的贿赂多以会务费、咨询费、学术推广费、业务(招待)费等名目出现(相关典型案例如表3-11所示)。

表3-11 公立医院对医疗资产使用阶段的腐败典型案例[1]

行为类型	典型案例	相关情节
医药、医疗器械经销商通过不同渠道和手段,贿赂医疗机构相关公职人员	"葛兰素史克中国行贿案"	葛兰素史克中国为达到打开药品销售渠道、提高药品售价等目的,利用旅行社等渠道,向政府部门官员、医药行业协会和基金会、医院、医生等行贿
医疗机构在工程建设招投标过程中,规避招标、虚假招标、围标招标、工程严重超概算	"广州中医药大学第三附属医院系列腐败案"	原广州中医药大学第三附属医院院长谢某某任三附院院长后,长期干预插手医院基建工程、医疗设备、药品耗材等各领域的招标采购工作,不仅默许大量围标、串标行为,甚至还要求下属违规拆分项目、伪造招投标材料
	"湖南省卫生和计划生育委员会原党组成员、副主任方某某贪腐案"	2008年,方某某在担任湖南省人民医院院长期间,利用职务便利在修建急症外科大楼时为特定关系人暗箱操作,在施工过程中,原本造价4亿多元的急诊大楼,结算达6亿多元,造成巨额国有资产流失。2017年1月3日开标的湖南省人民医院儿科医学中心及第一住院楼改造工程招标过程中出现串标围标,方某某插手干预该工程招投标
	"广东医学院原党委书记江某某受贿案"	2008年至2015年,江某某在任星海音乐学院、广东医学院党委书记期间,利用职务上的便利,在两学院的人事管理及广东医学院的医疗设备采购、基建工程建设、学生饭堂承包等项目招投标过程中,为他人谋取利益,多次收受下属、社会经商人员及合作单位给予的钱款共计折合人民币876万余元

[1] 案例根据相关新闻报道和裁判文书整理而成。

(三)公共医疗服务供给阶段的腐败

医疗服务供给腐败直接发生在诊疗人员与患者之间。其表现形式主要是,诊疗人员凭借自身技能和医疗机构所提供的岗位、优势资源以及赋予的职权提高收费标准,收取医疗红包等。患者亦期望通过行贿医生等诊疗人员的方式来获取医疗优待(如医生更为细致的诊断、优先的手术排期、器官移植的机会等)。另外,这种腐败同时还会派生出其他违法行为,例如,相关人员与医疗人员串通,伪造相关医学证明用于其他非法目的。作为一种公共产品,医疗服务的提供应当以公益性为导向。诊疗人员利用职务便利,索取、非法收受患者财物或者牟取其他不正当利益的行为,造成了医疗服务供给的“不公平”,使整个社会福利水平下降。

诊疗人员利用职务便利,索取、非法收受财物或者牟取其他不正当利益的行为不仅违背医疗伦理,更触犯了相关法律。实际上,在我国古代便已将医疗人员违规收受红包视为腐败行为,在宋代,如有从医者收取病人钱米或银两的,一经查实,轻者给杖一百,取消全年俸禄,并勾销从医资格,重者则充军劳役。[1] 我国的《执业医师法》《基本医疗卫生与健康促进法》明令禁止诊疗人员利用职务之便,索取、非法收受患者财物或者牟取其他不正当利益的行为。各地纷纷出台了相应的处理办法,如黑龙江省出台了《医务人员收受“红包”处理暂行规定》[2]、安徽省出台了《安徽省医疗卫生机构及其工作人员收受商业贿赂处理办法(试行)》[3]。根据我国《刑法》第163条对“非

---

〔1〕 参见闻里:《医生收“红包”,古代这样罚》,载《羊城晚报》2014年11月26日,第B5版。

〔2〕 该规定对医生收红包的数额规定了相应的处罚等级:查实收受“红包”金额(价值)在500元以下的,由所在单位给予警告处分,记入“黑名单”3个月;查实收受“红包”金额(价值)在500元至1000元的,由所在单位给予记过处分,记入“黑名单”6个月,医务人员系医师的,暂停6个月;查实收受“红包”金额(价值)在1000元以上的,由所在单位降低岗位等级或撤职处分,记入黑名单1年,暂停1年执业活动处罚;查实收受“红包”2次以上的,或累计收受红包金额(价值)在1500元以上的,或通过中介、第三方变相取得的,或暗示、勒卡、变相勒卡索取的,由所在单位视情形给予降低岗位等级或撤职、开除处分,记入“黑名单”2年。

〔3〕 该处理办法规定,收受、暗示、索要患者“红包”礼品礼金等行为,参照商业贿赂执行。个人索取、收受商业贿赂的,将被采取批评教育、取消评优资格、停止处方权、推迟职称评审时间、给予低聘缓聘、吊销执业证书等相应措施。个人索取、收受商业贿赂价值在5000元以上的,视情节给予相应处分直至开除、解聘并吊销执业证书。医疗卫生机构工作人员中的中共党员因商业贿赂受到处分的,应当根据《中国共产党纪律处分条例》有关规定,给予党纪处分。

国家工作人员受贿罪”的相关规定，诊疗人员在诊疗活动中，利用开处方、主刀的权利，或在对患者进行手术排期、病房分配时收取患者或患者家属的红包达到一定数额时，则构成犯罪。

(四)类型化解读的反思

无论是医疗资源配置腐败还是医疗资产交易腐败、医疗产品供给腐败，医疗机构作为医疗领域的核心部门，始终是腐败利益链条中的重要一环。众多的腐败问题，实际上都是围绕医疗机构向其他部门蔓延的。因此，从抽象结构来看，医疗机构是医疗腐败的旋涡中心，相关腐败均是以医疗机构为中心向其他主体放射的(见图3-3)。

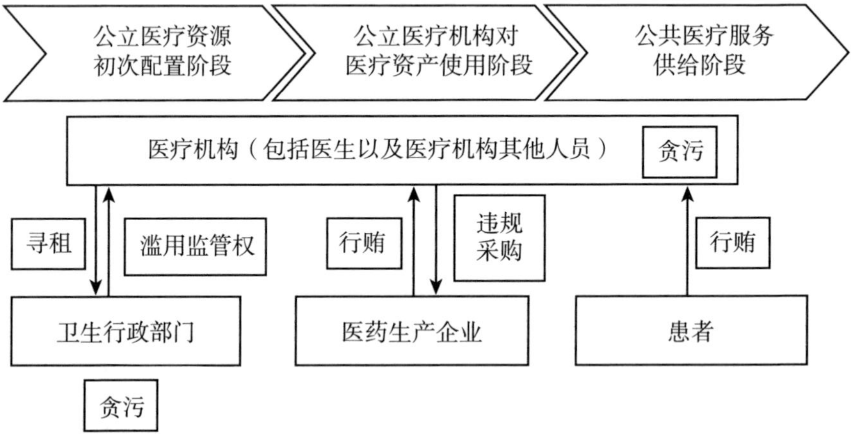

图3-3 医疗腐败在各个阶段的利益结构

因此，治理医疗腐败应当围绕医疗机构来展开，以医疗机构的人、事、财为中心进行治理。同所有的腐败一样，腐败问题终归是“财”的问题，掌握财权的岗位具有腐败高发性特点，相比“治人”或者“治事”，最终的落脚点仍然是关于“财权”的配置问题。相对其他行业，医疗行业呈现出高度专业化的特征。医疗人员在整个医疗过程中具有绝对的信息优势，在疾病的治疗方案、药物以及耗材的使用等方面，医疗人员(尤其是医院的学术带头人、科室主任等权威)的决策具有较大影响，从而增大了寻租空间。从相关案例报道来看，行业领军人物，主任级别、博士学历的医务人员涉案占绝大多数；这些涉案人员在其从事的领域具有较高的专业影响力,同时从事行政管理、医疗、教育和科研工作,拥有庞大的社会资源,受制约程度较小,比常人面临更大诱惑,在缺乏足够制约机制的情况下,成为腐败的高危人群。因此,从财税角度治理医疗腐败,其落脚于作为公共产品的医疗资源的公平分配问题,解决的是如何通过财税路径,对涉及医疗财政的收支、管理、监督的相关环节进行完善,从而实现医疗腐败的标本兼治。

三、新医改推进后医疗腐败的原因探寻

从近几年的统计数据看,医疗领域的腐败高发态势表明医疗腐败问题绝不仅是医疗从业者的职业道德问题,而是一个深层次的体制性问题。因为制度本身的缺陷或者制度不能在实践中起到约束和规范作用才会出现腐败。[1] 正如美国政治学家塞缪尔·P.亨廷顿(Samuel P. Huntington)所提出的,如果经济社会在进行现代化转型的过程中,相应的制度不完善,权力边界不明,加上监督机制缺位,就很容易导致腐败。[2] 因此,对医疗腐败的原因进行探析,应当置于我国医疗体制改革的大背景之下进行观察。我国从2009年开始实施的新医改推行至今已有10年,由于制度和政策的不周延以及落实不到位,医疗腐败并未能从根本上得以遏制。医疗腐败能否得到有效治理,关乎新医改能够进一步深入推进;而新医改的制度设计是否周延,同时也影响医疗腐败治理的成效。对新医改推进后,医疗领域的腐败虽然得到了一定程度的遏制,但是仍然存在生长的"土壤":第一,在医疗系统内,财权仍然处于高度集中的态势,存在较大的权钱交易空间;第二,由于医疗领域涉及诸多利益主体,经过长期的互动、博弈,医疗领域的腐败形成了结构性态势。

从财税法的视角来看,医疗领域之所以会成为腐败的高发领域,究其

---

〔1〕 参见刘智峰:《国有企业腐败问题的复杂性及解决之道》,载《北京行政学院学报》2013年第1期。

〔2〕 参见[美]塞缪尔·P.亨廷顿:《变化社会中的政治秩序》,王冠华、刘为等译,生活·读书·新知三联书店1989年版,第45页。

原因,就在于法治化、规范化的医疗财政没有建立起来,具体而言,主要体现在两个方面:一方面,医疗筹资机制不健全,医疗财政的给付功能、激励功能、权力规范功能不彰,是医疗腐败"久治不愈"的关键所在。医疗机构的经费主要来自三个渠道,即政府财政补助、医疗保险以及医院自筹。保险属于社会筹资,相关费用不宜偏高,[1]因此,医疗财政和医疗机构自筹各自所占比例对医疗系统的廉洁性有着巨大影响。当医疗财政补助偏低时,医疗机构则必然会通过各种方式扩大自筹比例,从而导致医疗机构及其相关人员逐利性增强,对灰色收入的可容忍度趋于上升。另一方面,医疗财权监督、管理机制不完善,无法对相关主体进行有效约束,也是带来医疗腐败的重要因素。尽管严厉的惩戒能够对腐败起到一定程度的震慑作用,但真正起决定性作用的则是破案率和实际惩罚率,[2]而腐败案件的破案率高低的关键在于财权监督、管理机制是否健全。完善的医疗财政监督、管理机制不仅能够减少腐败案件的发生,即使发生也能被及时发现,从而避免了腐败恶化。

(一)法治化的医疗财政转移支付机制缺位

医疗财政转移支付机制是医疗筹资的重要渠道之一,法治化的医疗财政转移支付机制对加强医疗财政资金管理、强化医疗资源的合理配置、遏制医疗腐败产生具有重要意义。由于财政转移和医疗事业两者均具有高度的专业性,现有的监督机构由于缺乏医疗专业知识,难以保证医疗领域的财政转移支付资金充分用于相关的医疗服务。加上基本医疗服务财政转移制度在使用上透明度较低,在拨付到相关部门之后即进入"失控状态",从而导致现有的监督机制失灵。加上我国现有的财税相关法律对相关法律责任的规定较为粗疏,从而又加剧了问题的严重性。[3]

---

〔1〕 医疗保险作为一种社会筹资,仍然遵循"取之于民,用之于民"的逻辑,它的目的之一就在于缓解"看病贵",由社会成员共担风险。如果提高医疗保险的相关费用,则会加重社会经济负担,这与医疗保险的初衷不符。

〔2〕 参见苏力:《是非与曲直——个案中的法理》,北京大学出版社 2019 年版,第 114 页。

〔3〕 参见陈云良、何聪聪:《基本医疗服务财政转移支付法律规制研究》,载《法商研究》2014 年第 6 期。

从立法来看,我国关于基本医疗服务财政转移支付制度并没有较系统的法律规定。基本医疗服务财政转移支付属于财政转移支付的一个子类别,我国现行的财政转移支付以《预算法》为依据。2014 年修改的《预算法》第 16 条对财政转移支付的种类、原则等内容进行了相应的规定,同时在第 27 条明确了卫生支出这一类别,但《预算法》并非财政转移支付的专门法,对基本医疗服务财政转移支付并未进行细致规定。关于基本医疗财政转移支付的相关制度,只能从相关规章和政策性文件中找到依据。缺乏法律权威的基本医疗服务财政转移支付制度难以对医疗财政资金的使用进行有效约束。

(二)"以药养医"的畸形筹资机制

我国政府财政对医疗的投入比重仍然偏低,2017 年欧盟成员国医疗投入达到 1.08 万亿欧元,占 2017 年 GDP 的 7.0%,我国 2017 年医疗投入仅占 GDP 的 1.84%。[1] 在国家取消"药品加成"、实现"医药分开"之前,药品和检查是医院重要的收入来源(见图 3-4)。国家发改委等八部委在 2006 年印发的《关于进一步整顿药品和医疗服务市场价格秩序的意见》(发改价格〔2006〕912 号)中规定:县及县以上医疗机构销售药品,以实际购进价为基础,顺加不超过 15% 的加价率作价,在加价率基础上的加成收入为药品加成。在"以药养医"的扭曲价值评价体系下,医务人员的服务与技术价值被抹杀,医务人员的正当利益得不到保障,由此产生了从收受红包到药品回扣、从大处方到大检查等腐败行为。另外,不科学、不透明的药品定价机制给药品回扣留下了空间,药厂主导药品定价,缺少科学扎实的成本核算和调查,而厂家往往虚高定价,预留出各环节的回扣空间。

---

〔1〕 数据来源:欧盟统计局官网:https://ec.europa.eu/eurostat/statistics-explained/index.php/Government_expenditure_on_health,最后访问日期:2020 年 1 月 9 日;国家卫生健康委员会编:《2019 中国卫生健康统计年鉴》,中国协和医科大学出版社 2019 年版,第 96 页。

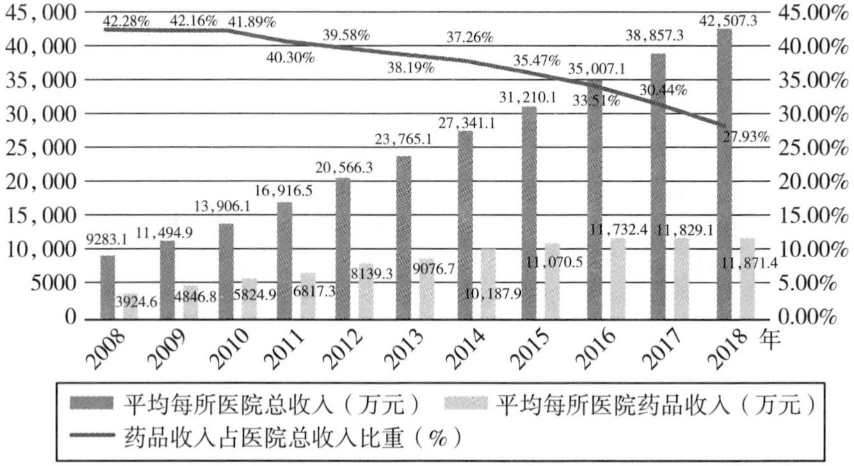

图 3-4　2008～2018 年我国公立医院总收入与药品收入情况〔1〕

为了解决“以药养医”和药价虚高等问题，新医改在推进过程中陆续推出了取消药品加成、〔2〕实行基本药物制度等政策。但是，在取消药品加成后，新的资金填补措施并未建立，医疗单位可能将原来的“以药养医”变为“以器养医”。在这种情况下，部分公立医院不仅可能会提高支架、瓣膜、钢板等植入性医疗器械的费用，同时还会提高设备检查收费，授意诊疗人员进行过度检查，基于医患之间委托代理关系与信息不对称的现实进行过度医疗。根据《中国卫生健康统计年鉴》的数据，卫生材料收入由 2013 年的 8.78% 上升到 2017 年的 11.60%，说明公立医院开始通过卫生材料收益弥补其他服务成本。

（三）公立医院内部治理结构失灵

医疗机构内部治理结构失灵是医疗腐败产生的重要原因之一。由于我国的医疗机构长期实行院长负责制，高层管理人员往往掌握公共资金的流向和兑现，对药品器械采购、基建工程招标、相关人事任免具有相当大的权力，

〔1〕 原始数据源于《2013 中国卫生健康统计年鉴》及《2019 中国卫生健康统计年鉴》，图片经笔者整理后生成。

〔2〕 《国务院办公厅关于印发深化医药卫生体制改革 2012 年主要工作安排的通知》（国办发〔2012〕20 号）声明公立医院改革将取消药品加成，随后各地相继出来意见，逐步取消药品加成。

在重大事项缺乏领导集体决策研究、责任人审批机制的情况下，如果医疗机构在支出控制要点、固定资产控制要点、工程项目控制要点、债权债务控制要点等方面出现制度漏洞，则会给腐败带来可乘之机。从相关政策文件来看，新医改对公立医院管理体制改革的方向为建立公立医院法人治理结构。但是，从实践来看，各地公立医院改革进展推进缓慢，公立医院法人治理结构并未完全建立起来。一方面，部分专家学者以及医院管理人员将建立公立医院法人治理结构理解为"市场化"改革，认为"市场化"会导致医院失去公益性；另一方面，部分已经进行了"政事分开、管办分开"的公立医院，异化为通过市场营利，凭借行政权力在市场中占据强势地位。同时，医疗机构内部财务监督职能的审计部门独立性不足，往往受到较强的行政干预，从而诱发了腐败。

实际上，建立公立医院法人治理结构的目的在于合理配置医疗机构相关权力，建立集体决策机制，防止出现"内部人控制"，实现医疗机构事权、财权的科学配置是纾解医疗腐败的重要突破口。

（四）医疗人员激励机制不健全

新医改虽然取消了药品加成的相关政策，但是仍然未从根本上消除医疗人员逐利影响患者看病费用的潜在风险。医疗行业具有高投入、高技术、高风险特征，因此，医疗人员本应是高薪职业。但是由于我国财政对医疗行业财政投入不足，使医疗人员难以从技术劳动中获得可观收入。国家规定的医疗人员的薪酬水平并不能完全体现其知识价值，医疗人员的薪金主要由基本工资加上与医院利润挂钩的奖金构成。然而，这种激励结构是导致腐败采购行为和有的医生向患者索取红包贿赂的主要因素之一。低基本工资促使医生收取回扣以增加收入，与利润挂钩的奖金结构进一步导致医生过度提供不必要的高科技医疗服务。

取消药品加成后，改革医生薪酬体系并且发挥政府的主导作用避免医生其他形式的逐利行为迫在眉睫。[1] 相较其他行业的薪酬增长速度，医疗行

〔1〕 参见加华、庄晓惠：《新医改对缓解"看病贵"现象的有限性分析》，载《东南大学学报》（哲学社会科学版）2019 年第 A1 期。

业的薪酬增长缓慢。为了保持医疗队伍的稳定,国家只能通过微调医疗服务价格、开设新项目、扩大医院经营自主权等方式,通过提高业务收入弥补财政投入不足。而近年来通过调整医疗价格和收费项目的方式弥补资金空缺仍然需要一定周期,在转型期间极有可能出现个别医疗机构陷入亏损、医疗人员收入下降的情况,这无疑增加了医疗腐败治理的难度。

四、医疗腐败的财税治理路径

自由市场是负的外部性矛盾产生并激化的原因之所在,当自由竞争被过分强调但是市场本身又无法满足公众对公共产品的需要时,政府权力介入则显得十分必要。在医疗领域腐败所造成的外部性凸显的情况下,政府权力介入体现为“利益限制”,但是偏重惩戒的治理方式只能起到治标作用,医疗腐败治理的关键不在于事后治理而在于事前防范。减少腐败诱因的结构性改革应该是核心,禁止行贿和受贿的法律是一个必要的背景条件,但除非与根本的体制和政策改革相结合,否则它们不会产生持久的积极影响。[1] “上医治未病”,规范医疗财政收支,推动医疗财政资源的合理配置,改变既有的利益激励与约束机制,才能从源头上解决医疗腐败问题。依照公共财政的运行过程进行分类,财政运行主要分为财政收支、财政管理和财政监督三大部分,相应地,应当从医疗财政收支、医疗财政管理和医疗财政监督三个维度出发,分别从财税激励、财税控权、财税监督三条路径出发,构建医疗腐败的财税法治理机制。

(一)医疗腐败分类治理思维

公共医疗资源初次配置阶段的腐败、公立医院医疗资产使用腐败以及公共医疗产品供给腐败涉及不同利益主体,具有不同的利益链条,因此必须坚持分类治理的思维,针对不同类型的腐败进行针对性治理。公共医疗资源初次配置阶段的腐败涉案主体主要是公职人员,因此,该类型的腐败

---

〔1〕 See Rose-Ackerman, Susan, and Yingqi Yan, “Corruption in the Procurement of Pharmaceuticals and Medical Equipment in China.” *UCLA Pacific Basin Law Journal*, Vol. 32, No. 1, Fall 2014, p. 47.

治理实际上同一般公职人员的腐败治理模式相同,分为制约和监督两条路径:一是制约,即通过制度限制财权的边界;二是监督,即通过其他主体对财权运行进行监督。公立医院医疗资产使用腐败以及公共医疗产品供给腐败是医疗腐败的规制重点,与医疗卫生体制具有高度的依附性,因此,对该类型的腐败治理应当充分考量医疗领域的自身特点,并置于我国医疗卫生体制改革的大背景中,使体制改革与法律构建齐头并进,从而实现"标本兼治"。

(二)财税激励路径

财税激励,主要是通过建立合理的财税分配机制,从而减少相关主体因为财政资金投入不足而另行开辟其他筹资渠道而引起的腐败问题。虽然《执业医师法》《基本医疗卫生与健康促进法》等法律明确要求医疗卫生人员使用适宜技术和药物,合理诊疗,因病施治,不得对患者实施过度医疗;不得利用职务便利,收受贿赂,谋取其他不正当利益。但是,若不完善医疗机构人员的财税激励机制,填补旧有的"以药养医"机制,仅靠加强思想教育,那么也很难期望医疗机构及其相关人员严格遵守相关法律法规。

财税激励的任务在于解决医疗体制中的结构性腐败,缓解医疗机构筹资压力,以规范的财政供给代替其他筹资方式,从而防止过度市场化而造成的对公立医疗机构公益性的冲击。相关数据显示(见表3-12),尽管近年来我国医疗机构总体而言并未出现赤字,但是平均每所医院总收入与总费用之间仍存在较为紧张的关系,多家大型医院甚至已经出现了严重亏损。长期以来,国家财政对公立医院的投入始终不足,政府卫生支出的速度远不及卫生总费用的增长速度(见图3-5),国家财政对于医疗行业的激励仍有待加强。

表 3-12　2014～2018 年平均每所医院总收入与总费用情况[1]

年份	2014	2015	2016	2017	2018
平均每所医院总收入(万元)	27,341.1	31,210.1	35,007.1	38,857.3	42,507.3
医疗收入(万元)	24,860.6	27,962.6	31,305.6	34,677.0	37,764.9
财政补助收入(万元)	1911	2555.3	2911.1	3227.7	3617.3
平均每所医院总费用(万元)	26,065.6	30,317.5	34,035.7	37,961.5	41,368.2

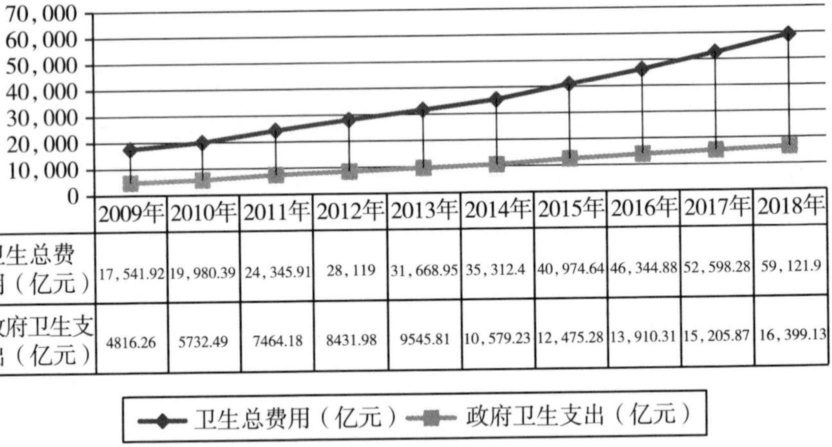

	2009年	2010年	2011年	2012年	2013年	2014年	2015年	2016年	2017年	2018年
卫生总费用（亿元）	17,541.92	19,980.39	24,345.91	28,119	31,668.95	35,312.4	40,974.64	46,344.88	52,598.28	59,121.9
政府卫生支出（亿元）	4816.26	5732.49	7464.18	8431.98	9545.81	10,579.23	12,475.28	13,910.31	15,205.87	16,399.13

图 3-5　2009～2018 年我国卫生总费用与政府卫生支出情况[2]

从宏观上来看，财税激励需要完善医疗领域的财政转移支付机制。财政转移支付是一种利益再分配的过程，其中涉及多重利益环节和多个主体，因而具有高发的腐败风险。德国在 1972 年就制定了《医院筹资法》，公立性医院实行双重筹资体系，将投资成本（Investment Cost）和运营成本（Operating Cost）分开补偿。[3] 投资成本由政府以预算的形式拨付，运营成本由法定医疗保险公司按疾病诊断后对应的相关组付费支付。新颁布的《基本医疗卫生

[1] 数据源于国家卫生健康委员会编：《2019 中国卫生健康统计年鉴》，中国协和医科大学出版社 2019 年版，第 105 页。

[2] 数据源于国家统计局关于卫生总费用的统计，载国家统计局官网：http://data.stats.gov.cn/easyquery.htm? cn = C01，最后访问日期：2020 年 1 月 9 日。

[3] See U.S. Congress, Office of Technology Assessment. *Hospital Financing in Seven Countries*. Washington, DC: U.S. Government, Printing Office, 1995.

与健康促进法》突出强调了公立医疗机构的公益性，要求将公立医疗机构的所有收支纳入预算管理，同时，各级政府应当建立与经济社会发展、财政状况和健康指标相适应的医疗卫生与健康事业投入机制，将医疗卫生与健康促进经费纳入本级政府预算，按照规定主要用于保障基本医疗服务、公共卫生服务、基本医疗保障和政府举办的医疗卫生机构的建设和运行发展。[1] 但《基本医疗卫生与健康促进法》作为一部综合性的医疗卫生领域的法律，对医疗财政的管理仅作出了较为原则性的规定，在下一阶段，仍应当加强配套立法，实现顶层设计与微观落实之间的贯通。

从微观上来看，完善医疗人员的薪酬激励机制也是财税激励的重要部分。《基本医疗卫生与健康促进法》要求“建立健全符合医疗卫生行业特点的人事、薪酬、奖励制度，体现医疗卫生人员职业特点和技术劳动价值”。我国公立医院医生薪酬激励机制的主要问题，是创收导向引起的诊疗方案费用高、效益低，但要转变为绩效导向则必须解决医院现行的经济运营体制。[2] 2017 年 1 月 24 日，人力资源社会保障部、财政部、国家卫生计生委、国家中医药管理局联合发布《关于开展公立医院薪酬制度改革试点工作的指导意见》（人社部发〔2017〕10 号），要求破除医院医生自负盈亏的分配方式，公立医院医生薪酬激励机制与创收脱钩。而这一改革的推进必须以相应的财政制度作为支撑，与工资的整体改善挂钩，否则将收效甚微。首先，政府应该提高医生的基本工资，增加的部分公共预算应根据每家医院的业绩分配。其次，医院应努力提高其绩效，以获得更多的政府资金，增加医生的收入。同时，在医

〔1〕《基本医疗卫生与健康促进法》第 40 条第 1 款规定：“政府举办的医疗卫生机构应当坚持公益性质，所有收支均纳入预算管理，按照医疗卫生服务体系规划合理设置并控制规模。”第 80 条规定：“各级人民政府应当切实履行发展医疗卫生与健康事业的职责，建立与经济社会发展、财政状况和健康指标相适应的医疗卫生与健康事业投入机制，将医疗卫生与健康促进经费纳入本级政府预算，按照规定主要用于保障基本医疗服务、公共卫生服务、基本医疗保障和政府举办的医疗卫生机构建设和运行发展。”第 81 条规定：“县级以上人民政府通过预算、审计、监督执法、社会监督等方式，加强资金的监督管理。”

〔2〕参见俞卫、李珺：《医疗服务的特殊性、医生行业组织形式和薪酬激励机制》，载《中国卫生管理研究》2018 年第 1 期。

院层面，奖金则与医生治疗患者的表现挂钩，实行绩效考核。[1] 目前，部分地区已经开始了相应探索，加大了对医疗人员薪酬的财政支持力度，[2]完善考核评价体系。

(三)财税控权路径

医疗腐败治理的财税控权路径的基本原理，是按照医疗行业相关部门的业务范围、工作职责、管理权限，分别按照业务流程，比如，药品采购、基建招投标等进行相应的风险评估与排查，定位潜在的腐败风险点，从而将相应的控制机制嵌入相关单位的业务流程中，综合运用各种控制机制来遏制腐败的滋生、蔓延与恶化。[3]

财税控权需要以完善公立医院法人治理结构为依托。财税控权在医疗机构层面体现为公立医院法人治理的财权配置，健全财务资产管理制度。国务院办公厅于2017年7月25日发布的《关于建立现代医院管理制度的指导意见》(国办发〔2017〕67号)指出，“财务收支、预算决算、会计核算、成本管理、价格管理、资产管理等必须纳入医院财务部门统一管理”，将腐败治理体系植入到单位的内部控制系统之中，把职务廉洁性的要求体现到业务流程之内，尤其是加强采购、招标等重点环节的控制。在这一思路指导下，应当对医疗机构各个部门的所有项目预算计划予以细化，对大额资金项目进行相应的可行性论证，加强项目执行过程的全流程跟踪评估。

同时，还应当建立健全腐败高发岗位轮岗和回避制度，并实行采购权与审批权的适度分离。回避制度包括医疗卫生行业公职人员任职回避、公务回

---

〔1〕 国际经验表明，绩效工资是激励医生注重提高服务质量的有效途径，绩效评估可以基于临床方案、患者满意度和医院效率，而不是医院利润。

〔2〕 多数地区对公立医院主要负责人的年薪由财政全额保障；陕西省延安市市级公立综合医院在编职工基本工资的70%由财政保障，中医院、其他专科医院分别保障80%、100%，县级医院财政保障100%；宁夏回族自治区银川市按核定的公立医院岗位和实有人员数等情况，确定市属公立医院人员薪酬总额，市财政承担薪酬总额的40%；贵州省遵义市余庆县财政全额保障公立医院基本工资和基础性绩效工资。参见贾瑶瑶、张光鹏、闫萍、陈红艺：《对公立医院薪酬制度改革试点做法的思考》，载《中国卫生人才》2017年第12期。

〔3〕 参见李连华：《腐败防控视角的行政事业单位内部控制研究》，载《会计之友》2019年第11期。

避、地域回避制度；医疗机构采购、招投标负责人的特定关系人回避制度；以及利益回避申请制度、利益回避审查制度。一方面，通过轮岗与回避，能够在一定程度上减少相关主管人员形成固定的利益链条，从而出现“串通”与“围猎”的现象；另一方面，轮岗交接过程同时也是腐败线索出现的高发期，通过轮岗可以及时揭示潜在的腐败行为。

不仅如此，还应强化相关部门在关键节点的介入。新出台的《基本医疗卫生与健康促进法》第62条要求“国家建立健全药品价格监测体系，开展成本价格调查，加强药品价格监督检查，依法查处价格垄断、价格欺诈、不正当竞争等违法行为，维护药品价格秩序”，同时规定“国家加强药品分类采购管理和指导”，要求“参加药品采购投标的投标人不得以低于成本的报价竞标，不得以欺诈、串通投标、滥用市场支配地位等方式竞标”。对这一规定的落实，需要重点加强对药品、设备、物资采购等容易滋生腐败行为部门的管理。在药品集中招标采购过程中，可尝试推广区域间联合采购，纪检监察、价格、卫生、药监等有关部门应当通力协作，强化病种总费用、药品耗材占比等信息的院际比对，实现有关部门信息资源共享，为药品集中招标采购提供信息服务。

（四）财税监督路径

财税监督不仅能够解决前述两种路径落实的“最后一公里”问题，同时也是直接发现腐败线索，并进行相应处置的“中继站”。在新医改推进过程中，基本医疗服务的财政转移支付总量持续增加是总的趋势，若不构建完善的医疗财政转移支付机制，加强财政监督，相关的违法违规行为则会进一步增加，造成医疗腐败“迁延不愈”。加强医疗领域的财税监督，应当构建多元主体参与、多重方式配合、全方位覆盖的协同监督机制。

首先，应当发挥审计部门对财政监督的作用，提高审计部门的独立性。《关于建立现代医院管理制度的指导意见》明确提出，“加强公立医院内部审计监督，推动注册会计师审计工作”。一方面，从审计的范围来看，医疗机构内部审计应当重点关注财务会计方面，但是不应止步于此，除对医疗机构药品、设备资产、重大项目等常规项目进行核查外，还应当尽可能对经营管理、内部控制制度等相关领域进行综合审计。另一方面，从审计的阶段来看，应当将事后审计转变为事前、事中、事后审计相结合的方式，扩展审计机构的监督职能，探索审计部门对将医疗机构重大决策的参与机制，强化审计部门对重点项目的全流程监督。

其次，信息公开是有效监督的重要基础。“委托—代理”理论认为，信息不对称是造成代理问题的根源。如果要求代理人为委托人的利益而行动，就必须要求代理人的行为透明。[1] 信息公开不仅能够保障相关主体知情权的实现，同时也能促使公开主体加强自律。信息公开主要包括三个方面：一是要加强医疗机构信息公开，扩大信息公开范围，形成“全过程规范、全方位公开、全社会监督”的资产交易市场体系，对非市场化流转的公共资产也应完善公开公示制度，切实加强监管。二是要探索建立医疗相关人员的薪酬公开机制，将医疗相关人员薪酬数额、来源等予以公开，引入社会监督机制，同相应的激励机制相结合。美国于2010年3月23日颁布了《患者保护与可负担医疗法案》，其第6002节强化了相关医药企业报告医生及其教学医院之间酬劳与利益交换的报告义务，同时要求相关医疗卫生主管部门将收集的信息在网络上予以公开。[2] 三是建立药品、耗材、设备定价信息公开机制，探索建立相应的听证机制，压缩医药销售人员获取回扣的空间，从而减少行贿行为发生。

最后，还应当加强部门监督的协同。《基本医疗卫生与健康促进法》第81条要求“县级以上人民政府通过预算、审计、监督执法、社会监督等方式，加强资金的监督管理”。由于医疗行业与财税行业均具有较强的专业性，因此，需要加强财税部门、卫生行政部门以及纪检监察部门之间的合作，以打通相关监管主体的专业壁垒。2019年5月23日，财政部会同国家医保局按照“双随机、一公开”要求，对相关医药企业相关会计信息质量进行了核查，内容包括各项费用列支的真实性、是否存在向医务人员支付回扣、是否出现发

---

[1] See A. M. Florini, “Increasing Transparency in Government”, *International Journal on World Peace*, 19, 2002, pp. 3 – 5.

[2] 42 U. S. C § 1320a – 7h.

票套取现金等内容。这是一个良好的开端，在接下来的探索过程中，应当推动监督机制常态化、制度化、规范化，加强信息共享，形成监督合力。

第五节　财税法对国有企业腐败的治理

党的十八大以来，反腐败工作被提升到了前所未有的高度，国有企业的反腐败工作作为国家反腐败斗争的重要组成部分，受到了各界的高度重视。加强国有企业的腐败治理，推动国企反腐败斗争向纵深发展势在必行。从财税法的角度来看，国企的腐败行为直接导致了我国财政收入的减少以及国有资产的流失，同时对我国的国有资产管理制度、税收制度等造成了严重的负面影响。这就要求对国有企业的腐败治理，不仅要对腐败人员加以惩戒，同时还应当构建相应的预防机制，防止国家财产的流失。本节分别从内部和外部研究了应然层面的国有企业腐败内部控制的原理及制度设计，并探讨了当下国有企业腐败控制的机制缺陷，提出应当构建以“治财”作为核心，以预防为导向，加强国有企业的内外部财务控制，以此截断腐败寻租的源头。

一、中国国有企业腐败的发生机理及行为模式

（一）国有企业反腐是腐败治理的重要内容

国有企业是我国国民经济的重要支柱，对整个国民经济的发展起着重要的作用。但是在经济转型时期的中国，由于多方面的原因导致国企腐败的现象出现，近年来，在国内持续高压反腐的态势之下，国企腐败已成为当下深化国有企业改革所面临的严重挑战。

这表明我国的反腐败斗争形势依然严峻，加强国有企业的腐败治理，推动国企反腐败斗争向纵深发展势在必行。随着国家监察体制改革的展开，我国的反腐败斗争取得了重要的阶段性成果，以腐败的主体——权力为规制重心的反腐力量正在强化。当下，针对国企的监督网越织越密，基本形成了执纪监督部门、派驻机构、巡视机构和企业纪委四股监督合力，但国企腐败案件仍屡有发生。根据 2019 年第 3 期《中国纪检监察》杂志刊发的《2019 年国资委机关暨中央企业党风廉政建设和反腐败工作会议侧记》一文，仅在 2018 年

里,驻国资委纪检监察组和央企纪检监察机构处置问题线索46,576件,初核38,369件,立案9888件,处分14,283人,移送司法机关100人;运用监督执纪四种形态处理63,462人次,同比增长42.8%。[1] 这些数据表明我国国企反腐正在进一步深入,已取得了显著的成效,但同时也反映了此前国企腐败预防机制的不健全,防腐机制的缺位导致了腐败案件频发,我国的反腐败斗争形势依然严峻。

(二)国有企业腐败的发生机理

从国际透明组织对腐败进行的定义来看,腐败的本质即"滥用公共权力以谋取个人利益"。阿诺德·A.罗哥和H.D.拉斯维尔认为,个别利益本应当置于公共或公民秩序之下,若该个别利益超越了其原有的位阶,由此造成了对共同利益侵犯的行为便是腐败,它违背了对公共或公民秩序体系的责任,并与之不相容。[2] 在我国,国有企业作为社会主义经济的支柱,从性质来看,国有企业的全民所有制性质也就意味着对国有企业资财的管理与使用具有了公共特性,国有企业及其资产实际上是公共财产。国有企业的公共财产属性意味着对国企腐败的研究,应当将其置于企业治理与公权力腐败的双重视角下进行。同私企一样,随着国有企业现代企业制度的完善,国企治理同私企治理在诸多方法上存在共通性,"委托—代理"理论同样适用于国企治理分析,在这一点上,私企的诸多治理经验能够为国企腐败治理提供有价值的参考;同时,也应当看到,国有企业本质上是在党的领导下建设中国特色社会主义的经济组织,既有企业的特性,更有政治的属性,承担着巩固中国特色社会主义基本经济制度的重要使命,承担着经济功能与政治功能相统一的特殊责任,甚至还扮演了准行政的角色,这就使国有企业的治理还应当借鉴和吸收公权力治理的相关经验和做法。

公权力的腐败之产生具有三个重要因素:权力、腐败通道(自由裁量空间

---

[1] 原晓红:《推动国资委和中央企业全面从严治党向纵深发展——2019年国资委机关暨中央企业党风廉政建设和反腐败工作会议侧记》,载《中国纪检监察》2019年第3期。

[2] [美]阿诺德·J.海登海默:《对腐败性质的分析》,王沪宁译。转引自王沪宁编:《腐败与反腐败——当代国外腐败问题研究》,上海人民出版社1990年版,第16~19页。

和制约监督机制)、公共财产,当这三个因素同时具备时就会触发腐败的发生。国有企业腐败产生的原因,是企业内部组织结构混乱或权力运行缺乏监督机制,从而导致腐败的通道得以打开,公共财产受到权力侵蚀,而腐败的后果则是导致企业价值和投资者利益受到损害。国家作为人民利益的代理人对国有企业行使所有权,但是国家需要进一步具体化,因此由国家中的政府代行所有权,具体而言,由政府中的国有资产监督管理委员会(以下简称国资委)对国有企业行使权力。但是国资委并非现代企业制度所规定的真实股东,不能参与到国有企业具体的经营管理中,而是通过设立国有资产授权运营机构,如国有资产经营公司、国有独资公司等委托其经营国有资产,代其履行部分出资人职责,行使出资人权利。国资委的部分所有者职能要委托授权运营机构去行使。因此,国企高管拥有较大的权力(尤其是财权),而权力本身具有天然的扩张性,这种扩张性蕴含了权力被滥用的风险;同时,由于国企的主要职责是经营管理国有资产,保证资产的保值增值,资金密集、资源富集、资产聚集是国企最鲜明的特点。这也意味着,国企领导人员更经常、更直接地受到各种物质利益的诱惑。

在国有企业改革的过程中,企业外部的法律规制和内部的公司治理机制都处在不断调整和完善的动态过程中,在制度不健全、权力边界不清晰情况下,国企经营业态的多元性、商业行为的复杂性也使腐败问题易于藏匿,加之相应的制约和监督机制缺位所带来的寻租成本降低,腐败的通道便就此打开。与此同时,国有企业能够拥有更具优势的资源,能得到数额巨大的“政策性贷款”和其他优惠,这也进一步加深了腐败的吸引力。

(三)国有企业腐败的行为模式

从党的十八大以来的多起国有企业人员职务腐败犯罪案件来看,涉案罪名主要集中于贪污、受贿、挪用、私分国有资产等罪名,其作案所得大多用于投资营利或个人开支。从涉案环节来看,企业改制,工程建设,物资采购、经营、资产管理,财务、资金管理、融资,人事安排等环节是腐败案件高发环节。参照中共中央办公厅、国务院办公厅印发的《国有企业领导人员廉洁从业若干规定》(中办发〔2009〕26 号)等相关规定,国有企业腐败犯罪的主要形式包括:(1)人事方面的腐败,即行为人为获取晋升的机会而进行行贿、受贿等腐败行为;(2)行政方面的腐败,即企业人员利用职权之便,通过经营、投资、中介、兼职、受贿、索贿等各种形式谋取私利,致使企业利益遭受损失;违反决策程序或有关规定,在人事、采购、资产管理和项目安排等方面滥用职权,损害国有资产权益;不正确行使经营管理权,使本人的配偶、子女及其他特定关系人获取利益,侵害公共利益、企业利益;(3)财务方面的腐败,即行为人为获得不合法利益,利用所处的职位便利和掌握的职权,直接或间接影响财务收支活动的行为。从腐败的演化途径来看,这三种类型的腐败行为最终都演变为财务方面的腐败,[1]最终表现为挪用企业资产、收受回扣、收受贿赂、收款不入账、通过内幕交易取得信息租金、利用虚假发票套取现金、截留国有资产、不如实申报国有资产、披露虚假财务信息、财务报表造假、利用未公开信息进行市场投资等行为。党的十八大以来,中央纪委国家监委查处了多名中管企业正职领导,其涉及的具体罪名见表3-13。

表3-13 党的十八大以来中央纪委国家监委查处中管企业正职领导罪名

人物	涉嫌罪名	主要情节
南方航空原总经理司某某	受贿罪	被告利用担任南航集团总经理、南航股份公司总经理、董事长职务上的便利,为他人在合作经营、承揽工程等事项上提供帮助,非法收受有关单位和个人给予的财物
中石油原总经理廖某某	受贿罪;巨额财产来源不明罪	利用担任相关领导职务上的便利,为相关单位和个人在企业经营、职务晋升等方面提供帮助。直接或通过特定关系人非法收受相关单位和个人给予的财物
中石化原总经理王某某	受贿罪;贪污罪	利用其担任中国石油化工集团领导职务的便利以及职权、地位形成的便利条件,为他人在企业经营、承接工程、安排工作等事项上谋取利益,索取或非法收受他人给予的财物。利用其担任中国石油化工集团公司党组成员、中国石油化工股份有限公司总裁职务上的便利,非法占有国有公司资产

〔1〕参见范合君、吕雨露:《资源、权力、制度盲点与国有企业高管财务腐败治理》,载《经济与管理研究》2016年第12期。

续表

人物	涉嫌罪名	主要情节
武钢原董事长邓某某	受贿罪	利用担任中共武汉钢铁(集团)公司相关领导职务上的便利,为多个企业拓展业务、承揽工程以及为他人职务晋升提供帮助,直接或通过特定关系人非法收受财物
中国电信原董事长常某某	受贿罪	利用担任相关领导职务上的便利,为相关请托单位谋取利益
中国一汽原董事长徐某某	受贿罪	利用担任相关领导职务上的便利,为他人在企业经营、职务调整晋升等事项上提供帮助,直接或者间接非法收受他人给予的财物
中国铝业原总经理孙某某	受贿罪;巨额财产来源不明罪	利用其担任相关领导职务上的便利,为他人在工程承揽、职务提拔等事项上提供帮助。直接或者间接非法收受他人财物
香港中旅(集团)有限公司原总经理王某某	受贿罪;贪污罪	利用担任华润相关领导职务上的便利,为相关单位和个人,在投资入股、股权转让、职务晋升等事项上提供帮助,非法收受财物。利用职务上的便利,先后 11 次违规获取火电项目开发奖,非法占有华润电力项目公司的财物
华润原董事长宋某	贪污罪;受贿罪	利用担任相关领导职务上的便利,以领取认股权名义和在下属公司报销个人费用等方式侵吞公共财物。利用担任领导职务上的便利,为相关单位和个人在项目合作、奖金审批、职务晋升等事项上提供帮助,索取、收受上述单位和个人给予的财物
中化集团原总经理蔡某某	受贿罪	利用担任领导职务上的便利以及职权、地位形成的便利条件,为他人谋取利益,非法索取、收受他人巨额财物
中国人民保险公司原总裁王某某	受贿罪	利用担任领导职务上的便利,为相关单位和个人在工程承揽、职务晋升、子女就业等事项上提供帮助,直接或通过其近亲属,非法收受相关单位和个人给予的财物

续表

人物	涉嫌罪名	主要情节
中国华融资产管理公司原董事长赖某某	受贿罪、贪污罪、重婚罪	利用职权或职务影响为亲友经营活动谋利,与多名女性搞权色交易。违反工作纪律,违规决定公司重大事项,越级插手具体项目。利用职务上的便利或职权、地位形成的便利条件,为他人谋取利益并收受巨额财物;利用职务上的便利,非法占有公共财物
中国船舶重工集团原总经理孙某	受贿罪、国有公司人员滥用职权罪	利用担任领导职务上的便利,为他人与大船集团合作成立公司及公司后续经营等事项提供帮助。直接或通过其妻子非法收受他人给予的财物。为追求个人业绩,违反《会计法》等规定,滥用职权,致使国家利益遭受特别重大损失

从行为上来看,国企的腐败表现为直接对国家公共财产侵吞、通过创设寻租空间间接导致公共财产流失以及铺张浪费等现象,从本质上来看,这些行为大致可以归纳为财务腐败、行政腐败以及人事腐败,但这些行为最终都演化为财务腐败。从高发的职位上来看,多为掌握着较大自由裁量权的领导职位,其自由裁量权就包括财务上的自由裁量权。因此,从财税法的视角去分析探讨国有企业的腐败问题,构建国有企业的财税治腐进路,对从源头预防腐败,确保国家财产安全,完善我国腐败治理体系,同时呼应监察体制改革具有重要意义。

二、国企腐败治理的财税法嵌入

(一)国企腐败与财税制度的内在联系

国有企业的腐败行为直接导致了我国财政收入的减少以及国有资产的流失,同时对我国的国有资产管理制度、非税收入制度等造成了严重的负面影响。公共财产理论认为,国有企业资产的最终所有者是人民,公共财产的管理使用关系人民的福祉,因此,国有企业的腐败是对公共财产的侵犯。从公共财产理论来看,国企反腐不仅肩负着维护国家公职人员职务廉洁性的任务,同时也关涉公共财产的保护。这就要求对国有企业的腐败治理,不仅要对腐败人员加以惩戒，同时还应当构建相应的预防机制，防止国家财产的流失，提高企业效益，增强企业竞争实力，实现国有资产保值增值。

（二）财税治腐：国企反腐机制的激活

综观整个反腐败体系，除对腐败主体进行规制外，对腐败的客体，即公共财产的规制稍显薄弱。传统的以“行权者”为规制重心的反腐败体制，在面对人格的不稳定性、隐秘性时稍显不足，单纯通过加强外部监督的方式抑制腐败则会陷入“谁来监督监督者”的循环，从而带来了腐败治理的周期性、波动性变化；与此同时，这一种反腐败模式对公共财产的关注较少，事后的惩治往往并不能有效弥补腐败所带来的国家财产的损失。因此，这就要求转变腐败治理的思路，建立预防性的机制，从源头抑制腐败的产生。对腐败进行源头治理的关键并不仅仅在于选人、用人机制上，更在用制度规范公权力运行的边界，从而“将权力关进制度的牢笼”。

从国企腐败的产生根源、滋生环境和发展轨迹可以看出，腐败问题源于高管权力，尤其是与财权相关的权力过于集中、决策不民主、制度缺失和监督缺位。因此控制财权边界则是控权机制中最可靠的方式，通过划定财权边界进一步压缩了权力的寻租空间，同时避免了通过选人、分权等控权机制的主观性、随意性的弊端。因此，探索构建一套以“公共财产规制”为重心的腐败治理机制，即财税治腐机制，对从源头预防腐败的产生具有重要意义。

就国有企业而言，财税治腐机制是由包括财权配置、财务内控、财产激励、财政监督等一系列财税工具构成的综合性腐败治理机制。财税治腐有助于国有企业完善制度、防范风险，使相关主体的权力得到管束，行为受到监督。这主要得益于财税治腐机制形成了事前预防、事中揭示和事后惩戒的全覆盖。具体而言，一是预防腐败作用。国有企业通过明确相关主体的权力边界，规范权力行使，能够从根源上将不正之风防患于未然，并能及时查错纠弊，以警戒性的纪律制裁方式教育腐败行为。二是发现揭示作用。腐败问题涉及经济利益，不同程度地会在会计报告中有所体现，财税治腐通过审计以审查账目、实物盘点的工作方法查找纰漏，发现并揭示腐败问题。三是查处惩治作用。国家审计对腐败责任人将采取通报批评、没收违法所得、处以罚款等处理,严重情形下移送纪检监察或司法机关,履行保护国家财产安全的使命。

三、中国国有企业腐败内部控制的原理及制度设计

(一)国有企业腐败内部控制的原理

国有企业的内部控制是以包括财权配置为基础、财务内控为核心、财产激励为一体的内部控制框架体系。从性质上来看,国有企业的本质是作为市场主体的企业,现代公司治理理论对国有企业腐败内部控制具有重要指导意义。现代公司治理理论滥觞于美国,哈佛大学阿道夫·伯尔勒(Adolf. Berle)和加德纳·C.米恩斯(Gardiner C. Means)教授于1932年所共同发表的《现代股份有限公司与私有财产权》一书中指出,现代企业随着市场经济的发展,使公司组织规模扩大、所有权与经营权分立,继而衍生出了许多有关公司组织运作、公司经营者与利害关系人之间的权利义务、信息不对称、经营绩效评估与盈余分配等诸多有关公司治理的问题。公司治理的目的,是解决公司的所有者与经营者分立所产生的关于公司财产占有、使用、分配、收益、处分、监督等方面的问题,而上述的所有问题都指涉公司的财务治理。可以认为,财务治理是公司治理理论的核心。基于公共财产理论,我国国有企业的结构是委托代理下的多层次链式结构,即"全体人民(国有企业的最终所有者)—各级政府(国有企业的直接所有者)—国有资产管理部门(国有企业的管理者)—国有企业—企业经营层",在这种多层代理结构之下,通过财务治理实现对国有企业资财的有效控制,从而抑制腐败发生,防止国家财产的损失,成为现代公司治理理论的应有之义。

(二)国有企业腐败内部控制的制度设计

1.财权配置:"不敢腐"的控权机制

财权配置,是指财权(主要是财务决策权)在企业治理的主体,即股东会、董事会、监事会以及经理层之间的分配,具体包括财务决策权、财务执行权、资产分配权以及财务监督权等权力,财权配置的路径决定了企业内部财务治理的价值取向和模式选择。现代公司治理理论要求国有企业的财权在

股东会、董事会、监事会、经理层之间进行合理的配置，以此实现各个部门的高效运作，同时实现权力的有效制衡，从而促进企业利益相关者的利益最大化。对财权进行合理配置，应先把握影响财权配置的相关维度，通过对影响权力配置的相关因素进行考量，从中提炼财权配置的均衡点，进而通过将该均衡点作为考量的标准来对财权配置的合理性进行判断。

在财权配置方面，当下我国国有企业的财权实际配置同现代企业治理结构存在较大差异，党的领导在国有企业治理中发挥了重大作用。2016 年，习近平同志在全国国有企业党的建设工作会议上强调："坚持党对国有企业的领导是重大政治原则，必须一以贯之；建立现代企业制度是国有企业改革的方向，也必须一以贯之。中国特色现代国有企业制度，特就特在把党的领导融入公司治理各环节，把企业党组织内嵌到公司治理结构之中，明确和落实党组织在公司法人治理结构中的法定地位，做到组织落实、干部到位、职责明确、监督严格。"〔1〕此后，国有企业相继修改章程，通过实行"双向进入、交叉任职"的领导体制、〔2〕"三重一大"决策制度、〔3〕重大事项请示报告制度等，突出了党委会在国企治理中的地位。

在这样的公司治理结构中，形成了一个"葫芦形"的权力配置体系，即党委会掌管企业的决策权，经理层掌控着具体的执行权，而董事会呈现"空壳"状态。这样的权力配置是当下我国国有企业的治理结构的普遍形态。在国有企业中，发挥党组织的领导作用存在法律上的依据，我国《公司法》第 19 条规定，"在公司中，根据《中国共产党章程》的规定，设立中国共产党的组织，开展党的活动。公司应当为党组织的活动提供必要条件"。同时，"国有企业是中国特色社会主义的重要物质基础和政治基础，是我们党执政兴国的重

〔1〕习近平：《习近平谈治国理政》（第 2 卷），外文出版社 2017 年版，第 176 页。

〔2〕2016 年 10 月，习近平总书记在全国国有企业党的建设工作会议上的讲话中明确要求，完善"双向进入、交叉任职"领导体制。"双向进入、交叉任职"，主要是党委（党组）书记、董事长由一人担任，党委成员通过法定程序分别进入董事会、监事会和经理班子，董事会、监事会、经理班子中的党员依照有关规定进入党委会。

〔3〕"三重一大"，即"重大问题决策、重要干部任免、重大项目投资决策、大额资金使用"。"三重一大"决策制度，即"重大事项决策、重要干部任免、重要项目安排、大额资金的使用，必须经集体讨论作出决定"的制度，简称"三重一大"决策制度。

要支柱和依靠力量",[1]加强国有企业的党的领导是由中国特色社会主义的基本国情所决定的。因此,关于国有企业的财权配置问题,在党委已经掌握了实际的经营决策权的现实前提下,如何实现有效监督,规范权力运行,才是当下所要重点考虑的问题。

国务院办公厅于2017年4月发布的《关于进一步完善国有企业法人治理结构的指导意见》(国办发〔2017〕36号)明确指出,应当理顺出资人职责,转变监管方式,通过批准公司财务预决算、利润分配方案等方式,对董事会、监事会以及董事、监事的履职情况进行评价和监督;优化董事会组成结构,规范董事会议事规则,建立完善外部董事选聘和管理制度,严格资格认定和考试考察程序,拓宽外部董事来源渠道,扩大专职外部董事队伍。上述规定对完善国有企业法人治理结构具有重大意义。我国的国有企业表现为所有权与经营权相分离的多层委托代理结构,财权的合理配置成为公司治理的基础,即通过"财权配置—财务治理—公司治理—腐败治理"这一路径,通过科学合理的权力分配,划定权力边界,从初始阶段压缩企业治理主体的寻租空间,以此实现对国有企业腐败的抑制。

2. 财务内控:"不能腐"的治理机制

在国有企业所有权与经营权分离的多层次委托代理的结构之下,需要建立一套完善的财务内控体系,保障国有企业的业务活动得以按照适当的授权进行,规范企业内部的财务行为,及时发现、纠正错误及舞弊行为,确保国有企业财务信息的真实、完整、可靠,从而实现对国有企业经营者的"软约束"。

财务内控,是企业组织内部的生产经营管理者利用会计及其他方法,对经济业务进行规划、调节和促进,确保企业经营目标实现而制定和实施的一系列控制方法、措施和程序。具体来看,包括会计核算体系、财务预算体系、财务报告体系、考核评价体系、业绩报酬体系以及内部审计体系等一系列的内部控制制度安排。通过建立完善的财务内控制度,可以保障对国有企业资产以及相关记录的接触、处理均符合相应的规范;保证账面资产和实际资产

---

[1] 习近平:《习近平谈治国理政》(第2卷),外文出版社2017年版,第175页。

定期核对相符；确保重要的交易事项的金额得以准确、及时记载，从而使财务报告的编制符合相关财务和会计制度的要求；保障国有企业内部的财务会计监督和审计监督的及时性和准确性，这也是从财税的角度治理腐败的应有之义。一个完善的财务内控所要实现的目标应当是：保证企业经营管理符合法律规范，保证企业资产的安全性与完整性，保证企业的财务会计信息的真实、可靠，促进企业各个部门运作效率的提升。因此，健全有效的内部财务控制有利于国有企业的所有者通过制度构建，在让渡企业经营权的前提下，实现对国有企业的经营者的权力控制和信息约束，进而实现多层委托代理结构下成本最小化的企业治理目标。

3. 财产激励："不想腐"的促进机制

针对国有企业所有权与经营权相分离的多层级委托代理关系，单纯地通过管控与制约并不能提高治理主体的积极性，反而会降低企业的经营效率。在构建企业内部的腐败控制机制时，除需要有"财物内控"远离腐败的"推动力量"外，还应当在明晰产权的基础上建立和完善对企业内部治理主体的激励机制，即"拉动力量"，实现约束机制与激励机制的兼容。通过激励机制治理腐败的原理是，财产性的激励能够化解企业经营者的道德风险和逆向选择问题，通过建立多元的激励机制，例如，通过股票期权等财产性激励制度等，整合统筹国有企业的经营者与企业本身的利益关系，使二者在相同财务利益诱因下追求同一企业目标，将廉洁由被动形态转化为主动形态。[1] 国务院国有资产监督管理委员会、财政部于 2006 年出台的《国有控股上市公司（境内）实施股权激励试行办法》（国资发分配〔2006〕175 号）对国有控股公司开展股权激励提出了具体的要求，从长期发展来看，股权激励也将成为企业管理人员薪酬的重要组成部分。通过构建科学合理的多重激励机制，能够实现国有企业治理主体的岗位职责、岗位权力与岗位权利的协调，使国有企业经营者的腐败等短期行为减到最少，促进各层次的管理人员基于财务利益的激励而实现恰当地运用财权有效地履行财责，保证经营决策与企业长期发展利

〔1〕 参见杨力：《商业反腐的结构性治理和模式》，载《中国法学》2016 年第 5 期。

益相一致,使经营者在实现自身利益最大的同时促进企业价值最大化。

四、中国国有企业腐败外部控制的原理及制度设计

(一)国有企业腐败外部控制的原理

国有企业腐败的外部控制,是以包括法律规制为基础、财政监督为核心、信息与沟通为一体的外部控制框架体系。对国有企业的腐败治理进行外部控制的原理在于,基于多层的委托代理关系,国家作为国有资产的所有者委托国有企业进行经营管理,保证国有资产保值增值。国家作为所有人在让渡国有资产实际管理经营权的同时,应当确保对国有资产的控制权,降低代理链条中所存在的"代理风险"与"委托风险",这种"风险"最突出的表现即为腐败。党的十八大以来,国有企业反腐败治理取得了重要成果,随着国家监察体制改革的推进,反腐败斗争也在朝着纵深发展。目前,"反腐败斗争压倒性态势已经形成,并巩固发展"。[1] 从财税法的角度来看,在反腐败斗争的新阶段,为了进一步巩固反腐败的成果,除需要对腐败者进行惩戒外,更重要的是要加强对公共财产的控制。对公共财产的控制需要通过相应的财税法规束合力进行,以财税法规作为基础进行制度构建,通过财政监督为手段,从资金来源上压缩腐败空间;通过加强信息披露,打通外界监督的渠道,从而促使相关人员廉洁自律。

(二)国有企业腐败外部控制的制度设计

1. 法律规制:构建财税治腐败法规群

腐败问题本身是复杂的,具有多方面的原因,就国有企业的腐败而言,除具有公权力腐败的共同特点之外,同时还带有作为企业的自身特点。国有企业是市场经济中的重要经济单位,在对国企腐败治理时,除遵循公权腐败的治理特点之外,同时也应当使国企腐败治理符合公司治理的内在逻辑。财政反腐败法律制度通过对公权力的财权划定明确的界限,并通过一系列以促进

---

[1] 《习近平在中国共产党第十九次全国代表大会上的报告》,载人民网:http://cpc.people.com.cn/n1/2017/1028/c64094-29613660.html,最后访问日期:2019年4月18日。

公开为导向的制度设计，使财权“在阳光下运行”，以此来达到对公权力的制约，进而实现对腐败的遏制。构建财税治腐败法规群，分别从人、财、物三个维度强化对财权的监督与管理，能够从源头抑制腐败行为的发生。

从“人”的维度来看，即通过实行国有企业管理人员的财产公开促进国有企业管理人员主动划定私人财产与公共财产之间的界限，同时，加强外界对国有企业经营者的监督，增强实行腐败行为的成本与内心压力，达到抑制腐败的作用。另外，该项制度能够与我国《刑法》中的“巨额财产来源不明罪”相衔接，为腐败的刑事制裁提供相应的依据。美国于1978年颁布《政府道德法》，法国于1998年颁布《政治家生活资金透明度法》，对国家公职人员的财产申报进行具体规定，我国的财产公开制度也可以予以借鉴。

从“财”的维度来看，将审计监督作为国家财政反腐法律制度体系中的重点内容进行建设。中共中央办公厅、国务院办公厅2019年7月印发的《党政主要领导干部和国有企事业单位主要领导人员经济责任审计规定》就明确要求以领导干部任职期间公共资金、国有资产、国有资源的管理、分配和使用为基础，强化对国有企业主要领导人员相关经济责任的审计。[1]

从“物”的维度来看，即通过进一步完善国有资产管理办法等相关法律，在国有企业管理的权力与公共财产之间设立相应的“防火墙”，阻断二者之间的联系。2009年施行的《国企业国有资产法》虽然是国家进行改革开放的经验成果总结，但是囿于经济转型时期的时代局限，立法范围偏窄、立法过于原则化、对境外国有资产监管的缺位等是该法的缺憾之处，随着国有企业改革的推进，企业国有资产管理改革面临的资产管理体制还不够健全，出资人职责与政府管理职能仍存在较大交叉重叠等问题，亟须通过制度加以完善，

---

〔1〕《党政主要领导干部和国有企事业单位主要领导人员经济责任审计规定》第19条规定：“国有企业主要领导人员经济责任审计的内容包括：（一）贯彻执行党和国家经济方针政策、决策部署情况；（二）企业发展战略规划的制定、执行和效果情况；（三）重大经济事项的决策、执行和效果情况；（四）企业法人治理结构的建立、健全和运行情况，内部控制制度的制定和执行情况；（五）企业财务的真实合法效益情况，风险管控情况，境外资产管理情况，生态环境保护情况；（六）在经济活动中落实有关党风廉政建设责任和遵守廉洁从业规定情况；（七）以往审计发现问题的整改情况；（八）其他需要审计的内容。”

故应当尽早启动企业国有资产法的修订工作,以规范对国有资产的管理。

2. 财政监督:强化腐败预防理念

从实践中我们发现,在事实上的内部人控制之下的国有企业,有的高管多采用资本化的会计政策这种不易觉察的隐性腐败方式获取替代收益,内部监督机制并不能完全发挥作用,[1]因此,需要通过外部监督力量加以介入。当下的监察体制改革强化了外部力量对"人"的监督,对腐败的治理起到了重要作用,但是这种腐败治理方式是一种事后型治理,对国有企业存在的虚假报销、冒领、套取资金,预算收入(包括非税收入)不上缴,挪用预算、公款(包括挤占公款和自行调整公款用途),虚报预算,公款私存(包括账外存款和公款转移)等涉及财政资金等相关问题无法进行规制,因而并不能有效防止国有资产的流失,而这些问题恰恰是财政监督所规制的范围。以财政监督治理腐败的路径在于,通过加强对国有企业的预算监督和审计监督,及时揭露国有企业在对重组改制、产权交易、投资并购、金融信贷、招标投标、工程建设、选人用人、物资采购、产品销售、资金管理使用等重点领域和关键环节中的违法、违规行为,以此促进国有企业完善相应的财务内控制度,从而确保国有企业财务安全。在这一过程中,应当强化"腐败预防"这一理念,即加强对国有企业的预算监督和审计监督的目的,在于及时发现国有企业在财务管理上的相关漏洞,健全相关机制,以此防范相应的风险。

3. 信息披露:畅通外部监督渠道

信息的透明化,是进行有效监督的前提。作为公共财产的国有企业,其运行理应置于公众的监督之下。在现代企业所有权与经营权分离的情况下,利益相关者之间的财务信息不对称性要求必须增强企业内外部的利益相关者之间相关信息的可及性,强化国有资本整体运营和监督、国有企业公司治理以及管理架构、经营情况、财务状况、关联交易等信息的披露。增强企业价值信息的透明度,保持财务信息供给与需求的均衡,否则容易引起内外部利

---

〔1〕 参见冉春芳:《会计政策选择、长期资产配置与国企高管隐性腐败》,载《财经问题研究》2015年第9期。

益相关者之间的信息偏在,进而阻碍对国有企业的监督与管理。从财政民主的角度来看,国有企业所经营的公共财产属于全体人民,其经营收入是国家财政收入的重要组成部分,对涉及国有企业的相关信息,理应为人民知晓。与此同时,在财政没有做到透明的情况下,若通过其他方式和途径来防治腐败,也必将付出高昂的代价。在国有企业所有权与经营权相分离的层级委托结构下,各个利益相关者之间的利益出现了闭环,从而影响了企业内部控制的实效性。由于信息偏在问题的出现,为了实现对国有企业实际经营者的有效制约,保证其行为选择能够符合委托方的利益,则必须强化国有企业的信息披露,从而实现对经营者的有效监督。

五、当下中国国有企业腐败控制的机制缺陷

(一)国有企业腐败内部控制的机制缺陷

1. 财权配置重构与内控监督阙如

缺乏对经营层的有效约束,尤其缺乏外部董事的国有独资企业,董事会往往被管理层控制,成为管理层实现目标的工具。而在内部监督权限方面,国有企业的监事会主席及其成员一般由企业内部的党政领导或者高管层担任,这种“同体监督”不但不能使监事会发挥其应有的作用,而且还增大了监督部门与其他部门合谋的风险。到目前为止,我国仍未出台系统的国企内部控制标准体系,国企内部控制模式缺乏一套统一且可行的指导标准。部分国有企业内部未能构筑相对集中的财务管控体系,下属企业财权过大,导致预算控制不力,资金管理混乱,会计信息失真,业绩考核流于形式,致使整体财务治理目标难以实现。

2. 管理动力欠缺与角色定位矛盾

在国有企业改革过程中按照公司制逐步建立起的“三会”制度,但未使国有企业摆脱行政权对国有企业经营管理的控制问题。一方面,这是由国有企业自身的性质所决定的。国有企业作为社会主义市场经济的一种特殊类型的企业,其经营目标具有双重属性。国有企业既要追求企业本身的经济效益;同时,作为国家投资设立的一种特殊企业,国有企业还要追求社会效益,

通过实施国家相关政策和措施来履行企业的社会责任。尽管民营企业也强调在实现经济效益的同时兼顾社会效益,但仍然是以经济效益为主。另一方面,国有企业的经营目标一直处于摇摆的状态,这就带来了企业究竟是以增加国家财政收入还是实现国家的经济调控政策为目标的角色的矛盾。

这种经营目标和角色定位的模糊性在微观层面则表现为,有的国有企业进行多元化的投资,盲目地追求规模扩张。同时,这种定位不明晰也给国有企业的经营者提供了寻租的空间。部分国有企业经营者追求自身政治利益及职工薪酬福利待遇的目标动力,可能大大高于企业经济效益目标、社会效益目标。一些企业管理层以实现企业经济经济效益或者社会效益最大化作为幌子,以实现自身利益的最大化。经营者道德风险及逆向选择因为"出资者缺位"原因很难被根治。

同时,在用人机制上,由行政任命的传统用人机制仍然广泛存在,这就使经营者一方面以政府作为背景在管理上的推卸经营责任、转嫁经营风险;另一方面又可以利用多重代理从漫长链条,"近水楼台先得月"而形成事实的"内部人控制"。这使经营者借助制度缺陷的利己倾向大大增加,具体表现为不合理的在职消费、自定薪酬标准、决策自身效应最大化等行为,追求自身利益的最大化,特别是当现有显性激励下获得的契约报酬不如约束之外的隐性收入时,部分经营者就最大限度地去追求获取控制权收益,从而产生腐败行为。

3. 约束机制依赖与激励机制异化

目前,国有企业的治理仍未摆脱以通过加强对权力的管控来实现腐败的监督这一种思维模式。然而这一进路不仅依赖监督机制本身的科学性,同时也依赖监督人员自身的廉洁性。监督者谋公的积极性弱于追求私利的肥私的积极性,因而监督者本身也就存在天然的动力不足。一味地强调监督管控,同时也会导致经理者不仅缺乏工作积极性,难以发挥最大工作潜力,而且存在弄虚作假、过度在职消费现象。

虽然部分国有企业已经建立起激励机制,但仍然是行政视角下的绩效考核机制,缺乏现代企业管理视角下的激励机制,经营者真实业绩难以衡量、考核。将国企比照政府机构——工资加奖金模式的标准进行考核和福利配置，缺乏对企业治理层的激励，对成功的经营者无法提供高贡献、高回报的待遇。这样就无法对治理层形成激励效应，个别领导层转而寻求一些违规、违法的灰色收入。国有企业存在的过度隐性激励隐含的、非制度化的激励方式，表现为不规范的高福利、职务高消费等，不仅不能起到提升企业效益的激励作用，相反，还会诱发经济腐败，造成国有资产流失等恶劣影响。

（二）国有企业腐败外部控制的机制缺陷

1.“重打击轻预防”的理念偏差

目前，中国腐败治理仍然是强调事后惩戒来实现的，突出体现在对自然人或单位机构的个别化刑事或行政处罚调整上。而通过加强事前预防，进行腐败风险预警的制度建构则比较少见。以刑法等强制性法律对国企腐败的治理主要是通过事后的惩戒来实现，尽管通过这种事后惩戒也能起到一定的预防作用，即通过严厉的刑事制裁使行为人付出比贪腐所得更大的成本，以此对潜在的行为人提供一种心理上的强制。这种规制方式在腐败治理的初期的确可以起到很好的效果，但是该路径以人的“行为”作为评价的标准，而“行为”本身具有巨大的不确定性，由于我国目前的立法技术尚不能对所有的行为进行全面的囊括，当腐败的行为朝着非典型腐败、暗腐败的方向发展时，在“罪刑法定”原则的指导下的刑事规制则会出现“盲区”，而无节制地对法条内容予以扩张、进行类推解释则显然与刑法的谦抑性不符。国企反腐败的实践表明，在反腐司法操作方面，国家积极投入大量治理资源，其中不乏对国企内“苍蝇”与“老虎”的两手抓，刑罚的投入非但没有取得预想的遏制腐败的成果，反而形成反腐运动中“刑罚过饱和”的顽疾，[1]腐败在惩治的高压之下进行自我进化，出现周期性反弹。面对中国对显性腐败的惩罚力度已大为强化，国有企业中的一些隐性腐败也许并不违法，却比传统腐败更加复杂，具有系统性、内部操作性和不易被发现的特点，又表现为企业一端漠视民众

〔1〕 参见赵炜佳：《国有企业腐败治理体系建构：误区、变革与进路——基于对D国企的实证考察》，载《中山大学法律评论》2017年第2期。

信任，只谋求自身利益，而民众对内幕一无所知。因此，应该迅速改变国企反腐只侧重“事后惩戒”制度建设，而忽视结构性反腐所赖以存在和持续开展之层次化治理问题的局面。

2.“重控权轻治财”的重心偏移

传统的反腐败“以权力规制权力”为路径，以“行为”作为评价标准，着力点在于对“权力”的主体，即对行权者的控制，以此达到治腐的目的。这一种反腐败思路是基于“腐败动机—腐败机会—腐败行为”的逻辑链条来构建，但是这一逻辑链条是并不是完整的，还应当在这一链条前端加上“腐败对象”这一环节，[1]而腐败对象往往指向的是公共财产。就国企而言，以权力规制为重心的腐败治理通常是与事后惩戒联系在一起的，当腐败发生之后，各界所关注的重点仍聚焦在对相关责任人员的追责上，而对公共财产的追赃则稍有欠缺，这一重心的偏移造成了国有资产的大量流失。中共中央、国务院在2015年8月24日印发的《关于深化国有企业改革的指导意见》中明确提出，要“以管资本为主推进国有资产监管机构职能转变”，这也意味着对国有企业的腐败治理应当落脚于“防止国有资产流失”上，以财务规制为手段，完善相应的会计制度、发票管理制度、关联交易制度、采购招标制度等，防止侵吞、贪污、输送、挥霍国有资产和逃废金融债务等行为的发生。

3.“重管控轻自治”的手段偏离

政企关系未理顺是国有企业腐败产生的重要原因。在计划经济时期，国有企业与国家二者的为统收统支的财政分配关系，国有企业将其全部的生产经营利润上缴国家，而企业的经营费用由财政统一拨付，政府与国有企业之间的关系表现为一种强烈的行政控制关系。改革开放以来，随着国有企业改革的不断深入，国有企业的自主经营权不断提升，但国有企业与政府之间的依然呈现出较强的依附关系。政府的定位应当为国家经济发展创造良好的宏观经济环境，培育良好的市场竞争秩序，消除商品流通的壁垒和障碍，促进公平竞争，这就要求政府应当对国有企业与其他民营企业一视同仁，将国有

---

〔1〕 参见陈立诚、刘剑文：《财税制度反腐：一种源头治理的新进路》，载《政治学研究》2015年第1期。

企业的进退交给市场而非国家。但现实情况是,政府为了实现平衡预算和创收等经济目标,有时通过直接的行政命令干预国有企业的经营管理,对国有企业进行扶植;有时对国有企业经营活动的监督并不够。但是政府作为外部力量,其直接管理可能因为缺少专业性而缺乏效率,行政手段的强势干预带来了市场化调节手段的弱化以及各种制度上的衔接不畅,无法真正对国企进行监督和管理,而这正给国有企业的经营者的寻租腐败带来了制度空间。

六、中国国有企业腐败行为控制机制的优化

(一)从"事后惩戒"到"事前预防"理念之转换

针对腐败治理,多强调通过打击腐败犯罪来进行腐败规制。但是这种模式的弊端也是显而易见的,用治理严厉的手段来规制腐败,更多地只能对"已然之腐败"进行规制,对"未然之腐败"并不能进行有效预防。同时,针对一些不构成刑事犯罪,但属于不合理使用公共资财的行为仍缺乏有效的规制,这些行为一旦由量变演化为质变之后,所造成的损失则难以进行挽回,而通过降低刑事制裁的标准,通过刑法进行"硬约束"的方式进行规制则有违刑法的谦抑性。对此,"执行金字塔"的规制模式能够有效弥补这种缺陷,该模式由学者埃尔斯(Ayres)和布雷思韦特(Braithwaite)提出,即对违反规则的行为首先应当采用相应的预防性的柔性机制来进行处理,只有当这些机制无法实现合规之时,才逐级提升措施的严厉性。[1] "当规制者有能力并且会逐级施加更为严厉的执行措施时,严厉程度较低的制裁措施或许足以使被规制者纠正行为。"[2]针对国有企业腐败发生的制度根源和司法实践,国有企业反腐败的控制系统应当重视在腐败发生之前,以构建正当程序作为基础,通过柔性的制度约束和引导,抑制腐败增量。

在内部控制建设方面,完善公司治理结构,是实现对国有企业经营者有效监督与约束的关键。首先,当下应当重点解决国有企业财权配置的问题,

---

〔1〕 See Ian Ayres and John Braithwaite, *Responsive Regulation*: *Transcending the Deregulation Debate*, Oxford University Press, 1992.

〔2〕 Ibid. , Charpter 2.

限制内部控制人的财权，优化董事会决策机制，提高董事会会议的科学性。同时，对企业高管、中层管理者等关键岗位人员加强管理力度，对岗位权限进行分级授权，定期轮岗，防止关键岗位人员经营关系网，为职务犯罪创造条件。其次，应当加强对掌管稀缺物资和有权支配巨额财产的具有腐败风险的部门、岗位和流程的控制和预警。对关键岗位的办事程序、步骤、环节、审批权限、时限作出明确规定，并进行实时监控，防止暗箱操作。最后，加强对基建工程项目的全程跟踪监督检查，在重大问题决策、工程招投标、劳务分包、设备材料采购和资金使用等权力集中、资源密集的施工建设重点环节建立相应的管理制度，把预防的关口前移。在基建工程项目过程中实行阳光操作，推行透明决策、采购、管理和监督，同时，对相关的负责人、材料招投标管理和采购人员等实行定期交流制度。

在国有企业的外部控制方面，从财政收入监督为主转变为财政收入与支出监督并重的全口径监督，落实常态化的审计监督，健全内外并重的全范围监督，从合法性监督为主转变为合法性与合理性并重的绩效型监督。尽管国有企业的财会人员是企业财务制度的监督者，但是由于财务人员与企业的隶属关系以及国有企业管理人员之间职务上的从属关系，这种同体监督在财务制度的具体运行上，容易出现合谋的风险，会计监督的规定基本上形同虚设。因此，要解决会计管理和会计监督存在的矛盾，建议对会计实行行业化管理，由政府部门成立专门管理机构，向国有企业选派财会人员，摆脱财务人员与企业之间的依附关系，实现真正意义上的财务监督。

（二）从“权力规制”到“财产规制”重心之协调

腐败与权力相伴而生，腐败的本质是通过权力谋取私利，因此，规制公权力是腐败治理的根本措施。传统的腐败治理仍然主张通过分权机制来加强减少权力寻租空间，但是不当的分权在一定程度上则会带来权力运行的低效。“公共选择”理论代表、美国经济学家詹姆斯·M.布坎南（James M. Buchanan，1919～2013年）曾指出：“当人们的政治行为被认为一如他们其他方面行为一样是追求私利之时，宪制上的挑战就成为这样一种挑战：构造和设计出能最大限度地限制以剥削方式追求个人利益，并引导个人利益去促进整个社会利益的制度和规章。"[1]布坎南借用亚当·斯密的"经济人"假设对人的政治行为进行分析，指明制度设计的方向并不在于限制人们追求个人利益，而在于限制其以剥削(掠夺、以权谋私)的手段和方式来追求个人利益，并提供一种促进整个社会利益的机制，这一论述为从"财产规制"来治理腐败提供了理论依据。不正当的财产性利益获得是腐败行为的本质，权力的滥用只是获取不当的财产性利益的手段，因此，腐败的治本之策应当是从"权力规制"到"财产规制"的回归。

针对国有企业的反腐，"财产规制"既是目的，同时也是手段，即利用财产控制的方式，切断权力与腐败对象(公共财产)之间的联系，从源头抑制腐败的产生，同时维护国有资产的安全。"财产规制"的关键在于，构建一个涉及人、财、物三者的财产规制体系。

一是要进一步完善国有企业预算制度。我国《企业国有资产法》第六章对国有资本经营预算进行了专门的规定，其中第59条对国有资本预算的范围进行了较为粗线条的规定，[2]而《预算法》第46条规定："本级政府性基金预算、国有资本经营预算、社会保险基金预算支出，按其功能分类应当编列到项。"因此，对国有企业预算，应当将《预算法》中对国有资本经营的预算支出加以落实，重点反映资金的具体流向。申言之，应当以更加详尽的方式反映国有企业预算中的工资福利、设备采购、工程建设、资本注入、政策补贴等内容，从而规范国有资本的支出行为。

二是完善审计反腐制度。《国务院关于加强审计工作的意见》(国发〔2014〕48号)强调要强化审计的监督作用，"严防贪污、浪费等违法违规行为"，"维护财经法纪，促进廉政建设"。就国有企业而言，审计机关应当将国资预算的编制和执行情况作为重点内容予以审查，确保企业财务信息的真实性与准确性。具体而言，审计内容应当包括国有资产收益的完整性、国有企

---

[1] [美]詹姆斯·M.布坎南：《自由、市场与国家——80年代的政治经济学》，平新乔、莫扶民译，上海三联书店1989年版，第39页。

[2] 《企业国有资产法》第59条规定："国家取得的下列国有资本收入，以及下列收入的支出，应当编制国有资本经营预算：(一)从国家出资企业分得的利润；(二)国有资产转让收入；(三)从国家出资企业取得的清算收入；(四)其他国有资本收入。"

业之间是否存在资产转移或者隐瞒、薪酬福利发放的真实性、预算支出的合法性与合理性等,从而减少国有企业的利润规避行为。

三是应当建立国有企业预算制度和国企财务信息以及重大经营事项公开披露制度。将国有企业相关的年终审查报告、审计报告、年终报告等涉及行为支出细目的信息置于社会公众的外部监督下,实现正式监督与非正式监督的耦合,落实真正的所有权人的利益,促进国有企业的经营走上公开、公正、公平的规范化进程。同时,上级主管部门对国企经营者实行国企经营、管理者(只限重点岗位的管理者)家庭财产申报制,要求将上任、离任、任期内的家庭收支情况进行如实申报,并利用计算机进行信息管理,对他们的财产情况实施动态监督管理。

(三)从"各自为政"到"合力反腐"模式之形成

在同一个规制空间内,规制资源分散在不同的组织内,这些资源不限于由立法或者合同演化出的正式的国家权力,还包括公共财富、信息节点和组织方面的能力,传统的科层式的规制在实效上具有明显的局限性,良好的制度设计或许要尝试利用并发展这些分散化的资源,来支持规制制度中公共政策目标的实现。[1] 随着我国反腐败斗争的深入发展,分散的腐败资源显然无法满足腐败治理的要求,形成反腐败合力已经成为共识。反腐败合力的形成有赖各种反腐败力量的有机整合,从而实现信息的共享和力量的互补,优化反腐败资源配置,提升反腐败的实效性。《关于深化国有企业改革的指导意见》就指出要"建立健全高效协同的外部监督机制"。在国有企业的"腐败治理"的一元目标之下,通过整合"多元主体"的反腐败力量,有利于实现专业互补、信息共享、案例共研、优势共鉴,使资源优化配置,有效节约腐败治理成本,并降低协同主体自身风险。

首先,要形成财税治腐败力量与监察反腐败力量的合力。国家监察体制改革将党的纪检监督、行政监察和检察监督进行了根本性变革与整合,将原

---

〔1〕 参见[英]科林·斯科特:《规制、治理与法律:前沿问题研究》,安永康译,清华大学出版社2018年版,第29~58页。

来分散的国家监督职能模式打造成集中统一的监督模式，设立监察委员会来行使监督权、调查权和处置权。在国家监察体制改革的背景之下，加强财税治腐力量与财权之间的信息和资源的协同，打破腐败治理系统内部彼此之间的边界壁垒，实现线索迅速移送、成果及时转移，将有利于节约治理的成本，提高监督效率。

其次，要形成财税治腐败系统内部的合力。现阶段，我国在财税治腐败方面还存在财政系统、审计系统和人大系统三分的局面，财政系统负责预算编制和预算执行的具体组织，审计系统侧重预决算执行情况的监督，人大系统负责预决算审批和总体监督。但就当下实践来看，财政系统虽然拥有财政监督的职责，但是具体的监督责任不甚明确，甚至会出现自身违规的情况；审计部门仅仅是对执行情况过程性的一种监督，并无实质意义上的处置性权力，其对相关不合规行为只能移送相关的部门进行处理。因此，在财政民主的原则下，理应强化人民代表大会作为国家权力机关的地位。2017 年 12 月 30 日，中共中央印发的《关于建立国务院向全国人大常委会报告国有资产管理情况制度的意见》则从制度层面上对加强人大对国有资产的监督和管理奠定了基础。通过“人大主导监督—规范国有企业财政权—规范国有企业事权—减少寻租机会—消解国有企业腐败动力—抑制腐败”这样一条路径，在人民代表大会统一主导预算的前提下，通过建立全口径、全覆盖各类国有资产报告管理制度，强化国有企业预算的硬性约束机制。

第六节　私营企业腐败治理对财税治腐的启示

从委托代理理论的视角来看，企业与政府均是基于委托人的契约而产生。由于委托人与代理人所追求的利益不一致，加上委托人与代理人之间的信息偏在问题，使代理人具有侵蚀委托人资产的道德风险，分别形成了私企腐败与政府等公职部门腐败。这两种腐败看似大相径庭，但却具有相同的产生机理。本节对我国私企腐败治理的内部控制与外部控制的实践进行了相应的总结与提炼，从领域法学的角度来看，认为无论是私企领域的腐败还是政府等公职部门腐败，单一主体、单一路径并不能实现腐败的有效治理。腐败的治理应当坚持多元主体、多元路径，以预防为价值导向，构建体系性的腐败治理架构，加强“人”“财”管理，形成反腐合力。

一、委托代理：企业治理与财税治腐的症结

委托代理理论，是近几十年来契约理论发展的重要成果之一，其核心是解决在利益相冲突和信息不对称的情况下，管理权委托人对代理人的激励问题，即代理问题。在委托代理结构中，实际的所有权与实际的经营相分离，从而形成委托代理关系。这种委托代理关系广泛存在于各类公司机构之中：在私营部门，尤其是在公司治理中，作为公司所有者的股东同公司的实际控制人董、监、高之间的关系便是典型的委托代理关系；就政府等公职部门而言，其权力源于人民，其权力运行所依赖的物质基础也同样归属人民，因此，政府与人民的关系同样是一种委托代理关系，即政府代理人民管理公共财产，应当确保公共财产“取之于民、用之于民”，增加社会福利，维护社会公平。但是，在委托代理关系中，由于委托人与代理人之间的利益并不一致，加上信息不对称，在相关监督机制不完善的情况下，代理人侵蚀委托人财产的情况就可能会发生。因此，私营企业腐败和政府等公职部门腐败在抽象层面有着内在的相似性。从委托代理理论出发，去考察二者的内在联系，从而寻求一种具有普遍性的腐败治理方案，具有重要意义。

（一）委托代理理论下的企业治理

在企业制度中，资本和劳动的关系发生了本质性的变化，所有权与控制权发生了分离。企业股东并不直接行使管理权力，企业由作为代理人的董事会以及高管进行经营。提升管理的专业性要求和股权的分散带来企业所有者经营管理权的旁落，委托代理关系自此产生。后来该理论的应用范围不断扩张，从传统的公司治理领域逐步扩展到了公共行政领域。委托代理理论以“经济人”假设为基础，委托代理理论下的道德风险（主要是腐败问题）的形成基于以下两个基础：

其一，委托人与代理人所追求的利益不一致。基于“经济人”假设，在委托代理场域中，委托人与代理人均是以追求自身利益最大化为鹄的。但是，

委托人与代理追求的利益存在一定差异：委托人将经营权授权给代理人，其追求的利益是代理人经营管理其资产所获得的收益，这种收益我们称其为“结果导向型”收益；而代理人管理委托人的资产，其追求的利益来自经营管理过程中的报酬，故我们将其称为“过程导向型”收益。从这一层面来看，委托人的收益直接取决于代理人的成本（付出的努力），而代理人的收益就是委托人的成本（支付的报酬），[1]二者利益并不一致。在追求利益最大化的驱使之下，代理人具有利用委托人的资产为其自身谋取利益的天然倾向。

其二，委托人与代理人之间的信息偏在。委托代理的产生实际上是基于社会发展而带来的专业分工而产生的一种现象：受制于时间、精力、专业知识等诸多因素，人们不可能对一些比较专业、复杂的事项亲力亲为，那么就必须委托其他人协助完成。相较委托人，代理人具有天然的信息优势，更了解在经营管理中的诸多细节。由于这种信息不对称，委托人对代理人的行为并不能完全掌握，无法全面知晓代理人的工作情况。在这种条件下，代理人就有可能利用信息优势，在达成契约之后采取利己行动损害委托人利益。

（二）委托代理理论下的理财治国

代理理论不仅应用在公司治理中，同时对理财治国也同样具有借鉴意义。宪法意义上的财政，是以国家与公民这一基本宪法关系为客体形成的政府财政权与人民财产权的关系。[2] 作为纳税人的社会公众与政府之间本质上是一种委托代理关系：[3]全体人民委托国家代议制机关代表人民行使权力，而代理制机关又将其管理公共事务的权力（其中就包括国家财政收支管理权）委托给政府，由此形成了多重代理结构。由于信息的不对称，加上监督不力，则有可能出现政府作为人民的代理人，为了其自身的利益，合谋串通损害最终委托人即人民的利益。一方面，就政府部门而言，财政资金的有限性同部门支出需求的无限性形成对比，一些政府部门为了争取更多的财政拨

[1] 参见刘有贵、蒋年云：《委托代理理论述评》，载《学术界》2016 年第 1 期。

[2] 参见王世涛：《公共财政的核心价值：财政权的控制与财产权的保障》，载《法治论坛》2008 年第 3 期。

[3] 参见曹艳杰：《我国部门预算委托代理问题的制度分析》，载《审计与经济研究》2006 年第 3 期。

款,“跑部钱进”、行贿受贿等现象时有发生;另一方面,就当权者而言,部分国家公职人员为了满足个人私欲而侵蚀公共财产的现象也继而出现。二者构成了理财治国视角下,财税腐败问题发生的机理。

与此同时,企业的腐败治理同财税治腐也同样具有内在的联系,《2017中国企业家刑事风险分析报告》显示,在民营企业家所触犯的罪名中,排名前5的罪名分别为非法吸收公众存款罪(20.0%),虚开增值税专用发票罪、用于骗取出口退税、抵扣税款发票罪(15.9%),单位行贿罪(8.6%),职务侵占罪(6.7%),合同诈骗罪(6.3%)。[1] 通过对相关案件的分析发现,腐败者往往通过(补贴、佣金等)不入账、资料造假、利用关联交易进行利益转移输送等方法进行腐败,从具体的手段上来看,通过签订虚假合同、贱卖公司资产、倒卖企业原材料或者残次品、虚开发票、私设小金库、账簿作假等手段侵占公司财产或者收受贿赂。无论是表现腐败的方法还是具体的手段,除触犯刑法外,同样与财税法有着密切的关联。以账簿作假、虚开发票等方式进行的腐败,不仅影响了企业的会计和审计制度的正常运转,也在更深层次影响了我国发票的管理和税务的征纳,对我国财税管理造成了负面影响。

另外,《联合国反腐败公约》中有关私营部门腐败治理的相关规定,分别规定在第12条、第21条以及第32条等,其意旨主要是敦促各个缔约国应当依据其国家法律之基本原则采取一切可能措施,防止私营部门的腐败行为,加强私营部门的会计和审计标准;促进制定各种旨在维护相关民营企业操守标准以及程序,包括正确、诚实以及妥善从事商业活动以及所有相关的职业活动,并防止利益冲突的行为守则;确保民营企业以其结构以及规模实行有助于预防发现腐败的充分内部审计控制,确保私营企业的账册和必要的财务报表均能符合相关程序;同时,为了预防腐败,各个缔约国均应当依据其国家关于账册和记录保存、财务报表揭露以及会计和审计标准的法律规范采取必要的措施等,这些规定实际上都与财税法原则之内涵有关,可见欲研究腐败

---

[1] 北京师范大学中国企业家犯罪预防研究中心课题组:《2017中国企业家刑事风险分析报告》,载《河南警察学院学报》2018年第4期。

的成因和防治对策,财税法的角度仍是一个不可忽视的角度。

基于公司企业治理和财税治腐三者之间思想上的同源性、作用上的联结性和互动性,笔者从代理理论的角度切入,研究分析私营企业在委托代理结构之下的腐败治理经验。委托代理理论认为,解决代理问题的最佳办法应是建立一套既能够有效地约束代理人的行为,同时又能激励代理人按委托人的旨意及设立的目标而努力工作、减少代理成本,实现委托人与代理人双方的"帕累托最优"的机制或制度安排——激励与约束机制。由于委托代理理论肇始于企业治理,因此一直以来就带有明显的"公司化"特征。而从其理论产生的原始基础——私企腐败治理的角度切入,研究其在委托代理结构之下,如何消解委托人与代理人之间的道德风险,从而以小见大,提炼理财治国的方法论路径,具有重要意义。

二、私企腐败内部控制的原理及制度设计

(一)私企腐败内部控制的原理

在委托代理结构下,为了防止内部人控制,就必须设计出一套方案,对企业内部的运行进行相应的制度设计,建立起相应的内部控制体系。内部控制有关制度安排,不仅要满足管理层对生产经营活动进行监督的需要,同时也要满足治理层(主要是控股股东)对管理层实施监督的需要。[1] 内部控制的目标,是通过合规自治来实现企业的有效治理,减少企业因腐败而带来的各项发展风险,因此,内部控制应当采取"预防与治理兼顾、预防为主"的价值取向。腐败的本质是私权力的寻租,而这里的"租"可以理解为"财"。以往的以"人"作为规制重心的腐败治理体系,更多地强调以高压手段进行震慑,但是这种高压手段虽然能够在短期内提升企业的廉洁指数,但是长期运用这种规制方式会使企业丧失发展的活力,甚至形成"人人自危"的局面。而构建以"财"为重心的腐败治理体系,不仅能够达到腐败的预防机能,同时还具有一定的可持续性。

---

〔1〕 许新霞、王学军:《双重委托代理下的治理策略与内部控制》,载《会计研究》2007 年第 2 期。

一方面,企业内部腐败的发展趋势是多种复杂因素综合作用的结果,是在一段较长的时期内逐渐形成的,因此,对腐败的治理和预防应当从趋势入手,通过制定专门的腐败治理措施等实体手段和完善组织程序性的制度建构,加强对企业财产占有使用的管理,实现对腐败的预防机能;另一方面,私企作为一个私主体部门,本身并不具备法律上的惩戒权力,因此,企业的制度设计受到诸多法律层面的规范,从财税法的角度来看,其制度设计应当是以"财"作为核心,通过规范的制度设计,建立公司内部的自我控制和自我稽核、评估机制,完善企业内部的资产管理制度、账簿凭证管理制度、发票报销制度、内部审计制度,从而从源头上减少腐败的发生。

(二)私企腐败内部控制的制度设计

1. 组织机构控制:制度性建构

为了对腐败进行有针对性的治理,许多企业纷纷通过建立内部的自律性制度来实现有效治理。一是明确企业内部各部门的职责权限范围。若一个组织结构的设计越是明确、完整和完善,所设计的控制系统越是符合组织机构中的职责和职务的要求,就越有助于纠正脱离计划的偏差。重点明确各个职能部门和岗位对涉及企业资金、原料、成品等资产的处分权限是加强内部腐败治理分工协作的前提,通过部门联合参与,能够把反腐败的不同阶段的工作分散到各部门中。二是针对腐败风险较高的职位进行职务分离控制。在企业中,企业的采购销售、财务、仓库管理等部门同资金、财产等关系密切,为腐败风险较高的岗位,因此,必须加强对上述岗位的腐败风险控制,限制其对财产处理的权限。例如,华为在内部控制的策略上就针对"不相容职务"进行了分离,将组织内的层次、部门和职权进行了合理的划分。三是设立专门的内部监督部门进行外科手术式治理。针对企业内部的腐败治理,国内的众多企业纷纷建立专门的内部监督部门,例如,阿里于 2012 年设立了集团一级部门"廉正合规部",百度于 2011 年成立了百度职业道德委员会,腾讯也设置了专门的反舞弊团队,这些内部监督部门专司企业内部的腐败调查、预防及合规管理,与各业务线以及内审、内控部门保持充分的独立,其职能不受任何业务部门的干预。但是这种专门的内部监督监督机构的设立并不是将所有的腐败治理职能均纳入其中,而是将核心功能、关键责任、重要资源集中于一个机构之下,通过该独立的部门加强对企业发票报销、会计账簿、内部审计等制度的监督,使这个权利高度集中的机构有足够能力展开反腐工作。

2. 财务制度控制:常态化机制

财务制度控制,是私企腐败治理一项重要举措,该举措不仅能规制商业贿赂行为中的行贿者和受贿者,同时也能够防止企业资产被非法侵占。对腐败的治理,美国的《反海外腐败法》(Foreign Corrupt Practices Act,FCPA)是世界上第一部通过强化企业内部财务制度来治理腐败的法律,其产生的背景便是针对20世纪70年代出现的众多企业通过在会计账簿上作假来掩盖其“行贿基金”(Slush Funds)的行为。财务制度控制既能够保障企业的财产安全,同时也有助于在腐败行为发生之后进行调查取证,追究责任,既是一种预防性机制,同时也是一项救济措施。在公司财产管理方面,强调对财产物资进行科学管理,包括对财产物资实行“永续盘存制”,以便在账上随时反映财产物资的收、发、结存情况;定期进行财产清查,发生财产物资盘盈盘亏要查明原因,并按规定进行处理。在会计制度方面,制定相应的财务目标、成本目标,对生产经营的每一环节的信息都拥有合理的细节,及时揭示实际与目标计划的差异及其原因,进行反馈控制。其中,财务目标计划包括目标销售额、目标利润、流动资金周转计划天数等;成本目标计划包括原材料消耗定额、工时定额、产品目标成本、制造费用及管理费用预算等。目标计划控制,就是要求财务与会计档案要妥善保管并编造清册,定期清查。

3. 业务程序控制:技术化措施

业务程序控制,是将公司中重复出现的业务事项,建立比较固定的处理程序,使业务处理规范化、标准化。一是借助制度规范对业务程序中的腐败风险予以控制。在所有业务程序中,发票报销、采购及销售、财务管理等环节是腐败的高发环节,阿里巴巴、百度、腾讯、京东等企业针对腐败风险高发的业务设置了严格的操作规范。例如,为了尽可能减少和避免商业贿赂行为的发生,公司规定在与代理商建立业务关系之前,需要做充分的尽职调查。在与第三方合作方签订的协议中,公司也需要主张签订含有反腐败、反贿赂条款的协议。此外,规程中还确定了公司腐败治理的责任体制,企业的最高负责人就是最终监督负责人,部门负责人负有教育、培训、管理部门内人员、外部合作伙伴遵从相关条款的责任。基于"没有监督的责任难以真正贯彻"的真理,公司还委派反腐败合规负责人来贯彻、管理、监督规程在业务中的日常遵守情况。二是利用大数据、云计算等技术化手段实现腐败监控。例如,阿里开始尝试将数据化引入廉正风险防控,通过机器对企业的账簿、记账凭证、报表、发票等资料进行审核分析,及时发现资料中的漏洞、发现相关腐败行为,降低了人工参与度,从而实现腐败治理的常态化、中立化。

三、私企腐败外部控制的原理及制度设计

(一)私企腐败外部控制的原理

对腐败的治理一直存在"监管化"和"市场化"这两种倾向,前者认为,竞争环境的不完备和行业性商业规则的不完善需要公权力介入市场监管,奉行腐败治理的凯恩斯主义。而"市场化"倾向则认为,腐败的治理有赖成熟的市场机制,国家权力过多地介入市场,不仅会阻碍市场自发的成长,同时也为腐败提供了制度性依赖。笔者认为,在成熟的市场体系中,腐败的控制应当更多地依靠市场参与主体的内生性治理,在趋势上,应当尽量减少公权力的介入。但是腐败的治理不应当仅仅是企业内部事务,因为腐败所造成的影响已经远远不止对企业本身,同时还涉及整个市场中的各个主体,包括企业、国家和个人。当腐败行为出现外部化时,利益范围的广泛性要求公共部门与私营部门腐败治理的协调推进以及国家与企业合作反腐,从而可以制度化地聚集社会各方力量共同治理腐败。也就是说,外部力量对腐败的介入应当遵守比例原则,即只有当腐败行为已经突破原有的范围进入公共领域,或者私权力主体无法对其进行有效控制时,外部力量才应当介入其中。同时,外部力量在介入时所采取的手段应当坚持必要性与合理性原则,不得超过必要的限度。

基于中国经济社会的发展现实,谋求本土化的腐败治理应当在坚持治理腐败这一原则的前提之下,推动腐败的多元治理,培育市场的成熟度。这就

要求外部力量应当尽量避免对企业内部的腐败行为进行直接的干预，而是应当谋求一种以预防作为导向的相对柔和的治理机制，从而减少因刑事责任追究而给企业发展带来毁灭性打击。

从以财税法的角度规制腐败来看，通过财税相关的法律制度促进企业完善内部的资财管理、会计审计、发票报销等相关制度，同时，政府部门加强对涉税发票乱象的治理，并积极推动行业的共治，能够使长期以来停留于口头上的"预防胜于打击"的政策倡导落到实处，实现国家、社会与企业之间的良性互动，真正实现对腐败现象的源头治理，可以切实提升腐败治理的实际成效，保障企业健康发展和促进经济社会平稳发展。

（二）私企腐败外部控制的制度设计

1. 法律控制：由治理思维到防控思维

腐败的法律控制目标，是要借助法律手段的规范性和强制性来纠正市场机制的失灵，从而培育成熟的市场体系。也就是说，法律对腐败的态度不应当仅仅停留在对腐败行为发生后的治理层面，而是应当更进一步，在控制腐败蔓延趋势同时，更加注重腐败的预防，在腐败的法律控制机制设计上，体现出"治理"与"预防"相结合的"防控思维"。

这种思维转变的核心在于对规制中心的转移，即由"治理人"到"治理财"。传统的腐败控制思维重心在对实行腐败行为的"人"的规制，这种规制路径是通过制定一系列的惩戒手段来实现对腐败行为的遏制的，例如，通过规定刑事责任来对腐败行为进行震慑，[1]但是这种规制路径仍然是一种事后的救济措施，并不能有效地对企业已然造成的损失进行有效弥补。从法经济学的角度来看，对腐败的主体——人的思想、品格、欲望及其变化只能作出要求而难以完全控制，而腐败的客体——"财"则具有确定性，因而以此为中心进行法律构建更能具有经济性。同时，从"财"的角度进行腐败预防，同时也是对企业家群体的保护。从腐败的发案情况来看，腐败案件的发案除相关

---

〔1〕 我国《刑法》中民企涉及的腐败犯罪共包括15个罪名，其中最主要的就是单位行贿罪、职务侵占罪、挪用资金罪、非国家工作人员受贿罪和行贿罪。

人员举报外,往往是在对企业会计账簿进行审计、对企业社会涉税发票进行验证等环节发现的。因此,通过法律的途径督促企业完善相关的财务制度、发票制度等,在相关行为上升为刑事犯罪之前就予以发现,避免私企相关人员因事态严重恶化而承担刑事责任。

因此,对腐败的规制则应当转变思路,应当从"财"的角度来进行制度构建,一是通过修改完善《公司法》相关司法解释法律强化企业的财会制度要求,监督企业资产的流动,正确地保存财会记录,以确保企业的各项收支不被用于非法目的;二是应当进一步完善《税收征收管理法》《会计法》对发票管理、财务记账凭证、银行转账支付等方面的规定,减少相关人员通过报销的方式敛财的情形。通过法律制度构建强化对私营企业的财税监督,提高腐败的成本和风险,降低贪腐者的收益预期,强调企业法定的预防腐败的义务,这是由腐败治理思维到防控思维的应有之义。

2. 政府监管:由现象治理到标本兼治

从发生的领域来看,腐败行为是私主体领域的权力滥用,对腐败行为的治理本应当是企业自身的职责,是属于私法领域的范畴,而只有当这种行为突破了私法范畴,产生了外部性时,公权力才得以介入。也即政府部门对腐败行为的应当保持谦抑性,不应当对私主体内部的管理进行直接的管控和干预。这也就意味着政府对企业内部治理更多地应当采取一种政策性的引导,而不是强力控制。为促进加强企业的内部控制,财政部会同证监会、审计署、银监会、保监会制定了《企业内部控制基本规范》(财会〔2008〕7 号)以及配套的《应用指引》、《小企业内部控制规范(试行)》(财会〔2017〕21 号)等规范文件,这表明企业内部控制的建立健全将成为当前和未来一段时期的重要工作。

但是,这种对企业内部治理进行引导的方式依然停留在"治标"的层面,政府作为保护私权利的公权力部门,其职责定位应当是为私主体的生存和发展提供一个良好的外部环境。从腐败治理的角度来看,政府在外部控制方面依然需要有所作为。

从财税法的角度来看,通过虚开发票等手段的腐败成了最主要的手段,例如,采用开具“办公用品”“劳保用品”“会议费”等类型发票的方式报销个人消费、使用“虚假发票”套取现金、开具多张小额发票的方式进行报销等手段已经是腐败行为的常用手段。因此,税务部门应当进一步加强发票验旧、纳税申报等环节的管理,及时掌握纳税人发票使用情况,防范虚开发票等违法行为。近年来,税务机关针对餐饮业、商业预付卡等行业的特点,对发票开具与实际业务是否匹配、有无非法取得发票以及列支项目为“会议费”“办公用品”的发票等情况进行了专项检查,对提供、取得、使用虚假发票的行为进行了处罚,“发票腐败”问题得到了一定程度的治理。

3. 行业治理:由分散治理到联合共治

健全的市场体系和市场运行机制离不开行业、商会等组织的有效运行。行业协会、商会以市场和企业为基础,是一种经济组织的再组织,执行服务、自律、协调和监督职能,从而实现行业的共同利益。行业协会和商会具有强大的社会治理功能。借助行业协会的章程,会员秉持基本一致的目标,通过行业协会所提供的平台进行共同治理,维护联盟成员整体利益。行业协会将会员原先分散的腐败力量整合至共同的平台,有利于实现腐败治理的信息、模式、资源的共享,提高腐败的效率。阳光诚信联盟[1]和中国企业反舞弊联盟[2]是我国当下腐败治理的典型平台,通过联盟成员自愿分享资料、信息,实现联盟成员之间在腐败治理等方面的信息共享,联盟成员在法律法规允许的范围内可自愿提供相应协助。其章程均规定,凡已被联盟成员公司确认有行受贿、侵占公司财产、出卖公司商业机密、利用职权谋取不当利益等行为,被解除劳动合同且内部公开处理的人员,均属于不诚信职员范围。联盟成员应建立各自的内部不诚信职员的名单,在不违反职员所属国籍及联盟成员公司所在国家的相关法律规定的前提下,在联盟成员间有查询需求时,可以提供相关支持,提供方式由各自灵活处理。

---

〔1〕 2017 年 2 月 24 日,阳光诚信联盟(以下简称联盟,英文名称为 Trust and Integrity Enterprise Alliance,TIEA)成立,百度、京东集团、美团点评、宝洁、佳沃鑫荣懋、联想、美的、李宁、腾讯、唯品会、沃尔玛中国、小米、永辉、中国人民大学刑事法律科学研究中心等等机构为其成员。

〔2〕 2015 年 6 月,阿里联合碧桂园、万科、美的、顺丰等企业发起中国企业反舞弊联盟,推动建立跨行业的廉洁从业信息交流与共享平台。

四、私企腐败治理对财税治腐的经验借鉴

(一)一元目标与多元治理:腐败治理的中国叙事

建立长效、稳定反腐机制,是我国腐败治理的重要经验。现实表明,无论是企业腐败还是政府等公职部门腐败,腐败的治理必须将法治与政策相结合、微观策略与宏观方略相配合,才能逐步完成反腐治标与长期治本的最终目标。因此,构建科学的腐败治理机制,就是要摆脱极端化的治理思维,以严密、多元的治理思维代替片面、狭隘的单一治理思维。加强腐败治理的系统化建设,即围绕"有效治理腐败"的一元目标与"多元治理"的有机整合,是实现高效治腐的方法路径。在腐败治理机制的语境之下,"多元治理"有着多重内涵。

一是多元的治理主体。在私企腐败治理中,政府部门、社会、企业都应当是参与主体,但是这三者并非都承担同等程度的责任。私企的腐败归根结底是一种损害企业可持续发展的行为,企业是商业腐败产生的源头,同时也是商业腐败后果的直接承担者。在治理主体中,企业应当就商业腐败的治理承担更多的责任与义务。商业腐败更多地体现为一种私主体的腐败,国家与社会更多地应当就商业腐败影响市场经济秩序的行为进行规制,更多的时候应当保持一种谦抑性,避免公共权力造成对私主体自由的过分干涉。

而就财税腐败而言,作为一种公权力的腐败,用权力规制权力始终是主流,作为权力机关的人大、作为直接的财政管理监督部门的财政机关、税务机关、审计机关以及作为行使国家监察权的监察机关都是财税腐败治理的主体。从委托代理理论出发,国家财政"取之于民,用之于民"。"现代财政的本质是公共财政,公共财政与民主财政具有同一性,所以财政民主主义的基本精神应当体现为人民财政主权。"[1]国家的财政收支管理的权力由人民所赋予,为了使作为代理人的政府能够以人民为立场行使财政相关权力,则有必要利用权利规制权力,通过加强对国家财政相关事项的披露,从而保障纳

〔1〕 阳永恒:《财政民主主义的基本精神研究》,载《求索》2010年第12期。

税人的知情权和监督权。

二是多元的治理途径。法律、政策等外部制约机制和企业内部的合规控制机制都应当是治理的手段。通过法律手段对腐败行为进行规制具有稳定性、预防性、长期性等特点，市场经济就是法治经济，建立常态化的法治腐败治理机制是大势所趋，也是消除政策反腐弱效能问题的必然选择。在实现必要的刑法规制以外，还应注意将刚性与柔性相结合。除进一步完善以“管人”为中心的刚性规制体系外，还须重视以“管财”为中心的柔性制度的构建。在域外腐败治理层面，更多地融入国际腐败治理之中，更多地争取国际腐败的制度话语权。在内部治理方面，通过软法实现减少商业贿赂行为的目的，在企业、行业内部甚至社会范围内形成一套反商业贿赂的软法规则体系，通过行业与组织内部规定明确的责任形式、处罚措施甚至是奖励机制等形式，以达到综合治理商业贿赂犯罪的根本目标。

亚洲开发银行与经济合作开发组织亚太地区反腐败行动组制定的《亚太地区反腐败行动计划》包含了三大行动支柱：(1)为公共服务建立有效而透明的体制；(2)加强反行贿受贿行动，促进业务行为的廉洁公正；(3)支持公众的积极参与。该行动计划不仅要求亚太地区的参与国政府建立公开、平等和有效的政府聘用公务员制度，同时，还应通过有效的法律制度、管理办法和审计程序，保障公共服务的可靠性；采取有效的腐败预防，调查和执行措施，并鼓励公众参与反腐败活动。这事实上也就包含了主体与路径的多元。对我国的公职人员腐败，除依据法律规范和党规党章对涉嫌贪腐的职务违纪、职务违法和职务犯罪进行惩戒外，还应通过严格选人用人、加强廉洁从政从业教育等方式从源头来保障政府人员的廉洁性。不仅如此，更应当通过制度来约束权力，防止财政权力的自由裁量权过大而带来的信息偏在和道德风险。

(二)理念：确立预防优先的价值导向

针对腐败发生的社会根源、系统性及其所具有的巨大危害性，腐败治理的控制系统应当重视在腐败发生之前预防而不是发生之后的惩治。实践表明，以“惩治”“救济”为基本价值理念的腐败模式，在短期内确实能够有效压缩腐败的产生、遏制腐败滋长,形成有针对性的腐败治理外在治理机制,有效减少腐败存量、降低腐败增量。然而,这种以“惩治”“救济”为导向的腐败模式具有即时性、阶段性、偶然性等特点,腐败在惩治的高压之下会进行自我进化,商业腐败容易出现周期性反弹。因此,确立预防优先的价值导向是治理腐败的治本之策,在精力投入、措施选择等方面应当向预防倾斜,在腐败治理的系统流程中,应当更加重视事先、事中的预防,在惩治的环节,应当更加重视惩治的预防功能而不是简单的报应,尽最大可能把腐败控制在萌芽状态,从而消除腐败产生的条件和环境。

在私企反腐中,在腐败的内部控制方面,强调商业反腐的源头治理。通过加强对“财”的监控或者消除私权力的“寻租空间”将腐败遏制在源头。据此,企业内部审计监督、评价企业的合规计划应该扩展到企业内部每一个部门、关键节点、业务流程,合规问题的内容一般包括但不局限于以下这些方面:生产、销售、合同订立、人员选聘和考核等。在外部控制方面,注重腐败法律的体系性建设,重点加强以财产为重心的预防性法律制度建设,将企业反腐败合规上升为法定义务。例如,美国根据对象是否拥有“稳健的内控预防体系”,在商业反腐执法中可以酌情减免对公司最终责任的追究。英国把商业组织不建立“预防贿赂”的责任视为构成犯罪,公司对此所进行的抗辩只有借助于“充足程序”才能获得豁免。建立和完善企业腐败治理合规法律激励机制应当注意,推动企业合规普遍展开的制度设计必须对此予以合理考虑,否则可能构成对企业自由的不当干涉。

就财税腐败而言,更应当强调腐败的源头治理,以“管好权、理好财”为思路,构建财税治腐的预防体系,具体而言,包括两个方面:其一,促进财权的科学配置,防止财权畸轻畸重,既要避免财权的自由裁量的余地过大而带来的道德风险,同时也应防止财权过分受限而导致国家财政职能无法实现;其二,加强国家公共财产的管理,完善政府财政制度、审计制度、发票管理制度,规范公务消费,从理好财的角度防止财税腐败行为的发生。

(三)实践:加强腐败治理的系统化建设

构建腐败的防控体系,是中国腐败治理“一元目标”与“多元治理”的实践路径。腐败问题是一个错综复杂的问题,因此对腐败的治理路径绝不是单一的,而是需要多元主体、多元途径的。但是主体的多元、途径的多元如果不能有机地衔接,各主体自行其是,彼此互不相干,那么腐败的治理则会产生"九龙治水而水不治"的困境。实际上,我国长期以来的腐败治理工作低效的症结正在于此。因此,腐败治理应当加强系统化建设,以整体的、体统的思维出发,以问题意识作为导向,将腐败治理的各种力量、各个环节、各种手段有机衔接,从而形成监督合力,以此提高反腐治腐的效能。

私企腐败治理通过构建"企业—社会—国家"的三级构成的层级性防控体系,形成反腐合力。在企业层面,通过加强企业内部的制度建设、合规建设、自律建设来实现。故应当对掌握审核权、人事权、采购权、计量权、财务资金权的高腐败风险的岗位予以重点关注,同时,加强对招待活动、礼品发放、公益赞助、慈善捐助、采购活动、人事聘用、财务收支等关键环节的腐败合规评估筛查,加强监督审计。

在社会层面,构建企业人员腐败风险社会防范体系,一是加快建立和完善适合我国国情的企业信用制度,由市场监管、税务等部门将企业的有关重要信息进行收集、整理、储存,建立诚信档案,将行贿企业纳入信用黑名单,使其发展处处受限;二是进一步加强行业协会对商业腐败行为的治理功能,通过协会成员自愿分享资料、信息,实现成员之间在腐败治理等方面的信息共享和必要协助,共同打造阳光诚信的商业环境。

在国家层面,通过法律体系的完善和法律的执行来完善对商业腐败行为的规制。在保持刑事处罚谦抑性的同时,扩大其他法律对商业腐败的规制范围,落实预防优先的价值取向,对商业机构设定严格的预防腐败义务。[1] 在加强国内立法的同时,还应当积极参与商业腐败的国际治理,不断参与推动新的国际和地区性反商业腐败公约的制定。而在执法层面,强化市场监管、

---

〔1〕 例如,英国《反贿赂法》在贿赂行为之外制定了"预防商业机构贿赂失职罪",如果商业机构相关联的人员为该商业机构获得或者保持某种好处,则该商机构构成犯罪。但该商业机构可以证明自己建立了适当程序以防止与其有关联的人实施贿赂行为而予以抗辩。这也就意味着,商业机构负有严格的内部控制任,若其自身不能证明其采取了充分的程序预防贿赂犯罪,则其关联的人一旦被发现实施贿赂行为,则该商业机构也构成犯罪。

税务、审计、公安等机关相互配合组成跨行业、跨部门、全方位的监管合力，实现信息互通和资源共享，做好私企腐败案件的预防、调查和执法衔接工作。

这种系统化的思维同样也体现在公权腐败的治理过程中。腐败治理和解决问题的方式是综合的、开放的、多元的，它更多地表现为一个现实问题而非理论问题。从以往的反腐经验来看，以刑事惩戒为路径的腐败治理模式似乎并不能对腐败实现很好的治理，系统化思维的缺失使腐败治理由刑法一派“自说自话”，其他法域的“失语”使防腐的大网迟迟无法建立。领域法学的观点认为，腐败问题产生的原因是复杂的、多维的，故腐败的治理方式也应当是多层次的、多角度的甚至是多学科的。对公权力的腐败治理，应当坚持以解决问题为导向，打破原有的部门法域的界限，以多重制度构建来回应腐败治理的现实性问题。

具体而言，应当包括事前的预防机制、事中的调查联动机制和事后的惩戒机制，目前事后的惩戒机制已经趋于完善，而目前建设的重点在于事前和事中机制的构建。由于对财税制度的忽视，导致事前和事中机制迟迟没有建立起来，往往在腐败发生之后，国家仍要动用大量的资源进行追赃工作。从系统化的思维来看，财税治腐应当与其他反腐方式通力合作，财政税务机关与国家监察机关进行合理分工，建立起相应的联动机制，从而形成防腐与治腐的合力。

第七节 财税法对互联网企业的腐败治理

20 世纪 90 年代以来，以美国为代表的西方互联网科技革命的兴起加速了全世界数字化的发展，中国的互联网行业也随之崛起，在短短的 20 多年内迅速发展壮大，成为我国经济社会发展的重要推动力量。[1] 2019 年 2 月 28 日，中国互联网络信息中心（China Internet Network Information Center，CNNIC）在北京发布第 43 次《中国互联网络发展状况统计报告》，报告显示，

---

〔1〕 参见《互联网行业已经成为推动我国经济社会发展的重要力量》，载中华人民共和国中央人民政府网：http://www.gov.cn/wszb/zhibo613/content_2612416.htm，最后访问日期：2019 年 9 月 11 日。

截至2018年12月,我国网民规模为8.29亿人,手机网民规模达8.17亿人,在线政务服务用户规模达3.94亿人,占整体网民的47.5%。[1] 互联网行业的兴起促使众多新颖的盈利模式的产生,也为阿里巴巴、百度、腾讯、淘宝、京东等无数新兴公司提供了发展空间。

但是,互联网企业商业版图的迅速扩张也为腐败问题提供了滋生土壤。互联网企业的腐败问题违背了市场交易中的公平原则,不仅妨碍社会主义市场经济秩序的建立,更不利于社会主义诚信体系的建设。党的十八大以来,我国的反腐败之路进展迅速,在一定程度上有效地遏制了公权力的腐败行为,互联网企业反腐也逐渐成为我国反腐败斗争的新兴力量。但是,无论是理论界还是实务界的腐败治理研究重心和视角往往都集中在公权力部门,很少基于财税而视角研究探讨中国互联网企业的腐败治理问题。而互联网企业内部和外部财税制度的缺陷为私权力提供了寻租空间、结构性资源控制失衡、监督不到位等原因致使互联网领域腐败问题日益严重、复杂,严重阻碍了企业的正常运营。因而,从财税法视角研究中国互联网腐败治理的意义重大。通过分析我国互联网企业反腐现状,从内外两方面分析国内互联网企业腐败产生机理,探讨中国互联网腐败现象和财税制度的内在关联,将财税制度治腐的源头治理作用充分发挥在互联网企业腐败治理进程中,结合互联网企业自身的独特优势探索出不能腐、不敢腐、不想腐的互联网企业治腐长效机制,为财税制度治腐提供了新的思路。

一、中国互联网企业腐败治理的时代背景

随着政府"大众创业、万众创新"的大力推进,又根据党的十九大报告中"创新是引领发展的第一动力,是建设现代化经济体系的战略支撑",我国经济社会发展逐渐由"要素驱动"转为"创新驱动",[2] 互联网企业在社会发展

---

〔1〕 参见《中国互联网络发展状况统计报告》,载中华人民共和国中央人民政府网:http//www.gov.cn/wszb/zhibo613/content_2612416.htm,最后访问日期:2019年9月11日。

〔2〕 王益民、丁艺:《以"互联网+"推动创新经济发展》,载《经济日报》2015年5月12日,第3版。

进程中扮演着不可或缺的角色,成为国家创新驱动战略的重要推动力量。目前,互联网企业的管理层依靠产品研发、服务升级、跨界收购等独特优势来飞速扩张商业版图,但创业初期风险资金的大量引入、内部监管制度存在漏洞等原因为企业员工提供了侵蚀企业利益的腐败机会,致使企业内部腐败频发,涉案人数逐年上升(见表3-14)。

表3-14 互联网企业腐败案例统计

年份	公司名称	涉案人数
2011	阿里巴巴	100以上
2012	京东	2
	百度	4
	阿里巴巴	29
2013	京东	1
2014	阿里巴巴	1
	腾讯	2
	百度	4
2015	腾讯	1
2016	阿里巴巴	1
	腾讯	1
	B站	1
	华为	6
	百度	20
	京东	20
2017	华为	1
	百度	1
2018	阿里巴巴	1
	58同城	2
	今日头条	3
	ofo	8

续表

年份	公司名称	涉案人数
2018	京东	14
	滴滴出行	83
	美团	89
	大疆	100 以上
2019	360	1
	小米	2
	蚂蚁金服	2
	美团	3
	百度	7
	滴滴出行	29

（数据和案件来源：公司内部公开信、公司官方微博、相关媒体报道）

互联网企业腐败情况与传统民营企业有相似之处，权力寻租的主要方式为职务侵占、商业贿赂，但是由于互联网企业自身独特的职位设置和营利模式，其腐败形式趋于新颖化、隐蔽化、多样化，多发于采购、招投标等环节，比如，商家刷单、泄露个人信息、收费删帖、篡改网站排名、收受贿赂让资质不足的商家上线等。一方面，互联网企业腐败问题会严重阻碍到内部机制的良好运行和长远发展；另一方面，消费者是互联网企业腐败的成本的最终承担者，其对该行业的信任度也会大幅降低，互联网企业将面临信誉危机。从表 3－14 可以看出，阿里巴巴、百度、京东等互联网领军企业均存在涉腐败案例，不仅不利于互联网行业正当经营之风的树立，破坏了社会主义市场经济秩序，而且对国家财税收入的不利影响颇大，同时阻碍了国家治理体系和治理能力现代化的顺利推进。

目前，互联网企业问题不仅受到了企业内部层面的重视，更引起了国家层面的关注。第一，在企业内部层面，处理方式实现了从“家丑不可外扬”到“查处一起，公告一起”的实质性飞跃，对腐败案件及涉案人员“零容忍”并进行公开曝光，此外互联网企业内部反腐机制也逐渐健全，例如，京东从 2009

年就开始探索组织、制度、科技运用等方面的反腐之路，设置了奖罚联动制度、多方位监督机制，成立了目前包含腐败调查组、内控审计组和腐败预防组的腐败调查组内控合规部，为反腐倡廉建设提供了有益的经验。第二，在国家层面，2016 年《中国纪检监察报》刊登了《民企加入反腐阵营值得赞赏》，2017 年刊登了国内电商巨头京东集团 CEO 刘强东讲述企业反腐的心路历程——《正风反腐，让正气回归》。

但是无论是从行业角度还从国家层面来看，互联网企业腐败治理的研究仍是不全面、不充分的，尤其缺乏从财税法视角探讨如何规制互联网企业的腐败问题。

二、中国互联网企业腐败的产生机理

互联网行业是一个典型的新兴行业，发展成熟时间只有 20 多年，但是无论是在互联网技术革命肇端的美国还是互联网经济跨越式发展的中国，有的互联网企业利用监督体系的漏洞、法律滞后、企业内部制度供给不足等缺点，不择手段地疯狂扩张商业版图，实现盈利，[1]为权力寻租等隐性腐败问题提供了滋生土壤。虽然现如今，互联网逐步迈入法治化，该领域的腐败问题已经成为我国反腐倡廉建设的重要内容，但是互联网企业腐败问题具有长期性、复杂性、多样性、隐蔽性，并非一朝一夕可以解决之事，要找准其"受病之因"，深挖其"起弊之源"，方能从源头上切断腐败的利益链条，实现互联网企业运营的法治化。

（一）中国互联网企业腐败发生的外部因素

1. 结构性资源控制之困境

目前，我国进入了经济社会发展的关键时期，迈入了社会转型和体制转轨的历史新征程。[2] 我国经济体制已由计划经济转向市场经济，实行"以公

---

〔1〕 参见于琴：《国家治理现代化视域下互联网企业腐败治理》，载《重庆社会科学》2019 年第 4 期。

〔2〕 参见孔祥学：《论和谐社会视角下的利益分化与政府协调》，曲阜师范大学社会学系 2008 年硕士学位论文，第 1～30 页。

有制为主体，多种所有制共同发展”的基本经济制度，确立了市场在资源配置中的决定性地位，民营企业的地位提升到“社会主义市场经济的重要组成部分”，但是目前我国市场经济中的资源配置仍面临着失衡问题，不平衡主要体现在国有企业和民营企业的政策制定、资金供给、法律等领域，部分互联网企业为了获取广大的市场发展空间，抓住监督缺失、法律不健全等缺陷，违反市场公平竞争的规则，利用非法手段拼命获取有限资源，积累资本，在此过程中，企业资金周转程序复杂且数额巨大，再加上运营环节极易出现漏洞，为不法分子提供了腐败机会，致使互联网企业腐败问题频频发生。例如，国内某知名网络平台游戏板块的运营负责人利用职务之便和监管不到位，非法侵占公司利益，给公司带来巨大损失。

2. 监督体系之漏洞

传统民营企业的监督主体主要包括工商、税务、电力、消防等国家部门，对该领域腐败问题的立法规制仅仅包括经济法规层面和刑法层面，[1]第一，在经济法规层面，我国于1993年和1996年分别颁布了《反不正当竞争法》和《关于禁止商业贿赂行为的暂行规定》。第二，在刑法层面，我国《刑法》规定了“非国家工作人员受贿罪”。可见，规制民营企业不正当竞争行为成为国家的一个焦点问题。但是随着我国经济体制的变革和互联网行业的跨越式发展，市场参与主体呈现出复杂化、多元化的趋势，现存的监督体系已经无法对其进行充分的约束，促使新兴的市场参与主体利用监督漏洞进行权力寻租。例如，国内互联网订餐平台E公司，曾被媒体曝光，入驻该公司平台的食品供应商不符合认证条件，而该公司则涉嫌引导入驻商家虚构地址、上传虚假实体照片，甚至默许无照经营的黑作坊入驻，严重侵害了消费者的健康安全权益。究其根源，不外乎企业内部管理混乱，贪腐之风盛行。

此外，互联网企业腐败问题监督层面的社会公众参与度极低。实质原因在于社会大众对互联网企业的真实运营方式并不了解，对其认知仅仅局限于产品服务和配送服务，若发生消费者权益受到损害的情形，由于消费者相关

---

〔1〕 王田田：《论新时期中国民营企业的腐败治理》，载《中州学刊》2017年第10期。

法律知识储备少，通常会自认倒霉放弃投诉入驻互联网平台的商家，即使选择投诉，该平台往往倾向于保护商家的利益，以较低的补偿来换取消费者撤销投诉，比如，优惠券、红包现金、平台的积分等。互联网和商家的强强联合助长了互联网企业非法获利、受贿腐败的不良风气，严重侵犯了消费者的合法权益。

(二)中国互联网企业腐败发生的内驱动力

1. 业务特殊导致权力寻租

孟德斯鸠曾言："一切有权力的人都容易滥用权力，这是万古不易的一条经验。有权力的人们使用权力一直到遇有界限的地方才休止。"[1]权力本身具有扩张性和强制性，掌权者具有权力所带来的影响力、支配力等独特优势，为权力异化提供了机会和可能。而分析腐败本源性问题是研究腐败产生的重要内容，究其本质，腐败产生于权力的异化，即利用权力进行寻租来满足个人需要。互联网腐败问题的本质仍是权力寻租，即滥用权力资本，而权力寻租的关键在于互联网企业特殊的业务模式。现如今，我国互联网企业的盈利在一定程度上取决于人口红利所带来的流量，即用户流量的规模决定盈利的多少。流量作为一种虚拟资产，在一定程度上成为大部分互联网企业的生命线和重要支撑。流量掌控者利用操纵筛选标准的权力优势极易实施腐败行为，例如，在网上曝光的国内某电商企业的腐败案例中，电商企业的团购平台所掌握的巨大流量的分配直接关系入驻商家的销售额。当出现越来越多想要借助互联网平台提高销售业绩的商家，流量则成为紧俏之物。换言之，掌控流量者的地位则会随之提升，腐败问题会日益严重。

2. 企业内部腐败治理制度供给不足

互联网企业的盈利模式较为独特，对市场和流量的依赖性较高，导致企业内部职责分工协作性低，这种混乱的工作运行机制为腐败的产生提供了"温床"，在某些十分受商家欢迎的互联网行业巨头企业中，处在支配流量关键岗位的职员利用自己具有决定筛选标准的地位便利与入驻商家进行不正

---

[1] [法]孟德斯鸠：《论法的精神》(上册)，张雁深译，商务印书馆1982年版，第153页。

当交易,这不仅不利于互联网企业的良好运行,还会引起社会公众对互联网企业的严重质疑。目前,针对互联网腐败问题,相关企业也采取了治理措施,但效果不佳。例如,阿里巴巴、百度、京东等互联网巨头,采用辞退高管及相关涉案人员来治理企业内部腐败问题。但是该项举措更侧重于事后反腐,并不具有预防功能,不能科学、合理、全面、彻底地实现反腐的最佳效果,而其所奉行的效率优于管理、利益为重的经营理念更使互联网反腐难上加难。究其本质,根源在于互联网企业滞后的内部监管和反腐机制无法应对具有较强隐蔽性的新类型腐败,为不法分子提供了较大的寻租空间。

三、中国互联网企业腐败现象和财税制度的内在关联

互联网企业腐败治理受到内外两个层面的制约,不仅深陷结构性资源困境、监督体系不健全等外部困境,也面临着业务特殊导致权力寻租、企业内反腐制度供给不足等内部难题。腐败治理作为国家治理体系和治理能力现代化的重要抓手,更应体现国家治理的内核,即依靠多元力量共同治理,从不同视角分析互联网腐败行为的本质。从互联网腐败案例可以看出,该领域腐败行为模式可以分为受贿行为和成立关联公司行为,都与“财”紧密相关。而财税制度的最重要的功能是“规制用财”,从源头上抑制腐败的产生。具言之,互联网腐败问题通常与私财产相关,财税制度治腐效能在互联网企业的发挥主要体现在会计、税收、审计制度三方面。从腐败行为角度具体分析中国互联网腐败现象和财税制度的内在关联,可以发现如何有效地遏制互联网企业腐败蔓延的趋势。

(一)中国互联网企业的贪污受贿行为

互联网企业的商业模式主要包括三种:广告、电子商务和增值服务,三种商业模式都需要巨大的用户流量规模,而如何分配互联网企业平台所拥有的巨大流量与入驻商家的销售总额多少密切相关,掌管“流量袋子”和具有操纵商家筛选标准的工作人员权力逐渐扩张膨胀,再加上互联网行业业务拓展期监管的不到位,促使采销、营运以及招标等环节成为互联网企业的“灰色福利温床”,某些供应商或者入驻商家通常利用相关工作人员的职位便利和监

管环节上的漏洞以回扣、返点等方式向关键岗位人员输送利益。例如,2018年德邦快递的一位运营经理收受一位供应商1万多元贿款;2019年360知识产权部的一名总监收受多家代理商贿赂;百度"百家号"业务人员收受好处费30余万元;小米市场部负责人索要高额好处费;蚂蚁金服两位员工受贿1300余万元。

从前述案例可以看出,互联网企业腐败主体通常是掌握外部商家生死大权的工作人员,腐败行为主要表现为关键岗位人员利用自身职位便利为商家提供相关便利,并收受或主动索要商家提供的非法利益,如回扣、返点。互联网企业中采购、营运以及招标环节受贿行为的产生关键原因在于,业务类型的迅速拓展和互联网技术的发展导致腐败手段的多样化和复杂化,现有的监管制度无法与之匹配,从而为腐败提供了产生空间。

(二)中国互联网企业的成立关联公司行为

成立关联公司,是互联网企业销售环节的主要腐败行为之一,其是指企业员工凭借其职位权力、职务的优势地位,如议价权,在与分销商、供应商、终端客户等各类关系的建立、维护、沟通过程中,将工作关系变为个人关系,将合法关系变为非法关系,[1]利用自身所掌握的资金、销售渠道等便利条件,通过非法手段将公司业务交由亲属所经营的公司为其谋取私利。例如,百度智能云的两名工作人员和外部人员勾结,通过设立不必要的中间交易环节引进其中一名工作人员妻子持股谋取私利;京东男装及奢侈品部的一位采销经理为了引进其弟弟所经营的公司并给予其资源支持,向京东一位部门同事行贿;小米市场部一位工作人员将公司业务交给亲属持股的公司承揽。互联网企业员工成立关联公司的腐败行为的本质在于其所拥有的权力为其提供了充分的市场资源,但是缺乏有效规范这些资源的监管机制,各种人为因素交织在一起致使腐败频繁。该类型腐败行为属于会计的经济管理领域,其产生的关键原因是现有会计制度的不健全。

---

〔1〕 参见陈春琴:《互联网企业腐败研究综述》,载《湖北经济学院学报》(人文社会科学版)2018年第5期。

(三)中国互联网企业腐败现象与财税制度的内在关联

从对上述互联网企业腐败现象的案例梳理和类型化分析可以看出,该领域的腐败行为主要包括贪污、受贿和关联交易三种,其和财税制度的联系主要体现在会计制度、税收征管制度和审计制度。第一,贪污行为和会计制度、税收征管制度的内在关联。民营企业中的腐败主体通过会计政策把腐败交易或者事项同企业的正常交易事项一样确认为企业主体的经营活动,将企业利益转为私人利益,[1]其腐败手段主要包括虚构交易事项或者虚增交易事项,如虚开发票,究其本质,一方面,在立法层面,由于目前我国《税收征收管理法》《会计法》等法律法规中关于发票管理、财务记账凭证、银行转账支付等方面的规定尚未实现系统化和规范化,极易造成不法分子实施财务报告造假、虚开发票等贪污行为;另一方面,在执法层面,现有的税收征管模式受传统管理思维的影响尚未拓宽涉税信息来源渠道和建立信息共享平台,导致涉税数据片面化、碎片化,[2]并且会计执法存在过于宽松的现象,常以经济处罚代替行政处罚,从而为腐败行为提供了生长空间。

第二,受贿行为、关联交易行为和审计制度的内在关联。受贿行为和关联交易行为的相同点在于腐败主体利用职务便利输送利益,属于内部和外部相勾结,这两项行为不仅严重影响企业的正常经营,更会导致企业的商业信誉迅速降低,其严重性远远大于前述的贪污行为。受贿行为和关联交易行为产生的原因具体到财税制度层面,主要是审计制度存在缺陷。我国的审计体系由政府审计、注册会计师审计和企业内部审计三部分组成的,政府审计力量不够,企业内部审计独立性不够,注册会计师审计是审计互联网企业腐败行为最合适的主体。但是实际情况是,我国并未将互联网腐败行为规定在注册会计师的审计内容之中,因而互联网企业腐败行为审计主体的不明将会导致审计执行不严,该领域的腐败行为(如财务报告错报、漏报和舞弊行为)都无法得到严格审计监督,权力也不能得到有效的制约,腐败问题也日益严重。

---

〔1〕 参见冉春芳:《制度约束、会计政策偏好与腐败治理》,中国会计学 2016 年学术年会论文,重庆,2016 年 7 月,第 4 页。

〔2〕 参见丁芸、张岩:《"互联网 +"背景下税收征管模式探究》,载《会计之友》2019 年第 17 期。

四、中国互联网企业腐败治理的优化路径

习近平总书记在党的十八届中央纪委三次全体会议上指出,“建立健全惩治和预防腐败体系是国家战略和顶层设计”,“各项改革举措要体现惩治和预防腐败的要求,同防范腐败同步考虑、同步部署、同步实施,堵塞一切可能出现的腐败漏洞,保障改革健康顺利推进”。[1] 由此表明,反腐倡廉建设已经成为国家治理的重要内容和关键任务,而规制腐败最有效的方法是多元共治。从上述案例类型化分析可以看出中国互联网企业腐败治理的焦点在于“财”和“权力”,而财税制度在治国安邦中具有基础性、制度性、保障性作用,堪称“理财治国之重器”,[2] 其对廉洁政治的建设意义非凡,能够成为从机制上、源头上防治腐败的重要举措。作为国民经济发展驱动力量的互联网企业,其腐败问题的治理不能仅仅依靠企业自身反腐,而必须从外部和内部两个层面综合施策,将互联网反腐纳入国家战略,打造多元共治的互联网反腐格局,发挥财税制度的源头治理作用,健全互联网企业内部的反腐制度和业务程序,逐步地从根本上抑制互联网企业腐败现象的产生。

(一)中国互联网企业腐败外部控制的制度设计

1. 顶层设计:中国互联网腐败治理纳入国家战略

随着中国迈入中国特色社会主义新时代和改革开放的逐步深入,腐败现象逐渐呈现出多元化、复杂化的特点,若某一改革领域的监管不到位,则该领域的腐败问题会日益突出,[3] 如互联网企业。互联网企业的腐败原因主要表现在微观和宏观两个层面:在微观层面,为企业内部监管存在漏洞以及业务程序不健全;在宏观层面,为法律保障不充分和监督体系不完善。

申言之,我国应当在体制、资源层面为民营企业治理腐败提供充分的支

---

〔1〕 参见《强化反腐败体制机制创新和制度保障深入推进党风廉政建设和反腐败斗争》,载《中国纪检监察报》2014 年 1 月 15 日,第 6 版。

〔2〕 参见刘剑文:《论国家治理的财税法基石》,载《中国高校社会科学》2014 年第 3 期。

〔3〕 参见高新民:《国家治理体系现代化与反腐倡廉建设》,载《中共党史研究》2014 年第 2 期。

持和保障,加强民营企业腐败治理的顶层设计。[1] 具体到互联网企业腐败问题,由于该领域的发展涉及用户的衣、食、住、行、办公、通讯等方面,影响社会大众的获得感,其就上升到了国家治理的层面。现如今,我国主要依据《刑法》来判定既涉嫌违反内部管理制度又涉嫌违反国家法律的腐败行为的性质,而《刑法》、《反不正当竞争法》以及《关于禁止商业贿赂行为的暂行规定》等现有法律法规关于制裁企业腐败行为的措施较为分散,所以建立腐败治理体系是当务之急。因而,将互联网企业治腐纳入国家治理体系之中以及提升到国家战略层面是十分有必要的,其需要构建更加广泛的国家惩治和预防腐败体系,冲破互联网企业腐败问题仅依《刑法》判定的束缚,进一步完善以《刑法》《经济法》《财税法》为主干的现行法律,平等对待国有企业和民营企业的同种腐败行为,避免"公私有别"和量刑悬殊。此外,保证国家政策的充分支持和互联网企业腐败治理在反腐倡廉建设中的突出位置,进而从根本上保障互联网企业腐败治理可以提升到国家战略层面。

2. 核心任务:打造多元共治的互联网治腐格局

实践表明,制度反腐、法治反腐是我国反腐倡廉最有效、稳定的途径,法治与政策、微观策略与宏观方略的有机结合方能达到公权力腐败和民营企业腐败标本兼治的最佳效果。因而,必须打破民营企业仅仅依靠企业内部的法务、合规等部门和国家公安机关治理腐败的窘迫局面,协同多元主体的治理力量,打造多元共治的互联网企业治腐格局。

第一,治理主体多元化。政府、社会、企业是互联网企业腐败治理的参与主体,但是三者所承担的责任大小却各不相同。由于互联网企业是腐败产生的源头,其应当是治理责任的主要承担者,政府和社会(如互联网行业、媒体、民众)只承担治理影响市场稳定运行的腐败行为的责任,保证市场的公开、公正。

第二,治理方式多元化。其一,法律规制。市场经济就是法治经济,互联网企业腐败治理的法治化、规范化是大势所趋。要实现"规制用人"和"规制

[1] 参见王田田:《论新时期中国民营企业的腐败治理》,载《中州学刊》2017 年第 19 期。

用财”并重，健全《刑法》《经济法》《财税法》为主干的治腐法律体系，实现刚性规制和柔性制度的最佳结合，明确合理、确定的管理费用、销售费用等，逐渐消除互联网企业的“灰色地带”，通过刚性规制加大对非国家工作人员的腐败行为的惩治力度，通过柔性制度确定行业、企业的职责、奖罚措施等内容。其二，互联网行业联盟。互联网行业联盟作为社会自律性组织是连接政府和企业的桥梁，其主要功能为协调本行业各企业之间的关系以及维护行业秩序的稳定。目前，部分互联网企业已经意识到腐败问题的日益严重性和巨大危害性，开展了行业自律反腐行动，例如，在 2017 年 2 月，由京东集团倡议，联合腾讯、百度、沃尔玛（中国）、宝洁、联想、美的、小米、美团点评、唯品会等 14 家知名互联网企业在北京共同发起建立我国互联网企业首个行业反腐非实体自治组织——阳光诚信联盟（见图 3－6），同时邀请中国人民大学刑事法律科学研究中心作为顾问单位。该联盟以诚信经营为宗旨，在成员间建立联盟监督、评估机制，联盟成员可共享反腐信息，一致拒绝录用失信人员，为打造阳光、透明、诚信的营商环境奠定了坚实基础，形成了为企业提供治理腐败线上线下的全方位服务。但是互联网行业联盟成立时间较短，腐败治理能力有限，需要制定科学化、系统化的反腐败行动指南，提高互联网企业的参与度，健全行业规范和反腐条例，加强与行业外社会组织的协同配合。其三，社会舆论监督。媒体、公众不仅是互联网企业腐败的治理主体，还是互联网企业产品和服务的消费群体，其反腐行动更具有说服力、及时性和真实性，可以使互联网腐败治理成本大大降低，也能解决公众“维权难”和企业腐败问题信息“公开难”的问题。总之，打造多元共治的互联网企业反腐格局需要政府、行业和社会在反腐总原则的基础上协同合作，共同发力。

图 3－6　阳光诚信联盟成员

3. 源头治理：完善财税相关的法律制度

实践表明，绝大多数的互联网企业腐败形式，从财富流动的角度来观察，其实质都是企业财产向私人财产的转移，管住了企业的"钱"，也就管住了企业"人"和"事"，从而可以实现对腐败的源头治理。制度是反腐的治本之策，[1]而财税制度是符合全面深化改革需要和具体国情的有效之策，可以实现与其他反腐措施的最佳结合，可谓之治理腐败的优选路径。但财税制度仍有许多尚需完善之处，具体到互联网领域，主要包括以下三个方面：第一，在税收征管层面，打破原有的思维定式，建立开放共享、信息收集渠道广泛的税收征管模式，在税收法定原则的前提下推进税收征管制度改革，逐步完善税务登记、电子凭证管理、纳税人权益保护等制度，增强税收执法的统一性和规范性；[2]第二，在会计制度层面，强化对关键环节、岗位的监管，督促财会人员严格执行会计制度，实现会计的有效控制，严控腐败源头；第三，在审计制度层面，明确互联网企业腐败的审计主体、审计职责，保证审计执行的严格性、科学性，从而有效发挥审计的监督作用。

---

〔1〕 参见陈立诚、刘剑文：《财税制度反腐：一种源头治理的新进路》，载《政治学研究》2015 年第 1 期。

〔2〕 参见孙存一、谭荣华：《"互联网＋税务"推动税收大数据分析的路径选择》，载《税务研究》2017 年第 3 期。

(二)中国互联网企业腐败内部控制的制度设计

1. 体系构建:完善内部治腐机构

互联网企业和一般传统企业不同,其独特之处在于轻资产性和虚拟性,但其面临着和传统企业相同的疑难杂症——内部管理和腐败问题。国内一些互联网企业已经采取内部反腐行动,纷纷开始建立独立的内部反腐败部门(见表3-15)。但是,我国互联网企业内部治腐机构通常为合规、法务等部门,其职责为保证合同的规范,腐败治理措施主要包括通报批评、免职、移送司法机关等,侧重于事后处理,尚未形成惩治与预防并存的反腐败体系。此外,大部分中小型互联网企业甚至还未建立基本的内控机制,腐败治理既缺乏高度重视又缺乏资金和技术的充分支持。

表3-15 部分互联网企业内部反腐机构

企业名称	反腐机构		职能
京东	内控合规部	腐败调查组	调查核实腐败事件,依法处理涉事人员和商家
		内控审计组	负责内部审计
		腐败预防组	对企业内部腐败高风险部门、供应商进行宣传和培训
百度	职业道德委员会		负责审核查处腐败行为
阿里巴巴	廉政部和合规部		协同运作,联合负责调查内部腐败行为

一方面,惩治与预防并重的治腐体系可以借鉴京东所设置的腐败预防组,增加合规部、法务部等反腐机构的预防职能,对权力寻租现象频发的高风险部门给予高度重视,例如,企业的采购销售、财务、仓库管理等部门同资金、财产等关系密切的部门,还要增强反腐机构的针对性,对隐蔽性极高的新类型腐败行为"对症下药"。

另一方面,根据中共中央办公厅印发的《关于加强和改进非公有制企业党的建设工作的意见(试行)》(中办〔2012〕11号)文件的要求,非公企业党建应着眼于发挥政治核心、政治引领作用,履行宣传贯彻党的路线方针政策、团结凝聚职工群众、维护各方合法权益、建设先进企业文化、促进企业健康发展、加强自身建设六方面职责，充分发挥纪检组织在维护和执行党的纪律中的职能作用。[1] 互联网企业治腐体系的完善要发挥党组织的先锋模范作用、监督保障作用，已具有一定规模的互联网企业尚未建立党组织的要抓紧建立，中小型企业应在区域联建、行业联建、挂靠组建的党组织中建立纪委监委，实现党组织的全行业覆盖，通过党组织引导企业依法依规，配合企业内部独立治腐机构的工作，逐步建立起不敢腐、不能腐、不想腐的惩治与预防并存的治腐体系。

2. 技术优化：健全业务程序

从上述案例可以看出，互联网企业腐败行为多与财产资物有关，常发生在销售、采购等环节，究其本质，不仅是由于企业内部监管不到位，还与企业业务程序存在漏洞密切相关。若想从根源上治理互联网企业腐败问题，必须从控制资财入手。互联网企业腐败行为呈现出多元化、新型化、复杂化的趋势，腐败手段隐蔽多样，因而我国互联网企业腐败内部控制的制度设计要与之相适应，要以体系和技术为抓手，既要攻破反腐体系不健全的难题，又要追求体系建设的科学性、合理性，也要健全业务程序，结合互联网企业的数据及人才优势实现反腐的信息化和数据化。竭力排查修补技术层面的漏洞，利用大数据、人工智能（AI）和云计算建立异常监控系统，控制好企业的资财，实现资财运行过程的数据化、可视化、可追溯。例如，在公司财产管理方面，通过异常监控系统实时监控资财的收、发、结存、盘盈盘亏情况，发现问题及时处理；在会计制度方面，运用业务异常监控模型分析财务目标、成本目标的具体落实情况以及与计划差异的实际原因，审核企业的账簿、记账凭证、报表、发票等会计资料，及时发现制度运行漏洞、权力寻租行为，遏制腐败问题蔓延的势头。

中国互联网企业在 20 多年的时间里逐渐由弱变强，成为推动我国经济

---

〔1〕 中共中央办公厅印发《关于加强和改进非公有制企业党的建设工作的意见（试行）》，载人民网：http://cpc.people.com.cn/GB/64093/64387/17981304.html，最后访问日期：2020 年 3 月 2 日。

社会发展的重要力量,但由于外部结构性资源困境以及内部监管不到位、业务特殊等原因导致腐败问题丛生。实践表明,中国互联网企业腐败行为往往和财产资物有关,需要从财税制度出发根除腐败滋生的土壤。通过从财税视角分析中国互联网企业腐败行为的主要类型、治理经验和未来进路,为财税制度治腐提供了新的思路。首先,优化现行财税法律法规。腐败顽疾的根除不在于通过教化克制权力所有者的内心贪欲,而在于制度设计的严密精细。因而,完善的财税法律法规是从源头治理腐败的重要利器,尤其是在税收监管、审计和会计方面。其次,打造多元共治、惩治预防兼具的财税治腐格局。仅仅依靠财税法律一已之力规制腐败行为对反腐倡廉建设来说是杯水车薪,财税制度要借助多方主体、多种方式来实现标本兼治的治腐效果,将参与主体由权力主体扩大到权力主体和权利主体(企业、公民、媒体),实现财税法律、财政党规的有效互动,逐步建立起不敢腐、不能腐、不想腐的惩治与预防并存的财税治腐体系。

第四章　财税治腐组织论

第一节　我国财税治腐的权力配置

自从党的十八大以来,党中央在全国范围内进行了大规模的反腐行动,反腐败的成果累累,这也初步体现了“反腐无禁区”制度。但是,治理腐败就如同治疗疾病,如果想根治就必须找准病因。习近平在第十八届中央纪律检查委员会第二次全体会议上强调:“要健全权力运行制约和监督体系,加强反腐败国家立法,加强对权力运行的制约和监督,把权力关进制度的笼子里。”治本需要完善的制度和法律的支持和指引,并且法律制度是规制用人和用财的重要工具。建设完善的管理人和财的法律体系,可以将腐败扼杀在摇篮里。国内学者万广华和吴一平经过实证分析发现,随着立法数量增加和执法力度加大,腐败发生率明显降低。[1]

在财税法这一特定部门法中,规范好两个重要的因素就可以对腐败进行划定和制约,即公共财产和与公共财产运行相关的公权力。在我国现有法律体系之下,财税法主要负责对公共财产和与之相关的权力进行规范。财税法对腐败治理的关键环节,是对拥有相关权力的机构的腐败行为进行实质性规制,即完成权责对应落地实践。因此,机构间的权力配置是否合理对财税法

---

〔1〕 万广华、吴一平:《司法制度、工资激励与反腐败:中国案例》,载《经济学季刊》2012 年第 3 期。

能否有效治理腐败起到决定性作用。通过在权力配置理论框架下梳理我国现有财税法制度对腐败治理的权力分配,在规范与公共财产收支和管理相关的权力的过程中,可以发现行政权、司法权与监察权的衔接是权力顺畅、有效和运行的关键。而通过以控制"腐败资财"为基点的"财税治腐"则能够克服长期以来以"治人"为重心的"权力反腐"的弊端,这种方式通过明确财权边界、规范公共财产管理进一步压缩了权力的寻租空间,同时避免了通过选人、分权等控权机制的主观性、随意性的弊端。因此,接下来的问题聚焦于在我国现阶段财税治腐领域的权力配置。

一、权力配置:我国财税制度规制腐败之设计

法律制度属于社会制度,它是在一定历史背景下形成的,通过法律机构和国家强制力的保障来发挥法律规范对社会的作用,主要目的是建立法律秩序。法律制度随着社会的发展而不断丰富。法律制度的有效性不是指法律制度本身的法律效力,而是指法律制度的作用能够最大化地发挥,在社会调整过程中实现自身所追求的价值目标,最终形成现实意义上的法律效力。川岛武宜认为,因为政治是各种社会力量抗衡的最直接的表现形式,为获取自身社会利益的活动,必然会表现为政治上的权力之争,而这种政治权力之争的结果,又必然会表现为靠政治权力强行推行的法律命题。[1] 一个国家的权力配置是法律制度是否顺利实现的政治前提,它影响着法律制度调节经济和文化。一方面,我国是人民当家作主的国家,国家的一切权力由人民享有,人民通过人民代表大会制度将权力的享有和行使分离开来,将权力授予给各个机关,并实现了相互制约和监督。但是,在权力运行过程中,可能出现政治权力失控和异化,比如,贪污腐败行为、以钱谋私行为。因此,权力的配置需要法律制度的有力监控,保证权力行使者依法行使职权,最终实现对人民当家作主制度的充分保障。目前,在理论学界,权力制约理论主要有权利制约权力、责任制约权力、法律制约权力等。但是,这些制约方法都要通过法律制

---

[1] 参见[日]川岛武宜:《现代化与法》,中国政法大学出版社 1994 年版,第 232 页。

度来发挥自己的作用。

另一方面,在我国,权力运行的问题主要有权钱交易、贪污腐败、权力寻租等问题。权力良好运行的重要标准是权力在阳光下依法科学地运行。因为在国家权力科学、依法、健康运行的前提下,我国的治理体系和治理能力现代化才可以进一步实现。首先,我国的国体是人民民主专政,各级权力机关在行使职权时要从人民的根本利益出发,做到时时刻刻为人民着想。权力透明化可以实现人民民主权利的基本保障,也可以保证国家的正常运行。权力的透明化需要我们加强监督,强化权力监督的制度建设,把权力关进制度的笼子里,不仅要加强党的自我监督,还要加强对国家机器的监督,全面完善权力监督。其次,法律是权力的良好运行的重要内容。习总书记在党的十九大报告中提出了坚持全面依法治国。全面依法治国是中国特色社会主义的本质要求和重要保障,在"四个全面"中居于首要地位,建设社会主义法治国家,发展中国特色社会主义法治理论,坚持依法治国、依法执政、依法行政共同推进,坚持法治国家、法治政府、法治社会一体建设,坚持依法治国和以德治国相结合。权力依法运行是中国的国情需要,也是建设社会主义法治国家的题中应有之义。

(一)理论基石:财税治腐的功能定位

腐败问题不利于经济的健康发展,也会造成收入更加的不平等,降低人民群众对政府的信任度,不利于推进国家治理体系和治理能力现代化。在理论学界,有的学者认为,腐败主要是指"公财私用",即从财富流动的角度观察,腐败的实质是官员将权力支配下的公共财产以寻租、侵吞或滥用的方式向私人财产转移。[1]

事实上,我国法律没有明确规定腐败的含义,可是在检察院的报告中,我们可以看出腐败是指,公权力主体实施贪污贿赂、渎职等职务犯罪行为。预防权力腐败的重要措施是权力制约与监督。在党的十九大报告中,习近平总

〔1〕 参见陈立诚、刘剑文:《财税制度反腐:一种源头治理的新进路》,载《政治学研究》2015 年第1期。

书记针对权力问题指出:“要加强对权力运行的制约和监督,让人民监督权力,让权力在阳光下运行,把权力关进制度的笼子。”但是改革开放 40 多年来,我国政府和市场之间的关系变化巨大,公私之间流动着巨大规模的财富,由于权力监督机制并不完善,出现了公权力主体抓住市场化改革进程中的漏洞中饱私囊的现象。[1]

我们从公财私用的角度确定腐败的含义,可以发现规制公权力主体和预防腐败的核心在于依法行使权力,财税制度主要涉及公共财产的收支和监督管理程序,间接实现了对公共权力的制约和监督,它对治理腐败来说具有极其重要的作用且取得了明显效果。例如,《党政机关厉行节约反对浪费条例》第 8 条规定:党政机关应当遵循先有预算、后有支出的原则,严格执行预算,严禁超预算或者无预算安排支出,严禁虚列支出、转移或者套取预算资金。数据表明,2013 年中央本级“三公”经费财政拨款预算执行数为 39.92 亿元,比预算数减少了 17.14 亿元。

第一,国家治理与政党治理的内在要求。财税治腐满足建设廉洁政府的要求,推进国家治理法治化的实现。在党的十八届三中全会上,中国共产党提出了“国家治理体系和治理能力的现代化”的总目标,而廉洁公正的政府是现代国家治理体系的重要内容,也有助于建设健康有序的市场和法治社会。“法者,治之本也”,财政是一个国家的治理基础和重要支撑,财政法治化是我国财税制度的必由之路。党在十八届四中全会上提出了全面推进依法治国,加强制约政府内部权力,重点突出“财政资金分配使用、国有资产监管、政府投资、政府采购、公共资源转让、公共工程建设”等事项的内部程序控制,这体现出依靠法治实现政府管理公共财产行为规范化。同时,实践经验表明,我国的反腐倡廉建设的顺利推进必须牢牢坚持党的领导,而腐败问题也是政党治理过程中难以去除的“绊脚石”。针对这一问题,共产党通过党内法规“规制用财”来实现“规制用权”,最终达到“管人”之目的,这不仅说明

[1] 参见寇铁军、胡望舒:《财税法制建设与反腐败成效——基于中国省域面板数据的研究》,载《财政研究》2016 年第 11 期。

财政党规对全面从严治党的意义非凡，更体现出依法治党的重要内容。总之，国家治理和政党治理的法治化是治理腐败最有效的途径，而财税法是实现国家治理和政党治理法治化的重要基石。

第二，财税法核心任务的本质体现。财税法在源头上控制公权力主体私自支配使用公共资金的行为，即在公共财产领域实现对腐败的有效抑制，一方面，纳税者将自己有的私人财产上缴给国家，授予国家征税权，这些财产也转变为了公共财产。因此，财税法赋予了纳税者监督权，进而实现防止在公共财产方面发生腐败的目的。另一方面，财税法的主要任务是管理公共财产，在预防腐败方面具有釜底抽薪的作用。因为官员的腐败行为主要是私自挪用公共资金，所以财税法可以有效直接地制止财税范围内的腐败现象。由于财税法律的不健全，一些官员借助法律漏洞，在政府采购的过程中收受回扣，采用各种各样的方式骗取财政补贴，并通过在部门或单位私设"小金库"等方式侵吞、截留、挪用公共财产。而财税法治理腐败的方式主要是在财政收支及监督管理中，合理配置不同主体的财政权责利，规范财政权力的运行。例如，在支配公共财产方面，建立了预算透明制度，实现了政府收支过程的透明化，有效控制了政府的"钱袋子"。

第三，腐败治理的多学科视角转变。腐败问题绝非一个单纯的抽象理论，其是由多方面的复杂原因交织在一起所形成的现实难题，不能仅仅依靠刑事法律这一学科来解决，而应当转变治理研究视角，采用领域法学的研究思维，从多学科视角来研究腐败治理之最佳方略，探究综合多元化的问题解决方法，整合因腐败治理理念分散而形成的条块分割的法律关系，切实保证权力配置以及运行的合理性、合法性，稳步提高治理的高效性，全面激发刑事法律、财税法律的相关功能，充分发挥财税制度的事前预防功能和刑事规制的事后惩治功能，逐步构建出全面、有效、开放的腐败治理法律体系。

（二）具体路径：财税治腐的内外控权机制

财税能有效治理腐败的关键原因在于，其通过规范公权力主体支配使用资金的行为实现对权力的制约与监督，从而消除腐败的滋生土壤。因而，腐败治理作为国家治理中的一个现实问题，其最优解决路径是从领域法学视角发挥财税制度对腐败的规制功能，坚持问题意识导向，以部门分工、“各管一头”的腐败，以统筹思维整合各种腐败治理的途径，重点解决以部门分工、“各管一头”的治理腐败之权力配置分散问题，破除“九龙治水而水不治”的困境，[1]进一步提高治理的“效能”。在财税法中，治理腐败具有狭义意义，它所配置的权力是与公共财产收、支、管理紧密相连的，腐败治理的对象是公共财产或与其相关的权力，治理原因主要在于它的行为违反了财税法律法规要求。从我国对财政治理腐败的立法相关规定来看，监督财政的对象主要包括两大种类，即财政收入和财政支出，监督方式主要有外部监督和内部监督两种途径。

1. 人大财政监督权的外部控权作用

在我国，我们通常把全国人大及其常委会的权能分为四大种类，即立法权、重大事项决定权、任免权和监督权。可以发现人大监督权对立法权、决定权和任免权十分重要，它是这三种权力获得成效的支撑和保障。如果人大监督权不具有强力性质，良法或者决议也只是“摆设”罢了。长时间后，人大的权威也会逐渐销蚀。而在监督权之中，人大最先在财政领域获得监督权。

目前，国家的日常管理主要由政府负责，但是人大控制了财政收支，防止政府恣意行事，滥用行政权，这是民主政治的本质要求。人大的预算监督权，是财政治理腐败过程中最核心的权力，即人大在预算案的形成、审批和执行的全过程中行使监管和督察的权力，进而使其可以清晰看到并严格审查其他国家机关的各项收支。人大通过控制公共资金的流动而全面掌控政府行为的方向，督促政府更负责地行使权力。从实质意义上来讲，全国人大代表人民对预决算享有审查权和批准权，这些权力主要源于我国的人民民主专政制度。

虽然全国人大在改革开放以来对大部分法律都进行了制定和修改，我国的法律体系也逐渐建立起来，但是我们仍然要面对的现实是，我国在财政法

---

[1] 在国家监察体制改革之前，腐败监督治理体系包括党内监督、行政监察、检察机关的监督、审计监督等，分散治理带来了腐败治理资源的分散和机构职能的重叠，从而导致了腐败治理的低效。

律体系方面人大的财政监督权并不强,人大未能充分完整地行使预算审批权,也未能充分规制腐败和保护公共财产,这主要有以下原因:首先,我国的《预算法》并未将政府的所有财政收入、支出纳入预算的监督对象范围,没有建立周全的审查范围,容易滋生腐败和贪污现象,例如,我国并未充分管理非税收入,许多公共资金并未归入预算中,某些部门或者公职人员很容易设立创收项目,中饱私囊。其次,在《预算法》中,人大享有对预算草案的审批权,并没有规定人大享有预算草案的修正权。从实质意义上来说,人大无法监督预算审批。再次,从《预算法》第53条可以看出,人大对超收的预算收入不需要进行审批,但这些收入可以直接由相关部门支配,这就造成人大在预算执行的过程中无法全面控制政府的权力和监督政府及其工作人员的行为。最后,我国的预算监督程序还不够健全。人大进行预算审批的时间不长,并且也不能提前收到预算草案,进而无法在预算审批环节进行充分讨论。除此之外,由于全国人大常委会预算工作委员会等工作机构的人员编制不足,预算初审的工作也无法顺利进行。

为了弥补人大财政监督权的漏洞,促使政府及其工作人员更加依法行政,首先要实现人大监督预算全过程。第一,人大应当参与预算编制。目前,我国《预算法》规定,国务院编制中央预算、决算草案。县级以上地方各级政府编制本级预算、决算草案。人大及人大常委会并不参与编制。但是,人大只有充分了解预算编制,才能做好准备,获取全面的预算信息,妥善完成预算审批,为此后的监督提供支持。第二,赋予人大对预算草案的修正权。我国《预算法》应当规定人大享有预算草案的修正权。人大通过修正政府的预算草案,可以进一步提高自己的监督能力,完善自己的预算审批权,也有助于增强相关部门及工作人员的责任感。第三,适当调整和监督预算执行。政府在预算执行监督阶段应当享有一定的自主权,但人大还要加强监督,应当定期或不定期地听取政府有关部门的预算执行报告,提出必要性的质询,还可以选择性地调查研究某一专项问题,提出针对性的建议。

2. 财税具体制度的内部监督功能

党员和国家机关工作人员在主体范畴上的重合度极高,财政党规不仅严格规范党员的行为，更间接地实现了公权力机关的制约。[1] 党规和国法在财政制度中内部制约和监督行政权力的有机结合方式主要是体现在以下两方面：第一，党规。其一，指引类财政党规。该类党规主要提供了依据类条例和倡导类意见，前者如《中国共产党党章》《中国共产党党内法规制定条例》，为财税法律法规的制定工作奠定了规范意义上的坚实基础，后者如《中国共产党廉洁自律准则》，其主要作用是提高政治核心凝聚力和党员的政治素养。其二，收益类财政党规。通过出台相应的财政党规如《关于在全国纪检监察系统开展会员卡专项清退活动的通知》来从源头上规制掌控审批权、检查权等关键性权力党员的腐败行为，切实保障公共财产的严格使用。其三，开支类财政党规。此类党规重点监控与消费直接挂钩的党内组织行为和党员行为，防止浪费国家财政资源，例如，《党政机关厉行节约反对浪费条例》全面、详细地列举了党内相关的开支活动，规定财政开支事项必须具有必要性。其四，监管类财政党规。其在坚持义务导向的前提下，通过《中国共产党党内监督条例》《关于全面落实中央纪委向中央一级党和国家机关派驻纪检机构的方案》《中国共产党巡视工作条例》等责任监管类财政党规建立了组织监督、民主监督和同级监督三种监督模式，增强了派驻监督的相对独立性，确保了党内工作的廉洁性。其五，问责类财政党规。通过《中国共产党员问责条例》等对党内违规行为进行问责、处罚，一方面，对具有腐败动机的人员起到警示作用；另一方面，对违规行为人起到教育、惩罚的作用。其六，公开类财政党规。《中国共产党公开条例（试行）》《关于全面推进政务公开工作的意见》等信息公开类财政党规从预算制度层面明确"人事信息"和"党的方针政策"，保证党内财政行为的合规性、合法性。

第二，国法。其一，预算制度。一方面，从形式上来看，财政预算的首要功能是反映政府的财政收支状况；另一方面，从实际内容来看，它主要反映政府活动的范围、方向和政策，逐渐成为人民管理政府的工具。预算法主要包

---

〔1〕 参见王文婷：《财税治腐的路径证成——兼论财税治腐的功能变革》，载《北京行政学院学报》2020 年第 1 期。

括预算编制、审批、执行和监督等方面的法律规定,同时也包括财政资金入库管理和出库的相关内容。它通过对预算相对应权利的规范,比如,预算备案制度可以有力地防止腐败行为在以上阶段的发生。其二,财政收入制度。财政收入法主要包括税法、公债法、费用法、彩票法和国有资产收益法。它的主要目的是解决政府行为的合法性,约束政府行为,防止权力滥用。对此,税收实体法和税收征收管理法均尝试通过明确相关权力运行的边界防止腐败的产生。除此之外,非税收入法中的自由裁量条款也让腐败有机可乘。因此,在行政收费法、政府性基金法、国有资产收益法、彩票法等之中都对此有所规范。比如,政府性基金实行中央一级审批制度,遵循统一领导、分级管理的原则;从举债范围、监管强度和控制风险方面加强规范地方发债权;对彩票运行流程进行管理和规范:彩票的发行权集中于财政部门,彩票收入应当先归入国库,然后再考虑支出等。其三,财政支出制度。财政支出法主要包括财政采购法、财政拨款法、财政投资法和财政贷款法。由于财政支出本身一般都具有授益性,还有预算授权制度、收支分离制度等的保障,相对人的利益不仅不会受到损害,还会从中获益。而我国目前的财政支出法除《政府采购法》外,其他领域明显缺乏法律的细致规范,财政权力的自由裁量空间很大。其四,财政监督制度。我国目前的财政监督专门机关是审计机关,财政监督法主要表现为《审计法》,由于审计机关隶属于同级政府,因此我国的审计监督属于政府内部监督模式。审计机关的主要工作是对政府、企业等主体的决策进行对照、评估和判断,提高决策的科学化水平,并监督国家权力的运行,预防和制止腐败,从而保证国家权力能够在法治的轨道上运行。

一方面,研究财税制度治理腐败可以从内部监督和外部监督两个范围展开,这两种监督大体上实现了财税法对腐败行为全面有效的治理;另一方面,众所周知,如何合理配置相关权力机构的权力也是财税制度规制腐败的重要抓手,需要人们对这个问题给予高度关注。

二、权力衔接：行政权、监察权和司法权在财税治腐语境下的配置分析

财税制度通过权力的制约与监督实现了腐败的源头治理。具体而言，行政权、司法权和监察权在财税制度框架中的有效衔接是治理腐败的重要抓手。一方面，行政权的作用大多是预防腐败行为的产生和发现腐败行为，它主要侧重于内部监督；另一方面，司法权和监察权通常存在于事后的外部监督，前者主要涉及刑事领域的经济犯罪和职务犯罪，后者则涉及相对较少的职务犯罪。在实践中，三者在财税制度治理腐败中的有机衔接才能达到应有的效果。

（一）制约与协调：中国行政权、司法权和监察权的现实分析

党的十八届四中全会《中共中央关于全面推进依法治国若干重大问题的决定》指出："坚持依法治国、依法执政、依法行政共同推进，坚持法治国家、法治政府、法治社会一体建设，实现科学立法、严格执法、公正司法、全民守法，促进国家治理体系和治理能力现代化。"在历史演进的过程中，古代我国的行政权居于主导地位，推崇行政司法不分立，近代以来我国的行政权和司法权才实现分立。经过百年的发展与实践，我们国家确立了具有中国特色的人民代表大会制度，其下又设置了行政权和司法权，二者均对产生其的权力机关负责。2018 年，监察权的产生，进一步实现了权力之间相互制约和配合。

1. 司法权对行政权的制约

在我国，新中国成立后，根据马克思权力分工的原则建立了社会主义国家权力体系，把国家权力分为立法权、司法权和行政权，并交由不同的国家机关行使。行政机关和司法机关由人民代表大会产生，并对其负责，受其监督。[1] 在这个权力体系中，宪法规定了司法权和行政权的相互制约、配合。

---

〔1〕 参见朱玳萱：《宪制视阈下我国司法权和行政权配置的障碍与途径》，载《特区实践与理论》2017 年第 4 期。

我国《宪法》第5条规定："中华人民共和国实行依法治国，建设社会主义法治国家。国家维护社会主义法制的统一和尊严。一切法律、行政法规和地方性法规都不得同宪法相抵触。一切国家机关和武装力量、各政党和各社会团体、各企业事业组织都必须遵守宪法和法律。一切违反宪法和法律的行为，必须予以追究。任何组织或者个人都不得有超越宪法和法律的特权。"从此项规定可以看出，当行政法规违反和抵触宪法时，相应的法定机构和程序会对该行政机关追究，进行制约。除此之外，当行政主体超越宪法和法律实施特权时，也会受到严格的监督和限制。总而言之，行政权容易膨胀和滥用，必须受到司法权的有效制约。但是在现实社会中，因为行政权主要负责人财物的管理，司法权的力量也比较小，无法实现法律效果和社会效果的有机统一，需要和其他权力有机结合起来，不仅需要立法权的正当性和合法性的支持，也需要行政权和监察权的配合和执行。[1]

2. 监察权对行政权的制约

司法权具有规制腐败、监督公职人员的作用，但是极其微弱。这主要是因为司法权主要的价值目标是公正，是解决纠纷、处理冲突的最后环节，法律适用结果是最终性的决定，它的作用是为受到损害的权利提供最终的救济渠道，审查和监督国家权力，具有很强的被动性。而在财税中行政处罚的较多，但是往往不具有终极性，行政处罚主要由行政机关来负责。司法权对行政权的制约需要监察权的有力支持。

《宪法》第2条规定，全国人民代表大会和地方各级人民代表大会是国家的权力机关。而根据《宪法》第3条的规定，全国人民代表大会和地方各级人民代表大会都由民主选举产生，对人民负责，受人民监督。国家行政机关、监察机关、审判机关、检察机关都由人民代表大会产生，对人大负责，受人大监督。国家监察体制的改革就是要以立法权为核心，形成"一府两委两院"的国家权力结构，将国家监察权交由监察委员会来行使。而监察委员会的设立

---

〔1〕 参见孙森森：《司法权与行政权良性互动的路径建构——基于行政诉讼实践的观察》，载《福建行政学院学报》(法律科学版)2017年第1期。

加强了对行政权的制约,《监察法》主要规定了监察机关及其职责、监察范围和管辖、监察权限、监察程序、反腐败国际合作和对监察机关和监察人员的监督等内容。监察法明确将党的执纪监督部门、行政监察部门和职务犯罪侦查部门的职能整合,规定了反腐败基本制度。它的监察对象包括所有行使公权力的公职人员,监察机关可以实施谈话、讯问、询问、留置等12种调查措施和3种由监察机关决定、公安机关等有关机关配合实施的措施,可以有效地实现监督公权力以及规范和控制公权力行使的目的。

3. 监察权与司法权的协调

监察权和司法权都会对行政权形成制约,但是司法权中的检察权和监察权在实践中可能会产生摩擦,如果处理不好二者关系,便难以形成对行政权的有效制约,会出现1加1小于2甚至等于0的结果。

在国家监察体制改革中,我国建立国家监察委员会和地方监察委员会,改变现行反腐机构的隶属关系,使人大的监督权得到进一步强化,制定了监察法来详细规定国家监察委员会的产生方式、职权、监察对象、组织结构、监察手段等方面,通过制度安排整合了不同的反腐职能,实现了对行使公权力公职人员监察的全覆盖。

总的来说,监察权和司法权的衔接主要体现在以下几个方面:第一,在监督过程方面,监察机关全面监督所有国家机关及其公职人员,而司法机关对国家机关和公民的监督主要发生在事后追究违法犯罪行为的过程中。第二,在调查职权方面,监察机关主要对国家机关及其公职人员的违反犯罪行为进行调查,而司法机关主要负责侦查公民的违法犯罪行为,对公民和国家机关依法提起公诉和审判。第三,在处置权限方面,监察机关的处置方式主要包括政务处分、监察建议、问责和移送起诉。司法机关的处置方式是,一方面,对公民的违法犯罪行为侦查,依法提起公诉和审判。另一方面,依法对国家机关及其公职人员的违法犯罪行为提起公诉并进行审判。第四,监察权具有较强的主动性,司法权常常处于被动地位,负有移送调查处置和协助调查的义务,二者在行使过程中要遵守《刑事诉讼法》中"分工负责、相互配合、相互制约"的原则。

(二)衔接机制:行政权、司法权和监察权在财税制度的角色安排

在财税制度中,治理腐败的方式主要包括两种:第一,管理好公共财产,第二,有效监督存在于公共财产之上的收入、使用、管理的公共权力。治理的途径是先通过预算将公共财产的边界明确下来,再规范收支和管理过程中相关公权力,尤其是自由裁量权较大的权实现财税领域腐败行为的根本有效治理。行政权和司法权在财税制度治理腐败中的衔接主要表现为,对已经出现的违规行为,先由行政权进行严格的责任追究,涉及刑事领域的,由司法权和监察权进行介入管理。

1. 预算制度:立法机关确保公共财产透明化

预算是在资本主义出现后才形成的。当封建制度被新兴资产阶级推翻之后,资产阶级为了实现经济的自由发展和私人资本的迅速积累,通过议会来限制和规定政府的活动范围,要求将国家活动的收支纳入计划中,并明确规定政府取得收入的办法和额度,还有财政支出的方向。这就是最早的预算制度。[1] 预算制度存在于财税制度治理腐败的全过程,并且在此过程中具有统率性地位。它主要反映政府的财政收支情况和活动的范围、方向、政策。它的构成要件有收支管理等实体或程序性要件,可以成为规制腐败的重要手段。

预算制度治理腐败主要包括两个方面:第一,内部治理。在预算管理职权方面,我国《预算法》第 23 条和第 24 条规定,国务院监督中央各部门和地方政府的预算执行,改变或撤销各部门关于预算、决算不适当的决定和命令;县级以上地方各级政府监督本级各部门和下级政府的预算执行,改变或撤销本级各部门和下级政府关于预算、决算不适当的决定和命令;在预算编制方面,根据《预算法》第 4 条的规定,政府的全部收入和支出都应当纳入预算。和预算外收支相比,这可以防止公权力主体私设名目,乱收钱财。政府收支分类体系对政府收入进行统一分类,建立了新的政府支出功能体系和新型支出经济分类体系,涉及了政府在预算方面做什么和怎么做,可以进一步实现

---

〔1〕 参见刘剑文、熊伟:《财政税收法》,法律出版社 2017 年版,第 105 页。

预算透明化,防止权力腐败;在预算执行方面,根据《预算法》第53条的规定,各级政府预算的具体执行工作主要由本级财政部门来负责,各部门、单位是预算的执行主体,并对执行结果负责。这可以起到规范政府财政支出行为的作用。根据《预算法》第61条的规定,国库实行集中收缴和支付制度,政府的全部收入和支出实行国库集中收付管理。这可以有效防止政府私自设立过渡账户和坐收坐支,有助于政府加强内部监督和管理。第二,外部治理。《预算法》第1条规定政府收支行为必须强化预算约束,需加强对预算的管理和监督,建立健全全面规范、公开透明的预算制度。这不仅可以体现人民的意志和利益,还可以控制政府的"钱袋子",实现财政外部监督,防止权力滥用,贪污腐败。根据《预算法》第1条和第14条的规定,政府所有的预算收支都要经过权力机构的审查批准,并以一定形式向社会公布,接受社会监督。预算公开透明制度存在于政府使用公共财产的全过程,有利于充分调动纳税人的民主意识(见表4-1)。

表4-1 预算制度

分类	权力制约与监督	预算制度	法律依据
内部治理	国务院、县级以上地方各级政府对本级政府部门及下级政府的预算执行监督权,预算改变或撤销权	预算管理权	《预算法》第23条、第24条
	政府全部收支必须纳入预算	预算编制权	《预算法》第4条
	政府的预算执行工作由本级政府财政部门负责,各部门执行预算并对预算结果负责	预算执行权	《预算法》第53条
	政府的全部收入和支出实行国库集中收付管理	国库集中收支制度	《预算法》第61条
外部治理	立法机关审查批准政府所编制的预算	预算审批权	《预算法》第2条
	司法机关对享有预算职权的主体实施刑事违法行为进行处理	预算监督权	《财政违法行为处罚处分条例》第30条

根据《财政违法行为处罚处分条例》第2条的规定，享有处罚权力的各级主体主要包括县级以上人民政府财政部门及审计机关、省级以上人民政府、财政部门的派出机构以及国务院。当这些主体无法解决涉及刑事领域违法行为时，司法机关可以介入，对财政公权力主体实施事后监督。预算制度贯穿财政收入、财政支出和财政平衡的始终，可以对财政进行全方位监督，也可以有效保障政府财政行为的科学、民主、公开和规范，有效防止腐败行为在预算编制、审批、执行和监督等阶段的发生。

2. 财政收入制度：立法、监察机关实现腐败行为的源头治理

财政收入法主要包括税法、公债法、费用法、彩票法和国有资产收益法。他的主要目的是解决政府行为的合法性，约束政府行为，防止权力滥用。它和财政支出法是相互衔接的，通过税收等形式筹集财政资金作为公共财产，然后向人们提供公共产品。在此阶段，它规范行政权和预防腐败主要体现在以下方面。

第一，在税收方面。首先，在中共中央第十八届三中全会上，中国共产党提出要加强人民代表大会制度，落实税收法定原则。《立法法》第8条将我国税收法定原则完整地确立了下来，它主要包括税收要件法定原则和税务合法性原则。以高阶位立法规定纳税主体、课税对象、归属关系、稽征程序等，也严格规定税务机关依法征税，可以预先规制政府可能出现的税权滥用行为。其次，在税收程序方面，根据《税收征收管理法》第88条的规定，纳税人、扣缴义务人、纳税担保人同税务机关在纳税上发生争议时，必须先依照税务机关的纳税决定缴纳或者解缴税款及滞纳金或者提供相应的担保，然后可以依法申请行政复议；对行政复议决定不服的，可以依法向人民法院起诉。当事人对税务机关的处罚决定、强制执行措施或者税收保全措施不服的，可以依法申请行政复议，也可以依法向人民法院起诉。纳税主体如果发现税务机关有违法行为的，比如，税收执法过错行为、以权谋私行为，有些可以先向有关行政机关提出复议，行政机关不能解决的，可向法院寻求救济，监督税务机关的行政行为，充分保障自己的合法权益。最后，在税收法律责任方面。根据《税收征收管理法》第77条、第80条、第81条、第82条、第84条的规定，当税务

人员构成刑事犯罪的，如贪污罪，应当依法追究刑事责任，尚不构成的，依法给予行政处分。由稽查部门和纪检监察部门按照职责分工实施。稽查部门负责查处涉税当事人税收违法行为，纪检监察部门负责税务机关和税务人员违纪违法行为。

第二，在彩票制度方面。彩票的主要功能是促进社会公益事业发展。财政部门是彩票发行机构的审查主体，它享有彩票的发行权，彩票运行流程要得到严格的管理和规范，彩票收入应当先归入国库，然后再考虑支出，从内部规制公权力的行使，预防腐败滋生。民政部门、体育行政部门分别负责全国的福利彩票、体育彩票的发行和组织销售工作，三者在行使行政权时要受到严格监督，违法进行腐败时更要受到严厉的制裁，发挥司法权的监督作用。根据《彩票管理条例》第 39 条和第 44 条的规定，彩票发行机构、彩票销售机构有违反该条例行为的，由财政部门责令停业整顿；有违法所得的，没收违法所得，并处违法所得 3 倍的罚款；对直接负责的主管人员和其他直接责任人员，依法给予处分；构成犯罪的，依法追究刑事责任。财政部门、民政部门、体育行政部门的工作人员，在彩票监督管理活动中滥用职权、玩忽职守、徇私舞弊，构成犯罪的，依法追究刑事责任；尚不构成犯罪的，依法给予处分（见表 4 – 2）。

表 4 – 2　财政收入制度

<table>
<tr><th>财政收入制度</th><th>权力制约与监督</th><th>具体制度</th><th>法律依据</th></tr>
<tr><td rowspan="4">税收制度</td><td>全国人民代表大会的税收立法权</td><td>税收法定原则</td><td>《立法法》第 8 条</td></tr>
<tr><td>上级税务机关审查下级的税收征收行为的合法性、合理性</td><td>行政复议制度</td><td rowspan="2">《税收征收征管法》第 88 条</td></tr>
<tr><td>法院可审查税务机关征收行为</td><td>行政诉讼制度</td></tr>
<tr><td>稽查部门查处涉税当事人的违法行为；纪检、监察部门负责征收部门及其人员的违法违纪行为</td><td>税收责任制度</td><td>《税收征收管理法》第 70 条、第 80 条、第 81 条、第 82 条、第 84 条</td></tr>
</table>

续表

财政收入制度	权力制约与监督	具体制度	法律依据
彩票制度	财政部门负责审查彩票发行机构的发行资格	彩票发行审查权	《彩票管理条例》第39条、第44条
	彩票收入归入国库，如有需要依法进行支出	彩票收支权	
	民政部门、体育行政部门分别负责全国的福利彩票、体育彩票的发行、组织销售	彩票发行、组织销售权	
	对彩票发行、销售主体的违法行为财政部门给予行政处分，司法机关追究其刑事责任	彩票监督管理权	

3. 财政支出制度：立法、司法机关看好公共财产去向

我国的财政支出制度主要包括财政采购、财政拨款、财政投资和财政贷款。它本身一般具有授益性，不仅不会损害相对人的利益，反而会使其从中获益。而我国目前的财政支出法除《政府采购法》外，其他领域缺乏法律的细致规范，财政权力的自由裁量空间很大。财政支出法在许多制度方面都加强了对权力的规范。

首先，在预算授权制度方面。根据《预算法》第13条的规定，财政支出必须经过预算授权，没有预算授权政府不得支出。但尚未详细规定它的内容和效力，也未明确违反预算授权的法律责任，因此容易滋生腐败现象。但是，这项制度对规范政府支出仍有很大作用。我国《宪法》规定，预算编制权由国务院享有，审批预算权由全国人民代表大会享有。这就是预算授权制度的体现，通过分权来实现权力制约和监督。《预算法》详细确定了预算授权的程序，将其从抽象性的原则落实到具体的制度和规则。并且《预算法》第九章和第十章规定了违反预算授权的法律责任。一方面，赋予了各级人大及其常委会监督本级预算的权力，确立了监督追责机制；另一方面，详细规定了各级政府及部门享有对违法行为主体的行政处分权和行政处罚权。

其次,在收支分离制度方面。收支分离制度主要针对特定类型的收入,它是指执收执罚部门将行政事业性收费和罚没收入及时、足额上缴国库或预算外资金财政专户,执收执罚部门正常的经费开支,统一由财政部门按照预算内外资金结合使用的原则审核拨付。根据《违反行政事业性收费和罚没收入收支两条线管理规定行政处分暂行规定》的规定,各级政府和部门可以对违反此项规定的进行行政处分,构成犯罪的,应当由司法部门追究刑事责任。此项制度可以避免执收执罚部门自收自支,利用各种方式"创收",徇私舞弊,进而预防腐败,规范政府财政支出。

最后,在政府采购制度方面。政府采购行为的规范主要由政府采购监督管理部门进行,具体内容包括:采购当事人的选择、招标公开、采购标准制定等前期准备工作,采购合同的订立、谈判方式的选择等中间过程,评审和验收等后续监督跟进过程。根据《政府采购法实施条例》的规定,政府必须公开采购信息、采购合同、中标、成交结果,在变更采购方式时必须经过批准,在发生投诉情况时,处理结果必须进行公开。这进一步加强了政府采购信息的公开和采购过程的透明度,可以有效防止权力寻租,贪污腐败(见表4-3)。

表4-3 财政支出制度

权力制约与监督	具体制度	法律依据
人民代表大会审查批准、监督本级人民政府的预算	预算授权、监督制度	《宪法》第62条 《预算法》第13条以及第九章、第十章
行政机关和事业单位以及代行政府职能的社会团体及其他组织的特定类型的收入上缴财政专户,其支出统一由财政部门按照预算内外资金结合使用的原则审核拨付	收支分离制度	《预算法》第56条至第60条
政府采购监督管理部门规范政府采购行为,政府公开采购信息,合同,中标、成交结果	政府采购监督公开制度	《政府采购法实施条例》第59条至第60条

4. 财政监管制度:行政机关统一规范腐败行为

财政监管法和财政支出法以及财政收入的联系十分密切,它全方位地监督了公共资金运行权力的监督。财政监管法主要由财政监督法、国库管理法、政府会计法和审计法构成,它的主要内容包括监督和管理。财政监管法聚焦于规范和保障财政监管机关依法行使财政监督管理权,其内容涉及财政监管机关的设立、财政监管机关的职权、财政监管的方式与程序等。财政监管法不仅注重对一般财政行为的监督,更侧重对财政监管行为的监督。我国目前的财政监督专门机关是审计机关,财政监督法主要表现为《审计法》由于审计机关隶属同级政府,因此我国的审计监督属于政府内部监督模式。

国家治理现代化建设中最大的“绊脚石”就是腐败问题,腐败问题的核心在于经济,而审计的主要监督范围就是经济活动领域。由于审计机关的介入,我们可以及时发现和预防权钱交易、权力寻租等腐败问题,进而充分保障经济活动的合法性、真实性和效率性。在提出“审计监督全覆盖”后,审计监督的范围又涉及国家权力运行领域,这一定会加强审计监督在反腐败斗争中的作用,更加有助于净化国家治理环境和提升国家治理能力。

审计监督的理论基础是财政民主原则,财政收入源于人民,也用之于民,因此,人民有权决定如何收取和支配这些资金,享有财政知情权、财政决策参与权和财政监督权等。根据我国《审计法》第 16 条至第 30 条的规定,审计部门是政府的下设机关,主要职责是对政府、企业等主体的决策进行对照、评估和判断,提高决策的科学科学化水平,并监督对国家权力的运行,预防和制止腐败,从而保证国家权力能够在法治的轨道上运行规制腐败,保障人民的利益。依据《审计法》第 43 条至第 52 条的规定,审计机关、人民政府或者有关部门对被审计单位的违法行为可以依法给予行政处罚职责,构成犯罪的,应当追究刑事责任,审计机关认为对直接负责的主管人员和其他直接责任人员依法应当给予处分的,应当提出给予处分的建议,被审计单位或者其上级机关、监察机关应当依法及时作出决定。但是,目前审计监督也存在一些问题,例如,审计监督的独立性不高;法律体系法律修改程序不完善;审计对预算的监督薄弱（见表4－4）。

表4－4 财政监管制度

权力制约与监督	具体制度	法律依据
审计部门主负责对政府、企业等主体的决策进行对照、评估和判断	审计监督制度	《审计法》第16条至第30条规定
审计部门对被审计单位的违法行为可以依法给予行政处罚	审计责任制度	《审计法》第43条至第52条

行政权和司法权在财税法的衔接之处主要在于刑事领域的经济犯罪和职务犯罪。而根据《监察法》第11条的规定，监察委员会把人民检察院对职务犯罪的调查权吸收过来，并享有留置权。职务犯罪行为也是行政权、司法权和监察权在财税治腐领域的衔接之处。比如，《监察法》第34条规定，人民法院、人民检察院、公安机关、审计机关等国家机关在工作中发现公职人员涉嫌贪污贿赂、失职渎职等职务违法或者职务犯罪的问题线索，应当移送监察机关，由监察机关依法调查处置。监察法规定对涉嫌职务犯罪的，监察机关经调查认为犯罪事实清楚，证据确实、充分的，制作起诉意见书，连同案卷材料、证据一并移送人民检察院依法审查、提起公诉。

目前，我国反腐制度基本框架已经形成，党的十八大以来"打老虎""拍苍蝇"有累累硕果，但反腐制度体系仍然有一些缺陷，我国在各个层次和领域仍然存在腐败问题。反腐败制度的问题主要在于，由于未妥善控制权力运行的过程和没有合理配置相关机构的权力，因而没有实现预防的良好效果。管好政府的收支是预防腐败的重要内容。

为了加强对政府权力的控制，完善反腐败制度，一方面，应依照宪法的规定逐步进行放权和分权。对政府组织法进行完善，清楚规定政府及其工作部门的职责范围，政府权力不得干预市场、社会组织、团体自己能够解决的事项。另一方面，应依照法定程序及时将公开制度纳入预算法中，在源头上监督约束政府支出，实现行政的廉洁、忠诚和干净。可以将政府的全部收入支出纳入预算管理范围中，推进政府预算编制、执行、调整和决算全过程法治化。

第二节　域外财税治腐权力配置

财税是政府的生命线,财税权力是国家配置公共资源甚至是配置公共权力的主导力量。腐败问题多发生在经济领域,因而通过财税制度“看好公共财产”可以有效管控政府行为,从源头上治理腐败。完善高效的反腐系统是由“管人”和“理财”两部分组成的,所谓“管人”,即是通过有效且有序地配置公权力来实现权力之间的制约与监督,防止公权力主体滥用权力聚敛财富,中饱私囊;所谓“理财”,即是建立完备的财税法律体系规范公共财产的收入、支出并对其加以监管,从而规范政府依法行使权力,遏制腐败的发生。国际经验表明,“腐败治理”与“依法理财”二者的关系是相辅相成的,将公权力对公共财产的使用置于法治的监督之下是消灭“制度黑箱”的最有效之法。下文将从规制用人和规制用财两个维度来详细探讨三大法系代表性国家在财税领域如何通过权力配置和具体财税制度做到政府“不能腐”。

一、规制用权:三大法系代表性国家权力配置镜鉴

法国启蒙思想家孟德斯鸠认为,“一切有权力的人都容易滥用权力,这是万古不易的一条经验。有权力的人们使用权力一直到遇有界限的地方才会休止”。[1] 因而,从事物的性质来说,要防止滥用权力,就必须通过权力约束权力。此谓权力制约论,即实力相等或互不隶属的权力机关之间互相牵制和约束,进而保障权力的有序而均衡地运行。“现代国家管理更强调集中统一、效能高,而国家和人民则需要扩大民主,充分发挥各机关、社会组织和个人的自主性和创造性,保障公平的参与。效率与公平之间的冲突需要系统完善的监督机制进行协调。”[2] 依据人民主权原则,人民为了保障自身权利设立了国家权力,将其交由官员行使,但是国家权力本身具有强制力,行使权力者极易因代价小受益大的机会而滥用权力,滋生腐败,因此,国家权力必须进行有

〔1〕［法］孟德斯鸠:《论法的精神》(上),张雁深译,商务印书馆1982年版,第76页。
〔2〕尤光付:《中外监督制度比较》,商务印书馆2003年版,第59页。

力监督。此谓权力监督论,即掌权者的行为需受到特定的机关、组织或个人的监视、检查和督促。权力制约与监督是解决遍及全球的权力腐败问题的重要基石,尤其是在财税领域,下文将从财税视角分析西方国家如何通过配置权力来治理腐败(见表4-5)。

表4-5　三大法系代表性国家权力配置对比

<table>
<tr><td colspan="2">法系</td><td colspan="2">英美法系</td><td>大陆法系</td><td>社会主义法系</td></tr>
<tr><td colspan="2">代表国家</td><td>英国</td><td>美国</td><td>德国</td><td>越南</td></tr>
<tr><td rowspan="4">权力制约与监督</td><td>立法机关</td><td>上议院
下议院
公共账目委员会
国家审计署</td><td>众议院筹款委员会
参议院财政委员会
会计总署
国会预算局
弹劾制度</td><td>议会:立法、审批和监督三个层面</td><td>国会</td></tr>
<tr><td>司法机关</td><td>皇家检察院
最高法院</td><td>司法部律师办公室;司法部刑事局;联邦调查局;美国检察官;联邦税务局犯罪调查室</td><td>联邦和各州的财税法院</td><td>法院、检察院、监察部门</td></tr>
<tr><td>行政机关</td><td>财政部
国内税收署
工作与养老金署
国防部</td><td>政府道德署;政府各部门的监察长办公室;联邦政府与地方政府分割</td><td>权力分割制度
反贪小组</td><td>反贪污委员会</td></tr>
<tr><td>审计机关</td><td colspan="2">隶属议会</td><td>联邦审计院和州审计院独立于立法权、司法权、行政权</td><td>隶属国会</td></tr>
</table>

(一)英美法系国家典范

1. 融权模式:英国财税权力配置分析

英国是君主立宪制国家,实行议会内阁制,立法权和司法权由议会享有,议会由国王、世袭制的上议院和选举制的下议院组成,行政权由内阁享有,而国王享有的王权正如恩格斯(Engels)在《英国状况——英国宪法》一文中所言:“王权实际上已经等于零”,“大家知道,没有一个地方比英国更崇拜统而不治的人物了”。英国形成了以首相为代表、执政党为核心的制度体系,完善的机制促使权力之间相互制约,具体体现在以下方面:其一,议会是立法机关,享有对内阁的行政监督权;其二,内阁拥有行政权,通过控制立法提案权、财政权等手段控制议会;其三,选民通过投票制衡执政党,进而制衡内阁;其四,两党轮流执政,反对党制衡执政党。

立法权、行政权和司法权因政党和政府官员的特定权限关系而融合,政治权力和政府机构具有高度统一交融性。马考莱曾言,“英国内阁是两院的头面议员组成的委员会”,[1]立法权和行政权的分立仅仅是机构和职能的划分,立法机关和行政机关的人员是统一的,如内阁大臣由一定比例的议员兼任;政府肩负行政和立法的领导职责;议会对政府负责并受政府监督;大法官既拥有行政职能,又是上议院议员和司法系统领导。因而,融权模式下的财税治腐权力配置必定围绕着英国特色的“融合与互补”而展开,在制度的框架下实现权力之间的制约与监督,司法权对行政权的制约主要体现在财税腐败案件的审理阶段,下文将重点分析立法权对行政权的外部制约与监督以及行政权的内部制约与监督。

(1)外部性管控

议会既是立法机关也是司法机关,且享有对内阁的行政监督权,上议院(Upper House)实行世袭制,其为最高司法机关,负责内容具有普遍意义的重大法律问题的上诉案件,此外还享有提出次要议案的权力,下议院(Lower House)实行选举制,其享有立法权,由国王任命内阁领袖首相需获下院的多数支持,获得多数议席的政党为执政党,由反对党组成的“影子内阁”监督执政党的政治行为,此谓议会内部以及对内阁的制约与监督。具体到财税治腐权力配置范畴,英国学者罗宾逊明确指出,“只有议会同意将纳税人的钱用来供应政府时,政府才能维持下去……应该认为,这一赋予议会在决定国家的

---

〔1〕 Bagehot, *The English Constitution*, Edited by Paul Smith, Cambridge University Press, 2001, p. 10.

开支水准、开支门类安排的程序中以中心角色的理论是英国宪政的柱石之一”。[1] 议会对内阁的财税权的制约(立法和审批)与监督主要体现在以下两个层面。

第一,立法审批层面。其一,收入立法。政府的大部分收入源于税收,所有税收需要获得下议院的同意,进而限制政府的税收种类、征税范围、征税对象、计税依据等,防止政府滥用税收权力,恣意腐败。下议院对政府收入的立法审批可以分为两类,即永久性税收立法和年度财政法案(Finance Bill),第一类的草案必须经过下院的三读、投票、上院批准和女王签署程序,第二类草案则需经过筹款委员会的辩论和投票形成决议案、三读决议案、表决决议案、上院批准和女王签署。其二,支出立法。英国议会控制政府支出的系统是比较完备的,下院的供应委员会,主要负责讨论和批准政府提出的所有预算草案,进而确保政府的每一笔花费都需获议会的批准,正如英国学者所言:“尽管议会不能很容易地阻止金钱的流动,但总是可以清楚地发现金钱的去向。”[2] 从程序上制约和监督政府的财权,有效地抑制了政府滥用公共财政资源。

第二,监督层面。英国议会是世界上首先设立账目监督系统的,主要通过审计和决算审查两种方式来审查政府财务账目和监督政府各部门活动的合法性,实现了权力之间的监督。其一,公共账目委员会——议会内部的账目监督机构。1785 年,为了解决在美国独立战争中以及战后公共账目中出现的问题,议会通过一项法案建立了公共委员会,该委员会主要负责审查政府各部门的日常账目,调查依据是监督和审计长每年提出的报告,政府将对报告的答复提交给下议院,下议院针对报告作出决定并进行辩论,同时政府作出陈述,其陈述在新的会期中经由公共账目委员会讨论。其二,国家审计署——对议会负责的独立审计机构。1983 年,英国议会通过颁布《国家审计法》建立了国家审计署,其在财政和机构方面完全独立于行政机关,主要职责

---

[1] A. Robinson, *Parliament and Public Spending*, *The Expenditure Committee of the House of Commons*, 1970 - 76. Heinemann Education Books, 1987, p. 1.

[2] Eric Taylor, *The House of Commons at Work*, London, The Macmillan Press Ltd., 1979, p. 160.

为审计政府各机构的账目和监督其审计人员。国家审计署审计形式包括账目审计、财政审计和拨款审计三种，人员设置分为两部分，大部分在政府各部门中工作，其他留在审计署任职。公共账目委员会和国家审计署严格依法行使权力，各司其职。此外，议会中的上议院会对财税领域重大腐败案件进行审理，三个机构从事后监督的角度防止政府各机构滥用公共资金情况和其他腐败行为。

(2)内部性制衡

英国实行三权混合的议会内阁制，内阁是政府的领导核心，英国并无统一的反腐机构，在财税领域，主要是通过中央政府对地方政府的监督与控制、在政府部门内部设立内部监督机构和具体的财税制度来治理腐败。

第一，财税领域具体的反腐败机构。其一，财政部。英国的财政部每年都会针对政府各部门的欺诈行为（包括性质、原因、数量等）提交一份具体详尽的报告，此外，该部还会向政府各部门发布一些防止欺诈行为的指导原则，如 1997 年发布的"管理欺诈的危险——给管理人员指导"，明确指出了政府各部门所实施的最严重的三种欺诈行为，即偷盗、假账、贿赂和腐败。其二，国内税收署。国内税收署不仅设立特定办公室来专门调查税收方面的欺诈行为，还可以自主对前述行为提起诉讼。其三，工作与养老金署。该部门设立了针对各项社会福利的专门反腐败机构和联合工作组，一方面，防止政府滥用权力，侵犯纳税人的社会福利；另一方面，可以加强和其他政府的反腐败合作。其四，国防部。国防部为了抑制军备采购过程中的欺诈和腐败行为设立了反欺诈小组、防务欺诈分析小组和内部审计制度。

第二，具体的财税制度。英国是典型的集权型公共财政体制，但是地方政府又具有自治的传统，两种制度的碰撞在财税领域体现在以下方面：其一，税收方面。依据英国的基本法，中央政府高度集中地享有税收管理权，地方政府享有的设置和开征税种的权力须经中央政府决定并通过相应的立法程序，大部分税收收入的支配权和使用权由中央政府享有，依据经济合作与发展组织的统计数据，2003 年度中央税和地方税所占比重分别为 87.11% 和

12.89%。[1] 其二,支出方面。1983年颁布的税收白皮书授权国务大臣分别从支出额度和支出奖惩制度两方面控制地方政府财政支出。[2] 其三,信贷制度。依据英国《地方政府法案2003》,地方政府不享有编制预算和发行地方债券的权力,但在发生财政赤字时可向中央政府借款,且必须经环境部和其他相关的部门审查,地方政府的大部分账目还要接受中央环境部所委派的地方审计委员会审查,防止地方政府滥用借款权力。此外,具体财税制度的反腐作用还体现在预算公开、预算监督等制度中。

2. 分权模式:美国财税权力配置分析

依据分权与制衡原则,美国的国家权力分为三部分,即由国会享有的立法权、由联邦政府享有的行政权和由联邦最高法院享有的司法权,三项权力之间互相制衡。行政机关具有较强的独立性,只需服从法律,而无须获得立法机关的信任且不需要对其负责,即联邦政府不需要对国会负责,因为“立法机构有时候可能站在人民群众的对立面,有时则人民群众可能完全保持中立。在这两种情况下,行政部门肯定应该处于敢于有力量、有决心按照自己意见行事的地位”。[3] 此外,官员(副总统除外)不得在立法机关、行政机关和司法机关之间任职。[4] 但国会享有对行政机关的监督权。分权制的终极目标是权力机关对人民负责,防止权力滥用和腐败,具体到财税领域,体现为权力之间的内外部的制约与监督。

(1)外部性管控

国会作为立法机关,享有批准政府年度财政预算和进行拨款的权力,政府的与赋税、财政相关的重要政策需获国会的批准。伍德罗·威尔逊曾言,“国会开会是国会在进行公开展览,委员会开会才是国会在进行工作”。[5]

---

〔1〕 参见贾勇、张健:《英国税收的特点及其启示》,载《世界经济与政治论坛》2004年第6期。

〔2〕 参见童雅芬:《中央与地方政府关系的中英比较——基于财税制度的视角》,载《华东经济管理》2006年第9期。

〔3〕 [美]汉密尔顿等:《联邦党人文集》,商务印书馆1980年版,第364页。

〔4〕 《美利坚合众国宪法》第1条第1款规定:“参议员或众议员在当选任期内,不得被任命担任已经设立的或在此期间增加薪俸的合众国管辖下的任何文官职务。凡在合众国属下担任任何职务者,不得在其继续任职期间成为任何一院议员。”

〔5〕 [美]伍德罗·威尔逊:《国会政体》,商务印书馆1956年版,第69页。

委员会组织是美国国会极其重要的部分,其掌握了国会的财政权,委员会的设立充分体现了分权制衡原则。

第一,在立法层面。其一,在美国国会中,众议院的筹款委员会(Ways and Means Committee)与参议院的财政委员会(Finance Committee)主要负责赋税事务,众议院的筹款委员会享有税收法案的提案权,参议院的财政委员会享有制定和修改税法的权力和提名管辖权,[1]此外,二者赋税管辖权范围相同,[2]但是依据《美利坚合众国宪法》第1条第7款的规定,众议院筹款委员会报告征税法案后,参议院的财政委员会方可提出征税法案,[3]而且税收法案的审议必须经过严密的听证和会议程序。一方面,赋税委员会作为整体有效制衡了政府的财政权;另一方面,在内部把财政权分散给两个委员会,众议院享有的税法提案优先权平衡了参议院财政委员会的享有政府财政官员批准权,再加上税收法案的审议程序,最终实现了权力之间的制约与监督。其二,授权委员会和拨款委员会。授权委员会和拨款委员会通过制定预算决议、制定授权法和拨款法控制行政机构的支出,并将这几项事务交由不同的小组委员会负责,1974年《国会预算法案》把预算分为授权和拨款两个阶段,并进行公开听证,参众两院的几乎全部议员都参与其中,真正地落实了财政民主原则,可有效防止权力滥用。

第二,监督层面。其一,审计机构——会计总署。美国在1921年颁布了《预算会计法》,设立了由审计总长领导的会计总署(The General Accounting Office),主要负责监督政府各部门财政业务活动的各种规章和报表制度。其二,信息辅助机构——国会预算局。根据1974年《国会预算法案》的规定,美

---

〔1〕 财政委员会对财政部部长、国内税务局局长、税收和关税法院法官、国际贸易委员会成员、社会保障机构高级官员以及多名财政部副部长及助理的提名拥有管辖权。参见蒋劲松:《议会之母》,中国民主法制出版社1998年版,第694页。

〔2〕 依据参议院第25条议事规则,财政委员会的管辖范围:(1)合众国的债券与债务,1974年《国会预算法案》提出的除外;(2)关税、征税区域、进出口岸的规定;(3)公共资金的存放;(4)总的税收收入;(5)社会保障法所规定的健康计划和由特别税收和信托基金提供资助的健康计划;(6)国家社会保障;(7)互惠的贸易协定;(8)对所得税的一般估计,1974年《国会预算法案》提出的除外;(9)与特别财产相关的所得税估计;(10)关税与进口配额,以及相关问题;(11)应纳税货物的运输。

〔3〕 《美利坚合众国宪法》第1条第7款明确指出:"一切征税议案应首先由众议院提出,但参议院可以如对其他议案一样,提出或同意修正案。"

国国会建立了国会预算局(The Congressional Budget Office),主要职责是给国会立法和审议工作提供信息和技术,此外还建立了国会研究信息会来分析研究立法和监督方面的问题,避免其和政府之间的信息不对称,实现了对财政权的有效监控。

第三,弹劾制度。依据《美利坚合众国宪法》第1条第3款的规定,国会享有对涉嫌叛国、贿赂或其他重罪轻罪的官员进行弹劾的权力,公民或众议员可向众议院提出弹劾动议,众议院的特别委员会对其进行审查辩论,若通过则会交由参议院审理。[1] 弹劾机制可以有效控制财税领域的官员腐败行为,并对其进行制裁,维护国家宪政制度。

(2)内部性制衡

美国是联邦制国家,依据分权与制衡原则,联邦政府和地方政府之间实行权力分割制度,二者互不干涉,联邦政府仅享有宪法中明确规定的权力,地方政府享有其他所有的权力,行政权力的分割有效地防止了权力滥用,从源头上遏制腐败。

第一,特定反腐败机构。目前,美国尚无全国统一、最高的反腐败执法机关,也未制定统一的反腐败法律,反腐败工作主要由联邦和地方的各类政府、议会机构中,具体到法律层面的刑事调查和起诉机构主要有政府各部门的监察长办公室、司法部刑事局、联邦调查局、美国检察官和联邦税务局犯罪调查办公室等联邦执法机构及州和地方的相应机构,机构之间相互配合、互相独立。其中,最具特色的是美国监察官和联邦调查局。其一,美国检察官(独立检察官)。美国国会在1970年通过了《独立调查委员会法》,设立了具有最大反腐败权力的美国检察官,主要负责调查行政机关的舞弊案件,可独立地对行政机关的官员进行调查和起诉。其二,联邦调查局(Federal Bureau of Investigation,FBI)。联邦调查局隶属于美国司法部,局长由总统任命,且经参议院批准。联邦调查局的主要任务为调查危害国家安全和公共利益的犯罪,其中包括政府官员贪污、挪用公款等腐败案件,进而有效治理腐败。调查

[1] 参见胡映雪:《英美两国弹劾制度之比较》,载《法制与社会》2010年第7期。

起诉阶段完成后，将进入诉讼阶段，联邦法院或州法院开始审判程序，完成财税领域治理腐败的事后监督。

第二，治理腐败的具体财税制度。依据美国宪法的规定，联邦政府拥有筹集财政收入和安排财政支出的权力，但宪法却未规定地方政府的财政职能，仅规定州政府不享有征税权。其一，公共预算制度。首先，预算编制制度。1921 年美国国会颁布了《预算与会计法》，建立起了现代意义上的公共预算制度，总统集中控制预算，进而控制各部门的事权，加强了对联邦政府的财政管理，“经济三角”（财政部、国民经济委员会、经济建议委员会）负责经济预测和制定主要的经济政策，独立于财政部的总统预算与管理办公室编制预算，预算草案需经国会审核。其次，预算公开制度。1921 年颁布的《预算和会计法》规定了预算公开体制，随着 1966 年《信息自由法案》、1972 年《联邦咨询委员会法》、1976 年《政府阳光法》和 1996 年《电子信息自由修正案》的颁布，极大地方便了公众了解预算的制定程序和查阅与预算相关的资料文件，有效地遏制了腐败现象。最后，预算监督制度。美国监督政府预算的机构主要包括，政府公信力办公室的立法监督、总统预算与管理办公室和财政部的行政监督、预算单位的内部监督，机构之间分工明确、相互配合，有效地保障了财政资金的安全使用，通过有效控制财权防止财政权力滥用。其二，政府采购制度。美国的政府采购制度具有高度集中性，联邦总务署负责联邦政府（除国防部和交通部）及国会的政府采购，各州及地方政府则由其总务署负责，总务署为政府独立机构，和其他管理机构共同保证政府的有序高效运行。

（二）大陆法系国家代表

德国作为大陆法系的代表性国家，实行联邦制，国家政体是议会共和制，立法权、行政权和司法权分别由议会、政府和法院享有。与英国相似，德国的权力配置采用融权模式，立法权和行政权，如德国政府首脑联邦总理由议会多数党的成员担任，且由议会选举产生。德国的反腐败机制的独特之处，主要体现在权力之间的制约与监督：议院对政府享有监督权；在联邦各州设立特色的反腐败机构；明确划分联邦政府、州政府和地方政府的职责权限。谈及财税领域,德国通过实行三级政府相对独立的财政体制和具体的财税制度来规制政府财权,监督政府的财税行为,进而达到治理腐败的最佳效果。

1. 外部性管控

(1) 议会

德国是联邦制国家,各个州都有各自的宪法,联邦政府、州政府和地方政府相对独立地履行宪法中规定的职责,议会由议院和参议院组成,享有立法权、选举权、监督权等,议会对行政机关财政权的制衡主要体现在立法、审批和监督三大层面。其一,立法层面。《德国基本法》第十章规定了联邦和各州的公共开支、税收立法权、税收分配、财政补贴和财政管理等基本事项,联邦和地方议会可依据此项规定针对政府的财政关系进行立法,有效地制约和监督政府的财权,目前德国已经形成了以《德国基本法》为母法,以《促进经济稳定和增长法》《财政管理法》《联邦和州预算原则法》《联邦预算法典》《联邦预算均衡法》《联邦财政监督法》《税收调整法》《税收通则法》《个人所得税》《企业所得税》《营业税》《增值税》等为主干的有序、稳定、完备的财税法律体系,为德国政府行使财税权力提供了界限、依据和准则,可以有效抑制财税领域的腐败行为。其二,审批层面。依据1949年德国颁布的《德国基本法》的规定,政府预算收支必须经过议会的同意,否则不得执行。此外,预算应由预算法规定。议会享有预算审批权和制定预算法的权力,可以强有力地防止政府滥用权力更改预算,以权谋私。其三,监督层面。一方面,议会主要通过拨款程序来监督政府的财税权力的运行,审查政府各部门使用公款是否具有经济性、正当性和合法性;另一方面,联邦议院成立了由专家组成的调查委员会来制衡监督政府各部门及其官员,仅需1/4的议员要求调查联邦政府在行政管理中的贪污腐败等行为时其方可成立,该委员会依据刑事诉讼法律进行公开调查,并将调查结果提交给议院决定。

(2) 司法部门

行政权本身具有扩张性和自由裁量性,而财税权是行政权中十分重要的一种,因而财税权应当受到相应的制约和监督。在德国,司法权对制衡财税权力具有十分重大的作用,[1]司法机关分为联邦和各州两级,联邦司法主体主要包括独立的联邦宪法法院、联邦最高法院、联邦行政法院、联邦财税法院、联邦劳动法院和联邦社会法院,其中联邦财税法院负责审理联邦政府财税案件,各州的财税法院负责审理本州政府的财税案件。德国完备的司法监督体系可以有效监督财税方面的立法和执法行为,还可以制衡行政权的行使,协调政府间的财政关系,充分保护纳税人的利益,防止财税行政权力的滥用。

(3)审计机构

国家审计最本质的特征是对权力的制约与监督,而国内外经验表明,国家审计制度都是建立在财政监督的基础上的,审计机构的主要职责为监督国家财政和配置公共财产的决策权和执行权,[2]其作为制约公权力的力量,在规制腐败方面发挥着重要作用。而审计机构在德国的廉政建设中扮演着不可或缺的角色,它分为联邦审计院和州审计院,且独立于立法、司法和行政机关,1985年德国颁布的《联邦审计法》设立了独立的财政监督机构——联邦审计院,与联邦议院、联邦参议院和联邦政府地位并列,只对宪法和法律负责,联邦审计院享有审查政府开支是否具有经济性、合法性的权力。州审计院和联邦审计院相互独立,互不隶属,其主要负责审查各州政府的财务收支。各级审计院相互配合,互不干涉,分工明确,形成了完整的审计监督体系,有效地保证政府财税行为的合法性和正当性。

2. 内部性制衡

(1)中央和地方政府的权力分割

德国是联邦制国家,宪法明确划分了联邦政府、州政府和地方政府的职责和权限。一方面,明确划分政府之间的权力,可防止权力滥用,从源头上遏制腐败行为的发生,维护国家稳定和统一;另一方面,可以最大限度地调动地

---

[1] 参见刘文忠:《论加强人大财政立法权和财政监督权》,载《北京联合大学学报》2005年第1期。

[2] 参见马学斌:《国家审计制约与监督权力》,西南财经大学审计学2007年硕士学位论文,第28~29页。

方政府治理的主动性和积极性,财税联邦制是联邦在财税领域的具化,主要体现在将财权和事权在三级政府之间明确划分。各级政府皆独立地享有财政管理权且有明确的管辖范围和职能,联邦政府设立了联邦财政部管理本级政府的财政和税收事务,且将财税权分散到办公厅、预算司、国有财产司、信贷司、税务司等多个机构,详细规定各个司局单位的职责。州政府的财政部的职责划分和联邦财政部相同,其下设的财政管理部和联邦财政部下派的高等财政管理局来辅助此两级财政部的管理、工作,各地设立了财政税务局,隶属于本州的财政部,主要职责是征收和管理联邦和各州的各项税收和规费。德国把财税权划分为三级,且征收和缴纳实行分离制度,各部门的财税权也在政府内部监督机构和司法机构的审查和监督之下,从而防止权力过于集中,滋生权力寻租行为。

(2)反贪小组

鲁斯明确指出:"在德国的各个政府机关里也有预防腐败的准则和相关负责人。也就是说,如果有人发现公职人员出现异常或可疑的行为,便可以直接告知相关负责人,他会负责安排继续追踪,以及在必要的情况下向有关部门报告。此外,所有政府机关都有监督机制的组织结构。上司都要对员工的行为负责。因而也有相应的行为准则。"德国各级政府在其内部设立了监督部门——反腐工作组,该工作组不仅对其上级行政机关负责还对检察院的反贪小组负责。因而,若财税部门及其职员一旦有腐败行为,反贪工作组会立即向上级报告,将财税部门的工作资料等相关物品进行封存,交由检察院审理。

(3)具体财税制度

德国经济学家卡尔·席勒曾言:"竞争尽其可能,计划以其必要!"[1]德国所实行的是自由竞争为主,国家适当调控为辅的资本主义市场经济体制,对现代市场经济的发展具有深远意义。而德国财税制度的反腐功能也值得理论学界研究分析。第一,税收制度。《德国基本法》明确划分了税收立法

---

〔1〕 王涛:《德国财税体制对我国的启示与借鉴》,河北大学金融学院2008年硕士学位论文,第8~11页。

权和税种，对其调整必须修正《德国基本法》且经过议会的批准，从制度层面制约了上级政府、行政机构和行政首长的自由裁量权。第二，财政转移支付制度。财政转移支付通常涉及极为重要且数额巨大的资金，极易产生腐败现象，德国所建立的完整严密的转移支付制度对其反腐败工作发挥着关键作用。德国的转移支付制度以纵向转移支付为主，横向转移支付为辅，德国《联邦财政平衡法》详细确定了财政转移支付制度的运行模式和转移支付额度，有效地规范了财政转移支付行为，解决了财政转移支付存在的问题。第三，预算制度。预算制度主要从严格程序和公开信息两方面限制政府权力，德国各部门的预算草案要经由财政部审查评估和预算谈判，联邦议院和联邦参议院对联邦总理提交的草案进行审议和表决，预算执行的过程中的监督主要由联邦审计院负责。

（三）社会主义法系国家范例

革新前，越南效仿"苏联模式"，实行高度中央集权的政治体制，缺乏有效的制衡和监督机制，导致政府部门行政效力低下、官员腐败现象滋生蔓延，为了解决现实难题，1991 年越南共产党七大通过的《越南社会主义过渡时期国家建设纲领》提出了增强监督机制和措施的目标，且随着革新开放的全面推进，越南在行政、国会、司法等方面的改革成果非凡，将建设"属于人民、来自人民和为了人民的社会主义法权国家"作为政治制度建设的目标和方向，形成了实行人民代表制的政权组织形式。此外，越南宪法以权力分立与制衡为导向明确规定将国家权力划分为立法、行政、司法三部分，但其区别于西方资本主义国家的"三权分立与制衡"体制，也不同于中国和古巴等社会主义国家的首长负责制，而是具有深厚越南传统政治文化特色的"四驾半马车式"的集体负责体制，即越南共产党、国家主席、国会、政府和越南祖国阵线之间相互分立和相互制衡，从外部性管控和内部性制衡两个层面有效地实现了财税领域权力之间的制约与监督。

1. 外部性管控

(1) 国会

越南国会与我国的全国人民代表大会、古巴的全国人民政权代表大会等其他社会主义国家代议机关性质相同，"是基于社会主义国家权力概念和国家主权概念”并在共产党单独领导体制下发挥其功能的一院制代议机关,[1]享有立宪立法权、重要的人事任免权、对国家重大事务的决定权和对国家全部活动的最高监督权三大基本职权,由国会常务委员会、国会民族委员会和专门委员会、国会办公厅等组织机构构成,其在财税领域对权力的管控主要体现在以下方面。

第一,立法层面。根据《越南社会主义共和国宪法》第 83 条、第 84 条和第 87 条的规定,国会是制宪和立法的唯一机关,主席、国会常务委员会、全国民族委员会、国会各委员会、政府、最高人民法院、人民检察院、越南祖国阵线和其成员组织,有权向国会提出法案。政府财政部、国会常务委员会等其他享有提案权的主体所提交的有关财税事项的新法律草案、现行法律修改或者补充草案在经专门委员会(财政金融委员会)审查提出意见后,提交给国会讨论,并且最迟要在召开国会前 20 天送交全体国会代表。通过立法对分级财政预算、税收、审计等财税具体事项的详细规定来划分政府财政税收权力的边界,防止公权力主体权力越位、滥用,以权谋私。

权力主体的有效管控不能仅依靠单一法律,需要辅助性法律形成完备权力监督法律体系。1997 年,越南国会通过的修改后的《刑法》规定,骗取公款或社会主义财富 5 亿越南盾(约合人民币 31. 25 万元)以上者判处无期徒刑或死刑;受贿 1 亿越南盾(约合人民币 6. 25 万元)以上者判处无期徒刑或死刑。1998 年,越南国会通过的《反贪污法》规定,贪污或利用职权骗取社会主义财富 500 万越南盾(约合人民币 3125 元)以上者,受贿 50 万越南盾(约合人民币 312. 5 元)以上者,行贿 50 万越南盾以上者,均追究刑事责任。此外,国会颁布的《越南社会主义共和国反腐败法》规定了公开政府采购、建设投资项目管理、国家财政预算、国有企业管理、民生保障等领域财政支出和收入,财产申报透明制度,对国家财政预算和国家财产使用的审计,改革支付方式以及监察机关、国家审计署、侦察机管、检察院和其他有管辖权的机关或组

---

[1] 参见[日]白石昌也:《越南政治、经济制度研究》,毕世鸿译,云南大学出版社 2006 年版,第 62 页。

织的监督职能。国会颁布的财税法律、刑法和反贪污法无异于极具杀伤力的“杀毒软件”,是治理腐败的强有力武器,从事前、事中和事后三个方面实现了权力监督的全面性、有效性。

第二,重大事务决定层面。根据《越南社会主义共和国宪法》第84条的规定,国会享有决定国家的金融政策,决定国家财政的计划和分配,批准国家的财政报告,决定、修改和取消各种税收的权力。国会从宏观层面享有对政府财政预算、收支的决定和审批权,严格把控政府的税收权力,减少行政机关的自由裁量权,遏制财税领域的权力寻租行为。

第三,活动监督层面。根据《越南社会主义共和国宪法》第91条的规定,国会常务委员会有权监督宪法、法律和国会决议和国会常务委员会的法令、决议的实施,监督政府、最高人民法院、人民检察院的工作,停止政府、总理、最高人民法院、人民检察院与宪法、法律和国会决议相矛盾的文件的执行,并建议国会决定这些文件的废除,废除政府、总理、最高人民法院、人民检察院与国会常务委员会的法令、决议相矛盾的文件。国会常务委员会通过监督政府对财政税收法律、决议的实施,审查和建议国会废除政府执行与前述法律、决议相矛盾的文件,提高政府对财税法律的遵从度和执行力。

(2)人民议会和人民委员会

越南的行政单位可划分两类和五层,各行政单位依照法律设立地方国家权力机关,即人民议会和人民委员会,对人民和上一级国家权力机关负责,根据《越南社会主义共和国宪法》第120条、第124条的规定,人民议会有权对当地的社会发展计划和预算作出决议,人民委员会对地方重大事项(如税收计划)进行集体讨论。地方国家权力机关的预算决议权及重大事项讨论权可在一定程度上制约政府财政税收权力,防止政府权力的无限膨胀,抑制权力主体的权力寻租行为。

(3)监察、司法机关

监察、司法机关对政府财政税收权力的制约主要发生在事后监督领域,通过惩罚行为人对财税权力主体产生警示和教育作用,打消公权力主体实施寻租行为的念头。《越南社会主义共和国反腐败法》规定,监察、侦查、人民检察院、人民法院在监察、侦查、起诉、审理活动中负有发现贪污行为的职责，可以依职权或者按照法律规定提出处理建议并对所作出的决定承担责任。监察、司法机关等多个部门形成合力监督政府支配、使用公共财产的行为，联合出击多方位攻克腐败顽疾。

2. 内部性制衡

德国著名社会学家马克斯·韦伯指出："权力意味着在一种社会关系里哪怕是遇到反对也能贯彻自己意志的任何机会，不管这种机会是建立在什么基础之上"，权力是贪污、腐败现象的本质与根源，而贪污腐败的最终目的是满足个人私欲（大多表现为公财私用）。越南的省级及以下地方政府可以分为3个层次，最高层次的省级政府享有最大的自主权，目前有58个省和5个市。[1] 越南政府权力的高度集中，尤其是省级政府，为寻租行为提供了可乘之机，导致腐败问题愈演愈烈。因此，政府内部通过制度和分权设置来管控公共财产的运行，制约公权力，从源头上有效规制腐败行为。

第一，制度型反腐。越南政府逐渐认识到全面、合理和严密的规章制度对腐败治理可以起到有效的预防作用，早在1992年各级政府就成立了反贪污走私委员会，2002年开始大规模检查基础建设投资和土地管理工作，规定干部、公务员的财产申报、财政公开等一系列规章制度。例如，财产申报制度规定："被提名或被推荐担任党、国家和群众团体各级领导的候选人，一律要申报个人房地产情况"，"干部、公务员要申报个人房地产情况及其配偶和子女在国外自费留学的经费来源"。再如，财务公开制度规定，单位建设工程招标和设备购置要公开，基层经费支出要公开。此外，越南政府监察局提高了对指导各部门、地方政府和监察组发现、处理贪污腐败案件的工作能力和责任要求，并取得了良好的反腐效果。

第二，权力型反腐。越南政府通过财政分权体制来严格管控权力主体对公共财产的支配、使用，从收入和支出层面为权力主体的职权行为设定了边

---

[1] 5个市为芹苴、岘港、河内、海防和胡志明市，其行政地位类似我国的省级直辖市，拥有与省级政府相同的权力和职责，与其他任何一个省均不重叠。

界,有效防止其滥用权力。其一,在税收层面,越南《预算法》规范了中央与地方之间的财政关系,明确了中央税、中央和地方共享税、地方独享税,详细划分了各级政府的税收权限;其二,在支出层面,各级政府根据越南《预算法》第31条和第33条建立了各自的支出责任"菜单",例如,在资本性支出方面,地方政府的支出责任包括对国有企业、国家经济组织以及国家金融机构的投资,其预算编制要经由本级人民议会审批和国会批准。

二、规制用财:域外具体财税制度比较分析

治理腐败如同治病,若想根治必须先从病因下手。腐败的本质在于"公共财产向私人财产的转移",其对象主要是钱财,[1]如挪用公款、受贿。通过对英美法系和大陆法系典型国家财税领域权力配置的详细分析,可以发现只要规制好用财,堵塞公共财产向私人财产的非法流动之路,就必定能根除腐败之"毒瘤"。具体到理论层面,财税法肩负着"看好国家钱袋子"的重任,主要应从管控公共财产和制约公共权力两个维度实现财税制度反腐。

(一)收入监管:税收类制度

国家的大部分收入源于税收,而税收是腐败频发的重要原因之一。完善严密的税收制度在治理腐败方面可起到釜底抽薪之效。第一,英国的税收制度。在《大宪章》颁布75年后,基于动产而征收的国税才被定义为明确的税收。英国的财政体制从1215年开始发展,议会在经过与君主集权漫长的斗争后掌握了财政决策权,控制了国家的税收,逐步形成了下议院控制国家财政的一元化财政体制。英国下议院为了保障具有排他性的财政控制权的有效安全运行,设立了供应委员会和筹款委员会分别负责支出和收入来对其进行监督。筹款委员会(the Whole Committee of Ways and Means)的监督效用,主要体现在财政收入法案审议程序方面。英国议会控制税收收入的立法主要包括永久性的税收立法和每届会期必须通过的年度财政法案两类。其一,

---

[1] 参见陈立诚、刘剑文:《财税制度反腐:一种源头治理的新进路》,载《政治学研究》2015年第1期。

永久性的税收立法。永久性税法草案一般由内阁的财政部制定并将其提交给下议院,下议院接手后进行一读、二读和三读,随后进行表决通过,送交上议院批准,再经女王签署后颁布(见图4-1)。其二,年度财政收入法案。财政法案通常在议会每年审议预算案时表决通过。财政大臣通过在下议院全体会议上发表预算演讲(Budget Speech)提出税收决议草案,筹款委员会对决议草案进行辩论和投票形成总的决议议案,下议院对总决议案和其他税收事项辩论形成总的动议并进行表决,接着下议院会提出授权政府具体征税事项的财政法案,然后通过一读、二读、委员会阶段、报告阶段、三读、表决、上议院批准和女王签署后颁布实施。[1] 英国的税收立法制度通过议员直接参与和严格程序原则,最大限度地保障纳税人的主权,从规则层面实现了财政公开和民主,遏制了权力腐败现象的产生。

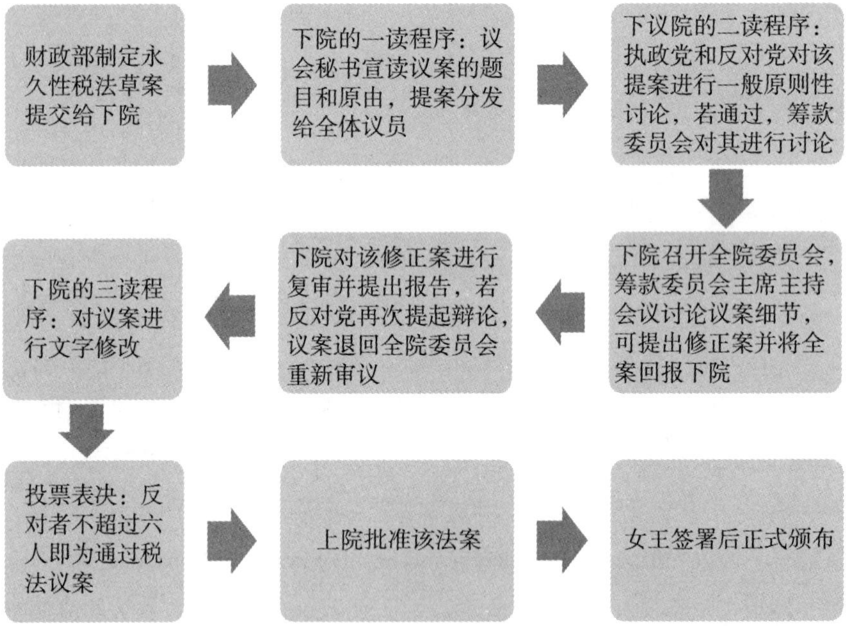

图4-1 英国永久性税收立法程序

---

[1] Kenneth Bradshaw, David Pring, *Parliament and Congress*, London, Quartet Books, 1982, pp. 344-345.

第二,美国的税收制度。美国联邦政府和州、地方政府实行分税制(见表4－6),形成的以宪法为基础、以法典为主干和以税收法规为辅助的三级平行的税收法律体系明确规定了征税主体、征税对象、税种、计税依据等,进而严格限制政府的税权。其中,最具特色的税收监控制度为法案的审议程序(见图4－2),众议院筹款委员会和参议院财政委员会是该审议程序中的重要主体,依据《美利坚合众国宪法》规定,行政机关的有关部门和国会享有税法提案权,筹款委员会在接收到行政机关或者是议员所提交的税收草案后召开公开的意见听证会,在听证会结束后的3～4个月内筹款委员会进入考虑政府和公众意见的阶段,考虑结束后举行会议进行辩论提出税收法案,接着众议院讨论和表决前述法案,随后参议院财政委员会按照相同程序审议该法案并进行表决,再经由税收联合委员会、经济联合委员会和国会预算局的审查。法案审议程序通过分散权力和公开听证会,充分地为纳税人提供了监督机会,从制度层面有效地实现了权力之间的制约与监督。

表4－6　美国的分税制

政府	主要税收种类
联邦政府	个人所得税、社会保障税、公司所得税
州政府	所得税、社会保障税、销售税
地方政府	财产税、销售税

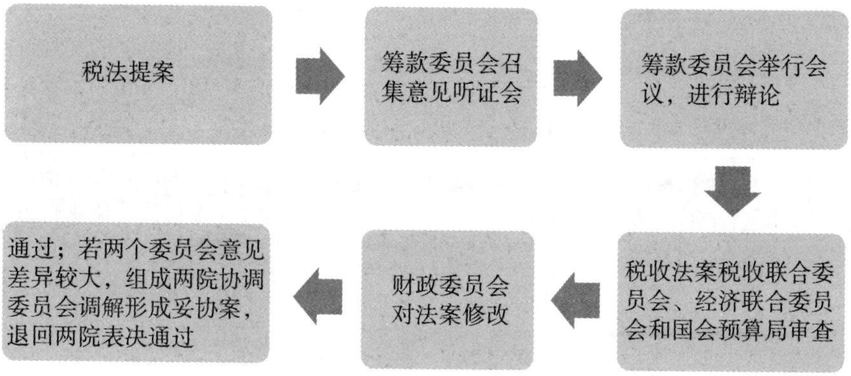

图4－2　美国税收法案表决程序

第三,德国的税收制度。德国是联邦制国家,实行分税制,依据立法权集中、执行权分散的原则,德国的税收立法权和开征权由联邦享有,[1]州和地方政府对财产税等地方税种享有较大自治权。联邦一级可对联邦和州的共享税优先立法和裁决联邦与州的税法所产生的矛盾,州和地方不得越权管理。联邦税务机关的主要职责为征收关税和消费税,各个州负责联邦税和地方税种的征管,征管机构按照比例把各级的共享税分别上缴给联邦、州和地方国库。德国通过中央地方的分税制和收缴分离制度严格管控政府的财权,防止政府滥用权力,滋生腐败。

第四,越南的税收制度。越南的税收立法权由国会享有,各政府间实行税收分权制度,按照收入的归属性质,越南的税收收入可划分为中央税、共享税和地方税(见表4－7),从表中可以看到地方税权主要集中在省级政府,因而为了制约省级政府的税收权力,防止权力滥用,一方面,中央政府确定地方独享税的税率和税基且全国统一;另一方面,通过越南《预算法》强化县(区)和社区两级地方政府的税权,根据不同地区经济发展水平来确定税收分权水平,[2]限制地方政府对地方独享税的使用。例如,越南《预算法》第34条规定,土地使用权转让税、土地和房产税、登记费等收入的70%以上必须用于不动产所在地的公社;省会城市和城镇政府至少获得50%的登记费(不包括房产和土地登记费)。

表4－7　越南税收收入划分

类别	项目
中央税	进口货物的增值税和特别消费税、关税、企业所得税(总分机构统一核算的企业)、石油和天然气相关税收,以及法律规定的其他收入
共享税	增值税(不包括进口环节增值税)、企业所得税(不包括将总分机构统一核算的企业)、高收入者收入税、利润外流课税(不包括石油业)、特别消费税、石油和汽油费

---

〔1〕《德意志联邦基本法》规定,联邦对关税和国家专卖税享有立法专属权,如果征收的全部或部分税收属于联邦所有,联邦对其赋税具有完全立法权。

〔2〕两者关系为负相关,即经济发展程度越高的地区所获得的税收分权水平相对越低。

续表

类别	项目
地方税	省级政府所拥有的独享税，包括土地和房产税、资源税（不包括石油）、牌照税、土地使用权转让税、农用土地占用税、土地使用费、土地租金、国有房产租赁和销售收入、登记费、国营彩票收入以及其他规费

（二）用度规范：预算类制度

"预算的实质就在于配置稀缺资源，意味着在潜在的支出目标之间进行选择。"严格审查和批准预算可以有效规范政府的公共决策行为，压缩权力寻租进行腐败的空间。第一，美国的预算制度。美国预算制度主要由法案来构成，依据 1974 年美国《国会预算法案》，美国联邦的预算程序主要包括编制、审批、执行和审计四个阶段。

第二，英国的预算制度。英国政府预算分为支出和收入两大类，预算的编制、执行都要遵循严格的程序且受到全面的监督（见图 4 - 3），其原则具有透明性、稳定性、公开性和效率性，且实行责任制前类预算编制早于且难于后者，下文主要介绍政府财政支出预算的编制程序。在编制支出预算时，首先，财政部要进行公共支出调查并形成报告，并将此调查报告发送给中央和地方各级政府主管部门；其次，各部门受到后依据概算原则编制各部门的支出计划并将其提交给财政部；再次，中央政府发表秋季声明公开预算草案，广泛听取社会意见，财政部根据前述的支出计划向内阁报告政府今后 3 年的支出计划，议定支出总额；最后，财政部大臣与中央和地方政府各级政府有关部门首长就具体支出计划交换意见。若达成一致，内阁作出终裁，确定各级政府部门的支出总额，汇总形成总的预算方案；若不能达成一致，由内阁专门委员会进行协调达成一致，确定政府各部门的支出总额，汇总形成总的预算方案。英国预算制度通过严格预算审批程序、年度授权制度、[1]专项拨款制度和拨款审议制度监督各级政府的收支情况。

---

〔1〕 英国政府将开支项目分为长期项目和年度项目，长期项目经过授权后不必每年都经由议会审议，年度项目则需要获得议会的年度授权，而英国政府的大部分开支属于年度项目，从而控制政府的基本财政支出。

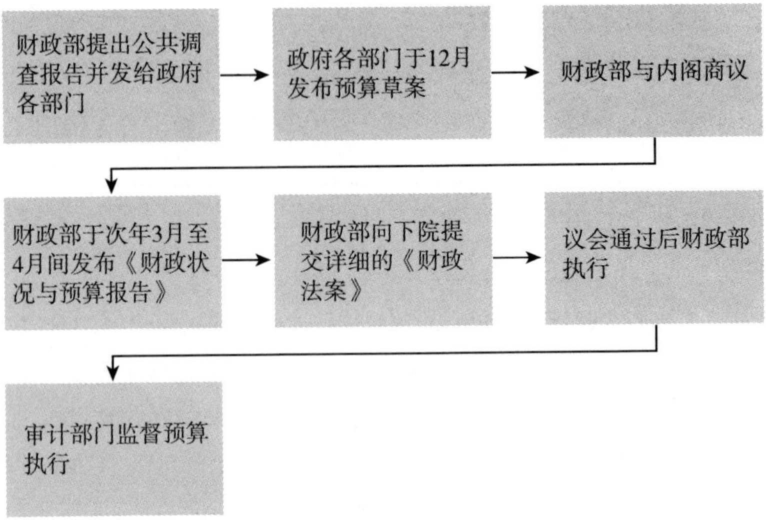

图4－3 英国预算程序基本示意

第三,德国的预算制度。德国《联邦预算法》将预算制度分为预算计划制定、执行、支付、簿记和核算报告、预算执行的审查监督等。其一,在收支平衡方面。依据德国《联邦预算法》的规定,预算计划的一切收入都要用于保证一切支出。只有在法律所规定的或预算计划所允许的例外情况下才能用于既定目的的用途。从收支平衡和目的两个层面保证政府依法支配预算收入。其二,在预算编制程序方面。德国《联邦预算法》明确要求,政府各部门依据需求提出年度收入预算额,并将其提交给联邦财政部,随后财政部进行。其三,在预算执行方面。德国《联邦预算法》明确规定了政府拨付的数额和时间限制,政府计划外的收支必须经由联邦财政部长的同意。此外,预算的执行还要受到联邦审计院的审查。德国预算制度主要通过收支平衡原则、预算编制和执行的严格程序来管控政府的预算权限,保证财税权力的合法运行。

第四,越南的预算制度。越南地方政府在编制预算上有一定的自主权,地方政府预算将最终汇总成国家预算。同时,上一级的政府有权审查和改变低级别的地方预算。地方政府具有相对较小的财政收入自主权,预算进程始于对预算收入的估计,由具有征收税收及其他收入权力的部门分别估计下一财政年度的各项收入。基于对本级组织财政收入的估计,以及从中央(通过省、县)接到的转移支付分配草案,公社政府(人民委员会)负责编制好预算草案并提交给本级人民议会审批。一旦获得通过,该预算将被送至县(区)级的人民委员会进行审查,这过程中,还可以要求公社人民委员会调整收入估计,审查通过后汇总县(区)本级及辖区的预算交由县(区)级人民议会审批。依此模式,向上提交至省级人民议会审批通过,并提交至中央。一旦国会批准国家预算,该结果将发布给相应的地方政府以及财政部在全国各地设置的办公室。通过政府预算编制权的限制、政府内部上下级之间的监督、人民委员会的预算编制权和预算审查权、人民议会的对预算的层层审批以及国会的预算最终批准权,有效地从内外两方面实现了权力之间的制约与监督,减少了权力腐败的空间。

(三)权力监督:审计类制度

王名扬教授曾言:"审计权是国会控制行政活动的很有效力的工具。"权力的制约与监督是审计制度的本质特征,也是审计机关的法定职责。审计机关是综合性的经济监督部门,监督对象为所有的公共权力。而目前世界上各个国家腐败问题主要发生在经济领域,部分公权力主体滥用权力聚敛财富、积累个人资本,实施经济类违法犯罪。因此,审计机关在财税领域通过制约与监督公共财产的筹集权、管理权、支配权、使用权以及审查财税权是否依法运行来规制政府的财权,从事后监督层面抑制腐败问题的日益恶化。现今,世界上的审计制度主要分为四类:隶属于议会的立法型体制、隶属于司法机关的司法型体制、隶属于政府的行政型体制和绝对独立的国家审计制度。美国和英国属于隶属于议会的立法型体制,德国属于绝对独立的国家审计制度,两种审计制度在制约与监督权力方面都具有关键性作用。

1. 隶属于议会立法型的国家审计制度

(1)英国的审计机关权力概述

英国是最早建立隶属于议会的立法型国家审计制度的国家,在1866年之前,英国行政机关享有国家审级权,议会几乎无权控制和审核国家支出。1866年颁布《国库和审计部法案》后,英国建立了国库审计部,议会才享有了财税权力,直到1983年颁布了《国家审计法》,国家审计署才得以确立。国家审计署在财政和机构方面独立于行政部门,把大部分官员派驻到政府各部门,其主要负责审计政府各部门的账目和监督各部门的审计人员,审计形式包括以下三种:第一,账目审计。对行政机关提交的有关部门收支情况账目的真实性进行审查。第二,财政审计。检查审计机关内部的审计和财务程序以及物资账目的合规性。第三,拨款审计。审查行政机关各个部门的支出是否符合议会拨款的使用目的和收支是否均衡。英国财政部门已经形成了全面的审计体系,在制度层面充分保障议会代表纳税人行使财政监督权,防止政府各部门滥用资金。

(2)美国的审计机关权力概述

美国的审计机关分为审计总署和地方审计机关两级。其一,审计总署。审计总署隶属国会,对其负责且向其报告工作,独立于立法权、行政权和司法权,除审计长[1]外的机构和人员设置由审计长根据实际情况安排,进而保证审计总署审查工作的独立性。审计总署由辅助职能部门和业务部门两大部门组成,前者主要负责辅助性事务,比如,人事、内部管理,后者把具体的审计工作划分给不同部门,防止权力过度集中。其二,地方审计机关。美国是一个联邦制国家,各州享有较大的自治权,机构设置与联邦相同,审计机关的作用也和审计总署相同。隶属各州和地方议会的审计长办公室或审计局的主要职责为审计财政收入和支出与财务收支,其和审计总署互相独立,各自分别负责涉及联邦、地方政府的资金的收支。美国审计机关具有相对独立性,审计部门不受立法、行政和司法部门的干涉,审计总署和地方审计机关互不干涉,且在审计机关内部进行权力分配,从内外制约监督权力的运行,实现了腐败问题的全面治理。

(3)越南的审计机关权力概述

为了规范公共权力运行,确保公共权力得到有效的监督和制约,增强国

[1] 审计长为美国审计总署的最高领导,其人选由国会提出,总统任命或由总统提出,国会确认和审批。

家审计的独立性与客观性，越南国会结合审计实践情况，在现有财税法律的基础上，参考借鉴了世界部分国家审计体制，于2005年颁布《国家审计法》，将越南国家审计署由隶属政府转为直属国会，成为由国会成立的国家财政检查机关，独立开展活动并只遵守法律，代表国会对使用管理财政预算、货币、财产的国家机关和组织进行财务收支审计、合规审计、效益审计，为越南国会审议、评估、批准政府财政预算及财政决算报告提供决策依据，并参加国会、国会各委员会的有关活动。其组织机构包括内设机构、中央审计部门、派出审计部门和直属事业单位，省级及以下不设审计机关。各部门分工明确，人员专业知识素养较高，成为检查国家公共财政、监督财政金融活动、惩治腐败行为的重要利器。

2. 绝对独立型国家审计制度

德国的国家审计机关独立于立法、行政和司法机关，只对宪法和法律负责，其审计职责由法律单独规定。德国的审计机关分为联邦审计院和地方审计机关两级。其一，联邦审计院。根据《联邦审计法》的规定，联邦审计院由院长局和包含55个审计室的9个业务局组成，其主要负责审查政府财政收支和政策的实际完成情况，各个部门的分工明确，职责权限严格分离，院长局主要负责管理院务，审计和咨询工作由业务局负责。联邦审计院必须依照合议制原则来审计案件，保障审计的民主化和公开化。其二，地方审计机关。德国各州都设立了审计院，审计权力具有高度自治性，独立于联邦审计院，也不隶属立法、行政和司法部门，其主要职责是对政府的财政收支进行审核。德国绝对独立的审计制度，可以保证审计权力的高效、稳定运行，从而完全发挥出审计机关对财税权力的制约与监督效能。

从现实角度来看，财税制度反腐的关键在于完备的财税法律体系，通过权力制约与监督进而规范财政权的行使和政府各部门的行为活动，从而根治腐败之恶疾。由于“赋税是政府机器的经济基础”，[1]若无特定的财政收入，政府就无法通过相应的人力、物力和财力来保证自身权力的正常运行，制约

---

〔1〕 马克思：《马克思恩格斯全集》（第19卷），人民出版社1963年版，第32页。

与监督政府权力和行为的关键在于严格管控政府的财政活动。域外财税治腐权力配置的特色在于高度重视权力制约与监督、规制用人与规制用财、预防与惩治、内部监督与外部监督等的共同作用,其一,最高权力机关(议会或国会)所享有的财政权和司法部门监督和制衡行政机关的权力,从根本上决定和约束政府的活动。其二,具体的财税制度从源头上保障公共财产管理使用的合法性和正当性,消除腐败生长的土壤,从制度层面保证权力"不能腐"和"不敢腐"。

第五章　财税治腐镜鉴论

第一节　中国共产党(1921～1978年)财税治腐的历史考察与反思

中国共产党成立90多年的历史,是一部带领中国人民从站起来、富起来到迎来强起来的历史,也是其不忘初心、拒腐防变的历史。研究中国共产党在历史上财税治腐的实践经验,对理解中国共产党作为执政党的法治品格,理解中国语境下的腐败治理逻辑具有重要意义。中国共产党的经历了不断探索、发展和完善的过程,后一个历史阶段的财税治腐的实践是对前一段的“扬弃”,以服务于本阶段的主要任务。这也表明,不断变化的历史环境决定了腐败治理体系的构建绝不是一劳永逸的,腐败治理对党来说依然是一个漫长而艰巨的任务,腐败斗争“永远在路上”。中国共产党的财税治腐是务实的、灵活的,其为中国共产党带领人民取得新民主主义革命胜利和巩固新生政权起到了重要作用。但是,也应当看到,由于没有现成的经验,加上战争等特殊环境,也存在一定的历史局限性。

回望历史,是为了更好地面向未来,中国共产党财税治腐的历史实践虽不能直接作用于当下的腐败治理,但是仍然能给予我们有益的启迪。在当下,依托节约型财税构建节约型政府,进一步完善财税党规和军队财税制度建设,从而逐步消除腐败赖以生存的条件和土壤,是未来财税治腐的着眼点和突破点。应当看到,当下诱发腐败的因素具有复杂性,故长效的腐败治理体系的构建必须以制度为依托，“预防”与“惩治”并重，“管人”与“管财”并施，进一步发挥财税制度对腐败的预防功能，依托节约型财税构建节约型政府，进一步完善财税党规和军队财税制度建设，从而逐步消除腐败赖以生存的条件和土壤。

一、政党治理：腐败治理的历史脉络

树高千丈有根，水流千里有源。理解近现代中国的发展逻辑，必然离不开对于中国共产党的关注。政党政治对国家治理具有重要的传导作用，因此，对国家法治建设、国家治理的研究必须对执政党的执政过程给予足够的关注。在中国党国体制的建构之下，党的治理同国家治理具有内在的一致性，研究中国共产党在历史上财税治腐的实践经验，对理解中国共产党作为执政党的法治品格，理解中国语境下的腐败治理逻辑具有重要意义。

中国共产党建党之初，面临着内忧外患，在复杂而残酷的国内和国际环境之下，年轻的中国共产党既要领导人民推翻帝国主义、封建主义、官僚资本主义这三座大山，同时也面临着自身建设的问题。其中，腐败问题便是党的建设中面临的重大问题。回顾中国共产党在建党之后的革命时期以及中华人民共和国成立初期的相关实践，在不同的历史时期、不同的历史背景之下，中国共产党审时度势、与时俱进，腐败治理的理论和实践不断得到丰富与发展。

对中国共产党彼时财税治腐的实践进行考察，目的在于为当下的反腐败提供经验借鉴。“党风廉政建设和反腐败斗争永远在路上”，[1]当下腐败问题仍然是党和国家所面临的巨大挑战，如何实现腐败的有效治理，如何从制度上预防权力滥用与贪污腐败，成为党和国家在任何历史时期都必须重视的课题。尽管在新民主主义革命时期以及在社会主义建设初期，尚无国家治理

---

〔1〕《中国共产党第十八届中央纪律检查委员会第五次全体会议公报》，2015 年 1 月 14 日中国共产党第十八届中央纪律检查委员会第五次全体会议通过。

的概念,但是这并不意味着在历史中并不存在实质意义上的“治理思维”和“治理手段”。腐败如同白蚁,清朝的灭亡与国民党的覆灭,无不与腐败有关。而在历史节点上诞生的中国共产党为何能够脱颖而出,不仅在于其审时度势,顺应了历史潮流,更在于其能其形成了一个能够自我不断进化的治理机制,及时对腐败因子加以清除,实现组织的自我净化、自我完善。

从本质上来看,腐败行为即权力对公共财产的侵蚀。诚如亚当·斯密所言,“财政乃庶政之母”,财政为权力的运行提供了必要的物质保障同时,也成了权力异化而侵蚀的客体。那么,要治理腐败,不仅要惩戒腐败,更要强调对腐败的预防,可见腐败治理是一个系统工程。财税治腐体现了大处着眼、小处着手的要求,它将腐败治理融入经济生活的各个细节之中,无论是“三大纪律八项注意”中的“不拿群众一针一线”“一切缴获要归公”,还是中共颁布的一系列有关财政、审计的法律规范,都体现出通过管好“财”来预防腐败、惩治腐败的内在逻辑。笔者对中国共产党在新民主主义革命时期和建国初期的财税治腐的相关历史进行了考察,以史为鉴,从而更好地完善当下的中国的腐败治理的制度设计。

二、中国共产党财税治腐实践的历时性考察

中国共产党的纪律建设,无论是在战争时期还是和平年代都是保持党的纯洁性和先进性的重要基石,在革命战争年代尤其如此。与和平年代不同,由于战争时期特殊性,一切事务均围绕战争展开,战争时期的反腐是为了节约战争经费,强化革命队伍的纪律,防范敌人软渗透,同时也是为了提高政权的社会评价,以此获得相应的社会支持。战时腐败治理最大的特点是“猛药去苛,重典治乱”,即主要是通过严厉惩戒来形成对腐败分子的震慑,从而达到对腐败的控制。而通过财税手段治理腐败,具有非人身性、低侵入性的特点,它是一种柔性的腐败治理机制。尽管在彼时并没有“财税治腐”这一概念,但是财税治腐的思维和相关实践却一直存在。对中共财税治腐演变的进程,综合考虑其发展的连续性、阶段性和周期性三者,就可以得到一个“螺旋式”上升的演化轨迹。中国共产党的财税治腐实践萌生于国民革命时期,发

展于苏维埃政权时期,经过抗日战争时期的逐步完善,在解放战争时期走向成熟,并在新中国成立之后继续曲折发展。

(一)国民革命时期到苏维埃政权时期:初步探索

中国共产党在建立后不久便开始了第一次国共合作,随着北伐战争不断取得胜利,党组织的规模也在不断扩大,党组织的廉洁性问题也随之产生。针对这种情况,1926年8月4日,中共中央发布了我党第一个惩治腐败贪污分子的文件——《中共中央扩大会议通告——坚决清洗贪污腐化分子》(以下简称《通告》)。《通告》指出,随着党组织的迅速扩大,一些"投机腐败分子"混入党内,"在经济问题上发生吞款、揩油的情弊",因此特别训令各级党组织立即坚决地洗清不良分子,严厉惩处贪污腐败。[1]《通告》的发布展示出党高度敏锐的洞察力和对党组织廉洁性的高度重视,成为我党反腐败斗争的开端。随后在1927年12月13日,中共中央下发给各个省党部《中央通告第二十一号——节省经费》,指出由于此前的经费没有进行预算,容易导致生活腐化的现象,规定各省经常费用,务须依照预算开支,于每月月终造具决算,提出(交)省党部的最高机关审查存案,并报中央查核。[2]《中央通告第二十一号——节省经费》标志着党已经认识到完善预算等财政措施对腐败治理的重要性,财税治腐的路径开始显现。

而在苏维埃政权时期,出现了较严重的腐败问题。由于频繁的战争,加上制度建设不完善以及革命队伍中有的同志素质不高,苏区的工农民主政府普遍存在自收自支、贪污腐化的现象,财政收支管理较为混乱。针对有的干部把打土豪得来的物品归为己有、利用职务经商,投机倒把以及各级政府出现的浪费开支现象,党认识到必须加强财政监督、严肃财经纪律,严惩贪污腐败。

在法律制度上,1931年颁布了《中华苏维埃共和国暂行财政条例》及《人民委员会训令财字第二号——统一财政、编制预决算制度》,以此建立了统一

[1] 参见中共中央文献研究室、中央档案馆编:《建党以来重要文献选编(1921~1949)》(第3册),中央文献出版社2011年版,第348~349页。

[2] 参见沈云锁、潘强恩主编:《共产党通史:第三卷》(上册),人民出版社2011年版,第158页。

的财政制度，如预决算、税收、会计、审计、国库等制度，同时强调了厉行节约、坚决反对贪污浪费的财政纪律。1932 年 12 月，中华苏维埃人民政府委员会颁布了《统一会计制度训令》和《会计规则》，初步规定将"收钱的、管钱的、领钱的、支配批准的机关分开，严明其各自的职责和手续"，并要求把"各级收入和支出机关分别划分归口，形成自上而下的系统"。[1] 1933 年 12 月 15 日，苏维埃政府中央执行委员会发布了《关于惩治贪污浪费行为》第 26 号训令，对腐败行为的量刑标准进行了详细的规定。[2] 法律制度的完善使反腐败斗争有章可循，从而避免了对涉案人员的不当量刑和运动反腐造成冤假错案的发生。

在组织上，分别在党、政、军建立了相应的财政监督机构。在党内财政监督方面，1928 年党的六大通过的《中国共产党章程》中规定在各级设立审查委员会，对各级党部财政、会计及各级机关工作进行监督。党的审查委员会在苏维埃政权时期不断发展完善，统一了各级党组织的财政经费使用，强化了对党内经费的预决算制度。在政府财政监督方面，1932 年 8 月 7 日，人民委员会第 22 次常务会通过了《财政部暂行组织纲要》，规定在省以上财政部设立审计机构，中央财政部设审计处，省财政部设审计科，"掌管关于总预决算的审核，簿记之检查及审核国家预备之支出、国库现金及存款事项"。[3] 1933 年 9 月 15 日人民委员会第 49 次会议决定成立中央审计委员会，直属中央人民委员会，独立于财政部，专司审计职能；同时，在地方省、县和红军内部也设立审计委员会，对各机关、团体、部队和企事业单位收支活动和各项制度执行情况的检查，进行财政监督，将检查中发现的腐败问题及时报告政府或

[1] 张希坡：《革命根据地的经济立法》，吉林大学出版社 1994 年版，第 79 页。

[2] 该训令规定，要严格惩治贪污及浪费行为，所以它把犯罪分为两大类。一是贪污罪。凡是苏维埃机关、国营企业和公共团体工作人员，利用自己地位贪污公款，以图私利者，即构成贪污罪。当时把挪用罪，放在贪污罪之中。凡是挪用公款为私人营利者，以贪污论罪。对挪用罪，同贪污罪一样，毫无差别地处罚。二是浪费罪。所谓浪费罪，是指苏维埃机关、国营企业及公共团体的工作人员，因玩忽职守而浪费公款，致使国家受到损失的行为，即是浪费罪。浪费罪，是苏维埃工农民主政权的一大发明，是毛泽东对廉政法制的一个伟大贡献。参见中央纪委纪检监察研究所编：《中国共产党反腐倡廉文献选编》，中央文献出版社 2002 年版，第 10～11 页。

[3] 《财政部暂行组织纲要》，1928 年 8 月人民委员会第 22 次常务会议通过。

者部队领导机关处理。在军队财政监督方面,早期的监督形式是成立士兵委员会对军队经济、给养进行监督。[1] 临时中央政府成立后,在军队中成立了经理机关,建立了总经理部、军经理处和师军需处三级组织体系。[2] 经理机关根据1932年中央革命军事委员会颁布的《经济管理条例》每月对军队的收支报告、收支账目进行审查,并向士兵进行收支报告,增加了军队财政的透明度,有效防止了军队内部的贪污和浪费。

中国共产党在该阶段的财税治腐取得了一定成效。这一时期,中共的反腐斗争是在国民党对中央苏区进行军事"围剿"和经济封锁的极端恶劣的背景下进行的。苏区通过节省运动推动反腐倡廉,为配合苏区的节省运动,各县区的预算制度逐步建立起来,贪污浪费的现象减少。1933年12月5日的《红色中华》刊载了"中央财政部部长王益哉浪费公款案"、[3]"中府总务厅管理科科长徐毅浪费案"[4]等一批典型案例,对贪腐腐败起到了一定的震慑作用。1934年年初,通过检举揭发,在中央机关共查出有贪污行为的会计科长和会计10人,管理科长及科员8人,财政处长3人,总务厅长1人,局长3人,所长1人,厂长2人,贪污公款累计大洋205,366元。[5] 随着财政管理、监督的不断完善以及节省运动的深入开展,据1934年9月11日中央审计委员会《关于四个月的节省运动总结》,1934年4月至7月的节省运动不仅完成了80万元的计划,而且节省经费甚至达到130万元以上。[6] 这些举措使苏维埃中央能够集中有限的人力、物力和财力进行革命战争,同时也为后来

---

〔1〕 例如,1930年9月,红一方面军总政治部印发了《红军士兵委员会章程》,明确了士兵委员会的职权、组织、经费等内容,规定在政治部和政治委员的指挥下,士兵委员会有权对军队的经济、给养进行审查。

〔2〕 参见朱钦胜:《论中央苏区审计制度建设》,载《江西社会科学》2005年第6期。

〔3〕 王益哉曾言,"在浪费公款上的表现,在物质方面,如属于使用品不按量购买,以致过多而搁置不用;在经费方面,如对于飞机洞的过度修饰;在人力方面,如对于伙夫、洗衣队等没有适宜裁减;在工作方面,如官僚主义的作风,没有精密的组织与分配等等,致使节省运动不能开展"。参见《经济战线的前哨战》,载《红色中华》1933年12月5日,第1版。

〔4〕 徐毅因在搭建戏台过程中超额预算,出现了较为严重的浪费,因此被通报。参见《一个戏台预算一百八十元》,载《红色中华》1933年12月5日,第1版。

〔5〕 参见沈云锁、潘强恩主编:《共产党通史:第三卷》(上册),人民出版社2011年版,第159页。

〔6〕 参见余伯流:《中央苏区经济建设》,中央文献出版社2009年版,第156页。

的抗日战争、解放战争的财税腐败治理提供了相应的经验。由于该时期中共政权刚刚建立，制度、组织、队伍建设均没有可供借鉴的经验。在财税方面，财政的预算决算未按期完成、预算与决算没有对比、上级财政部门未对下级部门的财政收支进行详细核实的问题普遍存在；财政监督力量还未下沉，尤其是在县级以下并未建立相应的检查制度和报告制度。[1]

（二）抗日战争时期：逐步完善

抗战时期，中华民族所面临的救亡图存的压力促使各界得以团结一致，共御外辱。在这样的氛围之下，各界对革命队伍中贪污腐败、叛徒奸细、投机分子产生了憎恶，从而形成了反腐的天然动力。与此同时，在抗日战争时期，中国共产党各种理论和实践创新的“体系化”“完备化”特征日趋显现，形成了完整的新民主主义理论，党、政、军的监督制度也日益完备，党政抑制腐败的自觉性同民众参与反腐的热情有机结合，为该时期从各方面加强腐败治理提供了条件。

但也应当看到，由于该时期的特殊性，中共的腐败斗争也同样面临着严峻考验。其一，随着国共第二次合作的实现，为共同抗击日本侵略者而建立起来的抗日民族统一战线成分复杂，其中既有先进的革命力量，也有封建势力、官僚资本主义和部分投机分子，各种势力交织，增加了反腐败斗争的复杂性。其二，国民党通过金钱、高官厚禄等趁机拉拢、策反共产党员，在这一攻势之下，一部分党员产生不愿继续过艰苦斗争生活的情绪，曾有极少数干部经不住艰苦环境的考验，抵御不住国民党为代表的各种剥削阶级思想的影响，革命意志衰退，违法乱纪，有的甚至背叛了革命。1937 年 11 月，毛泽东在《上海太原失陷以后抗日战争的形势和任务》中告诫全党，时刻保持警惕，保持廉洁清正，防止国民党通过权力、物质、女色对共产党员干部的腐蚀。[2]其三，由于红色政权财政经济日益困难，为坚持抗战，进行长期艰苦斗争，必须严格财政管理，堵塞贪污浪费。毛泽东在 1942 年 12 月总结陕甘宁边区前

---

〔1〕 参见《节省经济与开展反浪费斗争》，载《红色中华》1932 年 12 月 5 日，第 7 版。
〔2〕 参见毛泽东：《上海太原失陷以后抗日战争的形势和任务》，人民出版社 1953 年版，第 8 页。

几年经济和财政工作的报告中说:“陕甘宁边区的财政问题,就是几万军队和工作人员的生活费和事业费的供给问题,也就是抗日经费的供给问题。”〔1〕其四,在这一时期,中国共产党先后在全国建立了陕甘宁、晋察冀、晋绥、晋冀鲁豫、东江、琼崖等 19 个抗日根据地,由于各个抗日根据地较为分散,加上日军的封锁,建立统一的收支和供给制度存在极大困难,各地财政自筹自支,财政资金损失浪费的现象较为严重。贪污腐败治理工作既是关乎中共政权生存发展的重要环节,同时也成了抗战初期政权建设工作中较为薄弱的环节。鉴于此,中共采取了诸多措施,进一步完善了财政管理,严格了财经纪律,减少了贪污浪费现象的发生。

在制度建设方面,建立了制度化的财政管理监督体系,财经纪律趋向严格。由于边区经济极端落后,自给自足的小农经济占压倒的优势,商品经济极不发达,导致财政收入极不充裕和十分困难,为保障边区政府的正常运转,边区建立了供给制。1939 年 6 月 5 日,中共中央制定颁布了《关于严格建立财政经济制度的决定》,该决定要求严格统一收支,所有开支和盈余均应报告中央财经部,严格建立预决算制度和会计审计制度,〔2〕从而严格财经管理,堵塞贪污浪费。八路军、新四军也相继建立了统一的财政制度、预决算制度。1940 年皖南事变后,国民党政府停止了给中共的财政拨款,使边区财政一度陷入困境,中共颁布了一系列规章制度,〔3〕对津贴、伙食、被服和子女抚养教育等进行了更加明确而详细的规定。

---

〔1〕 参见中共中央文献研究室、中央档案馆编:《建党以来重要文献选编(1921～1949)》(第 19 册),中央文献出版社 2011 年版,第 616 页。

〔2〕 参见中共中央文献研究室、中央档案馆编:《建党以来重要文献选编(1921～1949)》(第 16 册),中央文献出版社 2011 年版,第 352～353 页。

〔3〕 这些规则制度包括:1941 年 11 月 25 日的《陕甘宁边区各级机关、部队编造粮食马干支付预算规则》,1941 年 12 月 15 日的《陕甘宁边区三十一年度财政实行统筹统支办法》,1942 年的《陕甘宁边区财政经济计划大纲》,1943 年 1 月 11 日的《陕甘宁边区政府关于各机关及个人的自给数量暂定标准的通知》(争字第 123 号)、《陕甘宁边区供给制度补充条例草案》、《1943 年度经常费预算标准》,1944 年的《陕甘宁边区各机关学校部队生活标准》,1945 年 1 月 18 日的《陕甘宁边区财政厅为颁发 1945 年度财政开支的规定与供给标准的通知》,1945 年 3 月 26 日的《陕甘宁边区政府财政厅关于补充供给标准的通知》(财约字第 88 号),1945 年 5 月 20 日的《陕甘宁边区政府财政厅关于颁发粮食、草料暂行标准的通知》。参见杨永华主编:《中国共产党廉政法制史研究》,人民出版社 2005 年版,第 180 页。

同时,惩治贪污腐败犯罪也有了相应的制度遵循。1938 年陕甘宁边区政府[1]颁布了《惩治贪污条例(草案)》,做到了罚责的一致性,对贪污公款的数额与相应的处罚类型作了明确规定,建立起基本惩罚制度,给予腐败违法分子严厉的打击,同时,也对有贪污倾向的不定分子起到警示预防作用。[2] 该条例将之前同贪污罪并列的浪费罪,降低规格,并入贪污罪,成为贪污罪中的一种犯罪。同时,在贪污罪中,增加了盗窃、侵吞公有财物罪和勒索敲诈、收受贿赂罪,前者在封建时期被称为"监守自盗",后者是新民主主义廉政法制中第一次出现的犯罪。

在组织建设方面,主要有以下几个方面的侧重点:第一,加强审计工作。1937 年 9 月,陕甘宁边区政府设立了审计处作为专门的审计机构。为适应陕甘宁边区大生产运动和精兵简政运动的需要,此后审计机构经历了多次调整,在整顿财经、惩治贪污浪费方面展现出一定的灵活性。第二,严格干部审查。1940 年 8 月 1 日,中共中央发布《关于审查干部问题的指示》,要求各机构设立干部科,"对单独行动的军、政、党干部","注意其在单独行动时是否有贪污腐化、违背党的政策等行为"。[3] 第三,加强基层财政监督。华北抗日根据地边区政府设立了边区行政督察专员制度,行政督察专员有权对所属各县经费收支进行督察。晋察冀边区在开展反贪污活动过程中,对村一级的政权建立了村概算制度,要求每村每个季度都要作出概算,并将账目予以公布。[4]

---

[1] 1937 年 9 月,国共两党在第二次国共合作的前提下达成协议,中国共产党将西北苏区改为陕甘宁边区,将中华苏维埃共和国临时中央政府西北办事处改名为陕甘宁边区政府,形成了历史上的陕甘宁边区。

[2] 《惩治贪污条例》规定,边区所属的部队、机关、企事业单位或群众团体人员,有下列行为之一者,即以贪污罪论处:(1)克扣或截留应当发给或缴纳的财物者;(2)买卖公物,从中舞弊者;(3)盗窃侵吞公有财物者;(4)强占、强征或强募财物者;(5)意图营利,贩卖违禁或漏税物品者;(6)擅移公款,作为私人盈利者;(7)违法收募捐税者;(8)伪造或虚报收支账目者;(9)勒索敲诈收受贿赂者;(10)为私人利益而浪费公有财物者。凡贪污在 1000 元以上者处死刑,1000 元以下根据数额和影响大小处以不同刑罚,并追缴贪污财物。参见余华青主编:《中国廉政制度史论》,人民出版社 2007 年版,第 593 页。

[3] 中共中央文献研究室、中央档案馆编:《建党以来重要文献选编(1921 ~ 1949)》(第 17 册),中央文献出版社 2011 年版,第 433 ~ 436 页。

[4] 参见安娜:《华北抗日根据地廉政制度建设研究》,载《中共山西省委党校学报》2016 年第 5 期。

该时期财经工作的长远目标是保障抗日经费的供给。在吸收、总结土地革命战争时期、苏维埃政权时期的财税制度和腐败治理实践的经验之后，边区的各项财政管理制度化、规范化的趋势显现，各级财税制度逐步建立，尤其是基层相关财税制度的落实和供给制的实施，对腐败浪费起到了很好地节制作用。在这一时期，运动反腐同制度反腐互为补充，以运动反腐推动反腐败制度建设，同时以反腐败制度巩固运动反腐败成果，对腐败起到了很好的震慑作用。

(三)解放战争时期：走向成熟

解放战争时期，随着局势的变化，中共的腐败治理和财政管理出现了新的要求：其一，随着解放区的不断扩大，加强和改进党对新解放区的财政管理和监督成为政权建设的一个重要课题；其二，解放战争时期，人民解放军的数量得到了快速增长，如何为庞大的军队提供有力的财政保障，从而夺取战争的胜利，也成为财政建设必须要考虑的问题；其三，党的工作重点逐渐由农村转移到城市，工作环境和生活条件均得到了较大转变，为了适应党的战略大转移的需要，切实防止党内干部进城后腐化堕落，必须加强监督；其四，为争取和团结各民主党派、各人民团体、各社会贤达，成立民主联合政府，夺取新民主主义革命的最后胜利，必须保持党的先进性形象。对此，中共从四个方面着手，对从财税制度进行了完善。

第一，着力整治接管沦陷区过程中的贪腐问题。抗战胜利后，在接管沦陷区过程中，国民党政府各级接收机构官员将日、伪物资据为已有，国民党官僚资本集团凭借政治特权，将大量民有企业和资产指为敌产，以“接收”名义加以侵吞。[1] 为防止此种现象在中国共产党中发生和蔓延，中共中央和毛泽东要求全党“必须十分节省地使用我们的人力资源和物质资源，力戒浪费。必须检查和纠正各地已经发生的贪污现象”。[2]

第二，制定颁布城市政策，严格入城纪律。正如陈毅所言：“必须强调入

〔1〕 中共中央党史研究室：《中国共产党历史：第一卷(1921～1949)》(下册)，中共党史出版社2011年版，第692页。

〔2〕 《毛泽东选集》(第4卷)，人民出版社1991年版，第1187～1188页。

城纪律,入城纪律是入城政策的开始,是和市民的见面礼。"[1]1945年9月30日,中共中央发出《关于加强军队纪律坚决执行城市政策的指示》,对防止入城人员假公济私、享乐腐化起到了重要作用。

第三,进一步统一财政管理,限制铺张浪费。1947年10月24日,中共中央在《批准华北财经会议决议及对各地财经工作的指示》中要求,"战争缴获物资归公,除武器弹药由部队自己管理(多余部分仍应互相调剂)外,其他如粮食、布棉、金银、货币等,均应交公作为财政收入,严禁私自扣留和破坏行为"。在村财政方面,基于"目前村财政无制度,浪费惊人"的现状,有必要"整理村财政,节约开支",整顿方式就是"由政府统一规定,收支标准,由村民民主评议,经区公所核准,自筹自支,并按期结算账目,送上级审查公布"。[2] 针对接管解放区中机关、部队经商的情况,朱德同刘少奇对华北的部队进行了整顿,清理了经商机构,新建军区后勤部统一管理后方人员,从而减少了华北军区的财政乱象。东北局还发布了《东北局关于禁止部队机关学校经营商业之决定》,防止干部从事私人买卖,投机贪利,造成贪污腐化现象发生。

第四,加强作风建设,从细节着手预防腐败。党的七届二中全会根据毛泽东的提议,制定了《防止资产阶级腐蚀和反对突出个人的六条规定》,其中就要求不给领导者祝寿,不送礼,少敬酒;告诫全党干部务必继续保持谦虚、谨慎、不骄、不躁的作风,务必继续保持艰苦奋斗的作风,为顺利实现党的战略大转移做好各方面的准备条件。对此,各解放区人民政府制定或修正公布了惩治贪污条例,如《东北解放区惩治贪污暂行条例》《晋冀鲁豫边区惩治贪污条例》《苏北区奖励节约、惩治贪污暂行条例》等。

解放战争时期的财税治腐发生在中国共产党的工作重心由农村转移到城市,由内战到统一的历史节点上,财税治腐呈现出系统化、科学化、精细化的特点。尽管在这一时期,工作重心仍然以革命战争为归旨,财政的核心功

---

〔1〕 刘统:《华东解放战争纪实》,人民出版社1998年版,第705页。

〔2〕 参见中共中央文献研究室、中央档案馆编:《建党以来重要文献选编(1921~1949)》(第24册),中央文献出版社2011年版,第449~450页。

能仍然是为军队提供保障，但是相较中央苏区时期以及延安时期，中共的财政压力已经得到一定程度缓解，戒骄戒躁、防止腐化堕落成了走向胜利前必然要经受的考验。在解放区不断扩大的过程中，尤其是在解放重要城市的过程中，以往的农村工作环境中的相关制度必然要面临着升级，应制定更加系统、科学、精细的财税制度，与时俱进，以适应城市工作的要求。同时，财税治腐不仅延续了此前减少腐败浪费、节约物质资料的现实作用，同时还具备了树立廉洁政党形象、团结各界力量的象征意义。

（四）社会主义建设时期：曲折发展

新中国成立后，党的任务从夺取政权转变为巩固政权，社会主义建设取代革命战争成为这一时期的主题。因此，国家财政在经历了短暂的“过渡型财政之后”，随着1953年中国共产党过渡时期的总路线指出，“要逐步实现社会主义工业化，发展生产力，把我国从贫穷落后的农业国改造为社会主义工业国”，我国的财政转变为“生产建设型财政”。[1] 中共的财税治腐为巩固新生的人民政权发挥了重要作用，为克服艰苦的局势，有效应对帝国主义势力对我国的经济封锁发挥了重要作用。

新中国成立后，国家对各种力量进行了整合，增强了整个国家的组织能力，为建立完善的腐败治理体系奠定了基础。在经济整合方面，多种所有制经济被整合为公有制经济，强化了中央对财政、税收的管理，实行统销统购。经济整合增强了社会个体对国家政权的依赖，强化了国家对社会经济生活的控制，为国家力量作用于每一个体提供了前提。政治整合方面，建立了全国统一的政权体系，国家政权得以从中央延伸到地方，制度化的财政监督管理体制得以建立。同时，由于国家财政权力高度集中于中央，地方党政机关，尤其是基层几乎没有财政经济的决定权，地方单位和部门的开销均需上级部门审批，这样就加强了对地方经济单位的控制、约束和管理，从而压缩了地方干部的腐败行为。

---

[1] “过渡型财政”，是指在满足战争需要的同时，恢复与发展经济建设的一种财政制度；“生产建设型财政”制度是指在计划经济体制条件下，财政支出主要为了满足生产建设需要的一种财政制度。参见张强、湛志伟：《比较视角下我国财政制度的历史演进》，载《东北财经大学学报》2018年第3期。

国家力量的整合，为国家调动全民开展反腐提供了基础。1951 年年底至 1952 年 10 月在党和国家机关内，开展了反贪污、反浪费、反官僚主义的“三反”运动。整个运动大体经历了四个阶段，即发动群众阶段、“打虎”阶段、定案处理阶段和建设阶段。通过“三反”运动，查出了大量贪污分子，严惩了包括刘青山、张子善在内的一批贪污犯，纯洁了党和政府机关，教育了广大党员干部。此后，还开展了“新三反”和“新反贪”运动、[1]农村“三反”、整风整社运动、[2]“四清”运动[3]等。这些运动以群众运动的方式，对腐败现象的遏制和对腐败分子的震慑起到积极作用。

20 世纪 50 年代，中国共产党党政干部的工资收入分配由供给制向职务工资制度转变。新中国成立后，干部工资几经调整，呈现几个特点：第一，降低国家机关领导干部的工资标准，缩小最高工资与其他工资标准的差别，工资越高，降幅越大。第二，党内外有别，降低党员干部尤其是党员高级干部的工资，不降低党外干部和技术业务人员的工资。第三，在降低机关党员干部工资时，适当提高一线体力劳动者的工资。[4]

可以看出，新中国成立初期的财税治腐的思路分为静态的社会控制和动态的反腐两个方面。国家通过建立高度集中的计划经济体制，将财政配置权力牢牢把握在中央，由中央进行统一调度，压缩了地方的财政方面的自由裁量权。加上新中国成立初期百废待兴，国家经济生活落后，地方官员基本上处于一种“无财可贪”的境地。同时，由于国家大力提倡节俭、反对浪费，开展各项反腐败运动，调动全民的力量进行财政监督，实际上也体现了公共财政的本质。

---

〔1〕 作为“三反”运动在县以下基层组织的继续，1953 年 1 月至 1954 年年底在全国展开。

〔2〕 1960 年 5 月至 1960 年 11 月为农村反贪污、反浪费、反官僚主义运动，1960 年 11 月至 1961 年上半年为整顿农村干部作风的整风整社运动。

〔3〕 1963 年 2 月至 1966 年上半年，在农村进行以“清理账目、清理仓库、清理财物、清理工分”为主要内容的“四清”运动；在城市进行以“反对贪污盗窃、反对投机倒把、反对铺张浪费、反对分散主义、反对官僚主义”为主要内容的“五反”运动。1964 年年底以后城市的“五反”运动改为“四清”运动，城乡“四清”运动的内容改为“清政治、清经济、清思想、清组织”。

〔4〕 参见王传利：《毛泽东与反腐倡廉》，中国社会科学出版社 2015 年版，第 48 ~ 49 页。

三、回望与反思：实用主义财税治腐的成效与局限

通过对中国共产党财税治腐的历史考察发现,不断变化的时代背景和主要任务决定了财税治腐的制度建设并非一劳永逸的,财税制度对腐败治理的效能取决于对特定时期局势的科学判断,后一阶段的财税腐败治理制度设计是对前一阶段相关内容的扬弃。与此同时,每一个阶段腐败治理任务的本身也是个处理诸多辩证关系的逐渐深入化过程。

从财税相关的立法来看,立法的实用主义特征十分明显。这种实用主义主要体现在几个方面:其一,立法程序环节较少。由于革命战争时期中共所建立的革命根据地相对分散,根据地革命政权的机构设置相对较为简单,这也就使相关的立法程序以简便、快捷为导向,立法的环节较少,并未受到过于严格的程序限制。其二,立法的主体多元。这也是由战争的特殊环境造成的,由于在战争时期根据地之间的联系并不十分紧密,除最高立法机关制定的相关重要的财政法律外,在各根据地内部有着自己的立法。例如,1941 年的晋西北根据地的《晋西北惩治贪污暂行条例》,1942 年的晋察冀边区的《晋察冀边区惩治贪污条例》及晋冀鲁豫边区的《晋冀鲁豫边区惩治贪污暂行办法》;而对一些较为具体和专门的单行法规,则由部门直接制定规制,例如,边区政府财政厅厅长霍维德与审计处处长曹力如共同签署了陕甘宁边区财政厅、审计处《关于党政民众团体机关人员出发费用规定》。其三,根据现实的需要对相关组织进行调整,财税治腐的组织建设呈现一定的灵活性。例如,在抗战时期,实行精兵简政,对相关部门进行职能整合,精简人员,削减不必要的开支,从而节省资金以克服经济困难。

(一)中国共产党财税治腐的成效

从总体来看,在新民主主义革命时期,中国共产党财税治腐所指向的根本目标是支持革命战争的需要。战争环境为中共腐败治理提供了较为独特的外部条件,严峻的革命战争环境形成了一定的压力,促使中共加强廉政建设。由于新民主主义革命时期中共的财政处于战时财政之中,相对平时财政,战时财政的主要目标是保障战争对财力的需求,维护战时财政运转秩序,

稳定战时经济生活秩序。因此,在这一时期,财税腐败斗争的任务也是为了服务革命战争的需要,具体来看,体现在以下几个方面。

其一,为革命军队提供了坚实的财政保障。战争的突发性、高强度要求战时财政体系能够在较短时间内动员足够的财力支持战争需要,这就要求进行动员的政权具备绝对的权威和号召力,同时对局势具备较强的灵活反应能力。[1] 中共通过统一军队财政经济,建立预决算制度有序管理军费,加强财政监督和审计,开展节省运动带动廉政建设,最大限度地减少了贪污浪费,确保了战时财政资金安全,同时也确保了财政调度的顺畅与高效,提高了战时的财政组织能力,保障了军队必要的财政开支。毛泽东指出,"财政的支出,应根据节省的方针,贪污和浪费是极大的犯罪"。在皖南事变之后,陕甘宁边区通过精兵简政、反对贪污浪费、发展经济这三项措施,节流与开源并重,抵御了国民党政权对中共的经济封锁,共同保障了革命战争的财政供给。

其二,财税治腐提高了革命军队的战斗力。历史反复证明,廉洁出凝聚力,廉洁出战斗力。清末军队腐败严重,军官克扣军饷,贪污公款,造成官兵关系极度紧张,士兵不愿听从指挥;军官携眷构屋、聚赌嫖娼,无心作战,清军在战场上一触即溃。这一情况在国民党军队中也广泛存在,这也是解放战争后期国民党军队节节败退的重要原因。中国共产党很早就认识到,贪污腐败会严重影响和削弱革命军队的战斗力,因此必须同腐败斗争到底。管好了军队的"钱袋子",便管好了腐败的源头。中共通过加强军队的财政管理,极大地压缩了寻租腐败的空间,遏制了革命军队中享乐、违反纪律、堕落腐化、蜕化等现象发生,保持了革命军队的战斗力。

其三,抵御了国民党对中共政权的侵蚀。彭真在谈及抗日战争期间贪污腐化的严重危害性时曾指出:"如果贪污不能彻底肃清,再伴以政府工作人员的腐化生活,不但影响到前线的抗战,而且会使政府无法与民众打成一片,给敌寇以挑拨离间之机会。"[2] 国民党集团对利用高官厚禄拉拢共产党员,企

---

〔1〕 参见张军果:《现代战争财力动员问题研究》,载《装备学院学报》2013 年第 3 期。

〔2〕 中共中央文献研究室、中央档案馆编:《建党以来重要文献选编(1921～1949)》(第 15 册),中央文献出版社 2011 年版,第 659 页。

图瓦解分化红色政权。在艰苦的环境下，通过严格军队的财税制度，推动了党内作风建设，提高了党员防腐拒变的意识，防止了敌对势力利用高官厚禄等非军事手段对共产党员进行侵蚀。

其四，巩固了根据地政权。根据地的财政资金来源包括外援、税收、公债、生产运动等几部分，[1]其中相当一部分财政资金来自根据地人民，同时又用之于人民。中共通过加强财政资金管理，惩治贪腐腐败，严格法纪约束，树立了廉洁政党的形象，密切了党和群众的关系，夯实了群众基础。与此同时，严格的财税管理制度有利于使有限的财政资金能够最大限度地发挥作用，从而在一定程度上为根据地政府的正常运转提供了物质保障。以抗日战争时期的陕甘宁边区为例，当时边区政府经常性的脱产人员达到 7 万人左右，并且随着各项事业的发展，边区党政军和脱产人员最高达到过 12 万人，[2]中共通过加强财政管理，合理统筹各项支出，保障了边区政府的财政供给，为党政军机关工作的正常开展提供了物质保证。

新中国成立后，各项工作的开展均依赖国家通过财政对社会进行整合，以此来调动各界力量参与。实际上，力量的集中整合会出现两种截然不同的情况，一种是权力的高度集中导致腐败加剧，另一种是腐败在严密的社会控制之下得到遏制。新中国成立后，强有力的社会整合，社会和国家反腐败的能力大大提高，避免了第一种结果，实现的是第二种结果。在“一穷二白”“百废待兴”的情况下，一方面，国家积极发展生产，建立和完善公有制经济，在社会上倡导勤俭解决、反对浪费，通过各种群众运动奠定了全民反腐的基础；另一方面，通过建立强有力的财政监督规章制度等，规范财税管理，不仅有效地遏制了腐败，为国家走出困境，进行国防和现代化建设提供了财政保障。同时，中国共产党通过腐败治理，塑造了廉洁形象，赢得了广大人民的支持，增强了人民对党的领导的认同感，进一步巩固了中国共产党的执政基础。

---

〔1〕 参见吴国萍、刘爱军：《抗日战争时期陕甘宁边区的财政供给述评》，载《广西师范大学学报》(哲学社会科学版)2005 年第 3 期。

〔2〕 同上书，第 132 页。

(二)中国共产党财税治腐的局限

由于党的腐败治理工作没有现成经验可借鉴,是在摸索中慢慢前进的,加上新民主主义革命时期党主要任务是反帝反封建,对腐败治理投入的资源和精力均十分有限,中共的财税治腐不可避免地表现出一定的局限性。

首先,战争的不稳定性涉及随机性的摩擦与战争导致的政府管理结构的脆弱、人口流动及非经常费用的开支等多重问题,由此导致完善的财政体系始终无法建立,自筹自支、预算开支等长期普遍存在,财税力量对腐败的预防、监控能力有限。在战时环境中,经济、政治、法律、人员等一切皆为战争服务,法律的存在大多以规训战争行为为旨归,对经济相对“宽纵”,这也导致了财税相关制度建设的不完善。

其次,在战争时期腐败治理的观念和倾向也影响着财税制度反腐作用的发挥。“重典治乱世”是战争时期腐败治理特征,因此,这一时期多采用运动反腐、权力反腐的方式进行腐败治理,侧重于惩治所带来的威慑效应。财税制度对腐败的治理是柔性的、非损益性的,但是这一制度的建立不仅需要大量的财税专业人士,同样也需要严密的财税收支、管理、监督的制度体系,这在革命战争年代显然无法实现。即使在解放战争时期,财政制度已经趋向成熟,但是财税手段并未与监察、群众监督等手段形成监督合力。

最后,在战争时期,迅速应对变化的局势、提高效率成为众多工作开展的主要特点,落实到制度建设中,则体现为制度应当强调简洁明了、易于操作。考虑在当时的革命队伍中,财税相关人员缺乏,下级财政部门的人员素质不高,为了便于理解操作,立法不免简单粗糙,忽视了对各项细节的落实。同时,财政制度建设往往是针对已经出现的问题而制定的,多通过文件通知的形式加以规定,“头痛医头、脚痛医脚”的特征十分明显,这样不免会造成制度之间的混乱和矛盾,同时也会形成管理的“盲区”。

另外,在地域上,党的领导权仅局限于分散在全国各地的红色革命区,反革命势力的强大阻碍了中央的重要通知、训令辐射到所有红色革命区,财税治腐也呈现不均衡性。各个革命根据地的法治建设并不具备全国性的影响力,仅在根据地内部发挥作用。在各地建立起来的财税管理制度都是地方性的财政,其行为局限在管账的范畴,还未能上升到“理财治国”的宏大层面。

而到了新中国成立之后,法治建设进展缓慢。尽管全国性的财税体系已经建立,但是财税制度仍然在一段时期内处于无法可依的状态,文件治国的特征较为明显。这一时期虽然查处、惩治了一部分贪污腐败分子,但是在阶级斗争扩大化的问题上超出了反腐败的要求。混淆了两类不同性质矛盾,误伤了一些干部群众,出现大批冤假错案,偏离了反腐败初衷,继而成为“文化大革命”的前奏。

四、以史为鉴:当下我国财税治腐的优化路径

(一)俭以养廉,构建节约型政府

勤俭节约,是我党的光荣传统。在艰苦的革命战争年代和社会主义建设时期,在物质资源极度匮乏的情况下,通过实施各项节约措施,不仅保障了党政军必要的财政开支,同时也最大限度地压缩了腐败空间。构建节约型政府,是为了削减政府不必要的开支,将政府的资源消耗维持在较低的水平。构建节约型政府的核心是构建节约型财政,即通过科学合理的财政安排控制政府的资金来源,并在资金使用过程中进行监督。构建节约型政府与保障政府行政效率之间具有内在的一致性,即节约型政府通过提高资源的利用效率,为社会提供更多的公共产品和公共服务。

因此,构建节约型政府应当长期贯彻。党的十八大以来,通过出台一系列的中央文件,节约型政府建设已经取得了显著成效,“三公消费”得以规范,浪费奢侈现象大为减少。但是,从长远来看,节约型政府的构建需要立足于财税制度。这就要求各级财政部门硬化预算执行约束,严把预算支出关口,大力压减一般性支出,从严控制“三公”经费;同时,加强财政监督,发挥人大、审计部门的财政监督功能,防微杜渐,预防腐败发生。

构建节约型政府不应忽视保障政府职能的实现。节约型政府不应当以降低或者削弱政府的行政效能为前提。节约型政府的目的是提高财政资金的利用效率,缓解财政经费不足的困境。目前,各地政府财政经费依然紧张,

三大攻坚战、乡村振兴战略、提高民生保障水平等领域仍需要大量财政支出予以保障，节约型政府应当将节省下的经费用于上述重点领域的开支。同时，构建节约型政府要处理好"俭以养廉"和公职人员激励之间的关系。俭以养廉，是指在公务开支上减少不必要的支出，防止公财私用，使其"不能腐"。但是，节约型政府的构建也应当考虑公职人员的生存保障，在限制公职人员的因公财产行为的同时，不能忽视对其生存物质条件的保障。如果矫枉过正，不仅不能遏制腐败，而且会导致腐败向更隐蔽的方向发展。故应当逐步完善公职人员的激励制度，逐步提高其工资收入和各项保障，从而实现"不想腐"。

（二）从严治党，健全财税党规

中国最近 100 年的历史，就是一部党领导人民进行革命斗争与建设发展的历史。中国共产党的建设已经同国家的建设紧密联系在一起，党的建设对国家的各项建设具有指引作用。在社会主义新时代，党面临复杂严峻的考验，"四大考验""四大危险"更加尖锐地摆在全党面前，从严治党比以往任何时候都显得更为重要和紧迫。从严治党需要通过加强党的建设予以保障，党的制度建设是党的建设的基本遵循，而党内工作的开展离不开财政的支持，财税党规成为党的制度建设中的核心组成部分。

在我国，党员同公权力机关的公职人员具有身份的高度重合性，党的意志也因此落实到了国家所有的公权力机关，政党治理的优化对推进政府等公权力机关的治理具有重要的传导作用。因此，对财税党规的认识不应仅局限于财政拨款、党费收缴管理等方面，在党内法规以及被纳入社会主义法治体系前提之下，应当将对财税党规的认识上升为财税法治体系的重要组成部分，树立公共财产的理念，通过规范党员和党组织的财产行为，将权力"关进制度的笼子"。

党的十八大以后，《党政机关厉行节约反对浪费条例》《党政机关国内公务接待管理规定》《党政主要领导干部和国有企业领导人员经济责任审计规定实施细则》《党政机关办公用房管理办法》《党政机关公务用车管理办法》《党政主要领导干部和国有企事业单位主要领导人员经济责任审计规定》等专门的党内财税法规出台，同时，配合《中国共产党党员领导干部廉洁从政若干准则》《中国共产党廉洁自律准则》等综合性的党内法规，党内财政收入、管理、使用、监督等各个方面均有了制度约束，党内财税制度运行基本实现了有法可依。

从总体上来看，财税党规主要集中在对开支行为约束和党内内部监督方面，而在党的财税公开制度建设方面还有所欠缺。《中国共产党党务公开条例（试行）》和《关于全面推进政务公开工作的意见》侧重于党的方针政策和人事信息的公开，对党的财政事务却鲜有涉及。因此，党内法规应当尽快完善党内财税公开的制度规范，主动接受公众监督。

目前，党内财税法规多通过单独特定的规范对具体领域的事项进行调整，体现了“具体问题具体分析”的思路，提高了制度的针对性。但是，从整体上来看，财税党规在形式上仍然呈现出分散状态，制度数量的增加并不一定会带来秩序的改善，制度的庞杂可能会导致制度之间联系、衔接障碍。因此，党内财税法规在走向完善过程中，应注意对现有制度的梳理，根据不同的党内财政问题准确定位“收支管”各环节中需要特别把握的约束要素（对收入行为、支出行为、管理行为的确认），形成连贯互通的规范体系。[1]

（三）从严治军，加强军队的腐败治理

中国共产党财税治腐的实践经验表明，坚决惩治和预防腐败是发扬人民军队光荣传统和优良作风的必然要求。“依法治军、从严治军是强军之基，必须保持严明的作风和铁的纪律。”[2]而军队的腐败是同中国共产党的性质宗旨、同人民军队的性质宗旨根本不容的，也是同人民军队的光荣传统和优良作风根本不容的。深入推进军队反腐败建设，既是人民军队性质宗旨的集中体现，也是拒腐防变、保持人民军队本色的迫切需要。

从党的十八大以来查处的一系列军队系统的腐败案件来看，军队的政工和后勤等非战斗部门为腐败的高发领域，突出体现在军队吏治和军产运营两

---

〔1〕 参见刘剑文、胡翔：《法治视域下财政党规的三维审思——制度定位、功能拓补、理念建构》，载《法学杂志》2019 年第 2 期。

〔2〕 习近平：《习近平谈治国理政》（第 1 卷），外文出版社 2014 年版，第 219 页。

个方面，具体包括军有土地与地方合作开发、军需物资和装备采购、营房工程建设等领域。涉及的罪名包括贪污挪用公款、行贿受贿、私分国有资产、巨额财产来源不明等犯罪，例如，原解放军总后勤部副部长谷某某形成了依靠军产敛财、靠钱买官、靠官位谋私的恶性腐败链条；解放军信息工程大学原副政委高某某涉嫌“309 医院后勤基建部门窝案”。这些案件涉案金额之大、范围之广令人深思，同时也暴露出军队财经纪律方面的松弛。

军队相比其他的国家机关，具有高度的集中性、独立性和封闭性的特点，因此，发生于军队中的腐败更为隐蔽。依法从严治军，惩治和预防军队中的腐败，一个重要的环节就是要依法实现对军队的财政监督。2014 年 1 月，解放军四总部印发《关于军队贯彻落实〈党政机关厉行节约反对浪费条例〉的措施》，强调严格经费管理使用，完善公务接待制度和标准，建立公务接待清单制度，探索实行公务接待费支出总额控制制度；开展军车管理专项整治、公务用车专项清理；从严审批举办各类庆典、论坛、展会、演出活动；规范和清理办公用房，从严控制新建项目。2014 年，四总部颁布《军队重点领域预防职务犯罪工作细则》，对容易发生职务犯罪的 44 个高风险环节以及需要防范的 130 余个突出问题逐一进行细化落实，坚持人防、物防、技防相结合，进一步创新完善个案预防、系统预防、同步预防、专项治理等基本形式，着力消除职务犯罪滋生因素。[1] 2017 年 1 月 1 日，新修订的《军队审计条例》开始施行，条例明确了军队审计实行“区域设置、统管统派”的垂直管理制度，由中央军委审计署主管军队审计工作，对各战区实行派驻审计，并将武警部队审计纳入范围，体现了“自上而下”的监督体制，提升了军队审计工作的独立性，加强了审计力量，扩大了审计机构职权。

2016 年 3 月，中央军委印发《关于军队和武警部队全面停止有偿服务活动的通知》，计划用 3 年左右时间，分步骤停止军队和武警部队一切有偿服务活动，使军队回归主业、聚焦职责使命，同时也贯彻了军队领域正风反腐、厉

---

〔1〕 参见陈浩春：《推动军队预防职务犯罪工作在重点领域深化》，载《检察日报》2014 年 11 月 30 日，第 2 版。

行法纪的根本要求。但是应当看到,目前军队腐败的财政制度缺口仍然存在。军队还未建立全口径预算体系,军队经费来源不统一,政府部门可通过多种渠道向军队部门拨款,兵役征集费、预备役部队和民兵经费等还并未列入政府财政预算。军队经费来源的复杂性和多样性不利于统筹安排,军队全口径预算的缺失成为军队腐败问题的滋生土壤。另外在监督控制方面,过于倚重专向性监督和突击检查,具有事后性、临时性,缺乏操作性强与运用性强的完整的预算监督机制。

党的十八大强调要"更加注重发挥法治在国家治理和社会管理中的重要作用","健全反腐败法律制度,更加科学有效地防治腐败",军队的腐败治理的关键在于通过制度堵塞财税漏洞。具体来看,应当建立和完善规范军队经费的收、管、支全流程的相关制度,合理配置军队内部的财税权力配置体系,统一军队经费来源,实施军队预算的动态管理,建立健全过程性监督。

第二节　中国古代财税腐败的历史考察与反思

腐败问题是古今中外国家治理中经久不衰的主题,各种腐败因子随着国家制度的演进和各种权力配置的不同而消长。从发生学的角度来看,腐败的是当权者对公共财产的侵蚀,制度的缺陷,尤其是国家财政制度的漏洞以及权力配置的失衡,是导致权力异化而产生腐败的重要原因。笔者对古代卖官鬻爵、公廨本钱、禁榷制度和耗羡制度这四种腐败形态进行分析后发现,其诞生的最初目的无一不是国家为解决财力不足而进行的一种被动选择,但是这种选择无疑是饮鸩止渴,财政权力的分配失衡导致了封建王朝汲取财政经费的手段不具有持续性,加上封建王朝对财政预算分配能力欠缺,从而形成了国家兴衰治乱的周期循环。与古代中国相比,当代中国国家治理同样面临——治理规模、多元文化、委托—代理困难的治理挑战,必须发挥财政对国家治理的作用,加强财税腐败的治理,建立完善的预算机制,加强非税收入的管理,提高转移支付的科学性。

一、中国古代腐败治理的财税法视角

腐败治理是古今中外国家治理中经久不衰的主题,尽管在不同制度语境

下,对腐败的治理呈现出一定的特殊性,但是仍然存在一些具有普适性价值的经验和实践,能够跨越时空,历久弥新。从人类文明的历史演进来看,剩余产品和生产资料的丰富促进了国家的产生,由此便产生了国家权力的分化。权力具有强制性和天然扩张性,德国历史学家弗里德里希·迈内克认为,权力的诱惑是不可抗拒的,权力的拥有者始终具有滥用权力的危险倾向,这种倾向往往会突破正义与道德的界限,从而形成一种无法抵抗的诱惑。[1] 正因如此,腐败是权力异化的天然趋向,并随着国家制度的演进和各种权力配置的不同而消长。从一般的经验来看,腐败的产生原因在于没有章法的约束,但是综观中国古代的国家治理的历程,似乎又会陷入一个历史的悖论:一方面,中国古代形成了相对系统化的监察制度和治吏之法;另一方面,中国古代的政治中却又充满了贪污腐败,任何一个朝代的灭亡,无不与腐败的催化作用有关。[2] 因此,对腐败治理的考察不应当仅仅停留在规范层面,"徒法不足以自行",法不能当然地缔造秩序,任何脱离具体制度语境的教义学分析都是空洞的,就腐败这一现象而言,其既是事实的,也是规范的,那么对这一现象及其治理的研究应当是在事实与规范之间的穿梭。

从发生学的角度来看,腐败的是当权者对公共财产的侵蚀,制度的缺陷,尤其是国家财政制度的漏洞以及权力配置的失衡,是导致权力异化而产生腐败的重要原因。这表明,治腐的关键在于治权,而治权的关键在治财。从这一层面来看,权力腐败在很大程度上是国家财政治理的失能与失效。"财政乃国家活动之命脉;亦政治措施之源泉。财政健全与否,往往影响国势之盛衰;且有关国民经济之荣枯。"[3] 对中国腐败现象的历史考察,不仅揭示了彼时理财治国中的得与失,而且也映照出了当下的困境。因此,本节是一次借助历史但又试图超越历史叙述的关于中国理财治国理论的努力;也是一个基于中国经验完善腐败治理理论的尝试。

---

[1] 参见[美]E. 博登海默:《法理学:法律哲学与法律方法》,邓正来译,中国政法大学出版社2004年版,第376页。

[2] 参见徐忠明:《浅谈中国古代的腐败与廉政》,载《法学杂志》1999年第4期。

[3] 岩双:《中国财政问题之考察》,载《东方杂志》1931年第13期。

二、斗争与博弈：几种腐败形态的历史考察

相较国家治理体系的其他方面，财税体制往往是起根本性、全局性、长远性作用的，[1]对腐败治理亦是如此。从古代的卖官现象、公廨本钱制度、禁榷制度与耗羡现象的诞生的背景均是国家为增加财政收入为鹄的，但是在封建君主专制制度下，所有的制度设计均是以服务封建皇权作为根本目标的，这种财政权力的分配失衡导致了这些制度无一不走向腐败。在“不完全财政”体系下，正式财政制度以非正式财政制度为依托，权力与制度进行合谋，将财政体系中的“潜规则”视作一种必要的腐败。

（一）卖官鬻爵：制度与权力的合谋

卖官鬻爵的现象早在先秦时期就已经出现，《韩非子·八奸》记载：“（今）父兄大臣请爵禄于上，而下卖之以收财利，及以树私党。”《管子·八观》云：“上卖官爵，十年而亡”，这表明，当时人们就认识到，卖官导致结党营私、贪污腐败，最终使国家走向覆灭。但是，法家的商鞅却认为“按兵而农，粟爵粟任，则国富”，[2]“民有余粮，使民以粟出官爵，官爵必以其力，则农不怠”。[3] 在商鞅的设想下，民众用多余的粮食换取官爵，不仅可以增加国家财富，同时还能激励农民发展生产，这一思想为后世卖官现象提供了某种正当性的说辞，使卖官鬻爵一直游走在制度与非制度之间。

通过对古代官方的卖官现象的梳理发现，古代国家卖官的目的在于增加国家财政，从而为赈灾、征战、国家建设、镇压农民起义、满足皇室奢侈享乐提供资金。秦代始皇四年，为了赈济蝗灾，政府将官爵以国家债的形式进行出售，允许“百姓纳粟千石，拜爵一级”，[4]国家授予买官者爵位、田宅，免除其徭役来进行偿债。汉代文帝时期，国家为了推动戍边，“文帝从错之言，令民

---

〔1〕 参见高培勇：《论国家治理现代化框架下的财政基础理论建设》，载《中国社会科学》2014 年第 12 期。

〔2〕《商君书·去强》第四。

〔3〕《商君书·靳令》第十三。

〔4〕《史记·秦始皇本纪》。

人粟于边,六百石,爵上造;稍增至四千石,为五大夫;万二千石,为大庶长。各以多少级数有差"。[1] 汉景帝时期通过"以爵换粟"为轻徭薄赋提供可替代的资金来源。到了汉武帝时期国家征战匈奴需要大量经费,汉武帝采纳了桑弘羊的建议,实行"入物者补官,出货者除罪"的政策,[2]民众和官员不仅可以买官进爵,罪犯甚至可以"买官赎罪"。[3] 卖官鬻爵造成了国家财政管理的混乱,加剧了官场的腐败。从此,卖官作为制度和政策频繁出现在我国古代封建社会的历史长河之中。例如,宋代的"进纳""纳粟""入赀""纳赀""献纳",明清时期的"捐纳""捐监"等均是制度化卖官的产物。

卖官鬻爵的泛滥不仅造成了国家官僚体系腐败横行,同时也导致了国家财政收入的路径依赖,国家"以有限之费养无用之人",财政负担进一步加重,从而带来新一轮的卖官的恶性循环。不仅如此,制度化的卖官鬻爵同时也带来了非制度化卖官的产生,魏晋南北朝实行的九品中正制,门阀政治带来了大量的私下卖官,正如晋代刘毅对晋武帝所言:"桓、灵卖官,钱入官库;陛下卖官,钱入私门。"[4]非制度化的卖官长期存在,成了诸多王朝走向覆灭的"催化剂"。如唐代的"债帅",由于"自无家财",于是借钱行贿宦官,"得镇之后"通过搜刮百姓进行还债。[5] 可见,制度化的卖官推动了非制度化卖官的形成,必定会导致非制度性卖官淹没制度性卖官、反规范化趋势压倒规范化努力的历史困局。[6]

古代的卖官鬻爵实际上是制度与权力的合谋,统治者并非没有认识到卖官鬻爵会导致腐败,而是将其视为一种必要的、可以容忍的腐败,成为了解决国家财政问题的重要途径。故推动卖官的制度化实际上就是为了使私下的卖官变为一种明示的、可规范的制度,以国家的名义进行介入监督。这一过

---

〔1〕《汉书·食货志上》。

〔2〕参见《史记·平准书》。

〔3〕参见《盐铁论·轻重》第十四。

〔4〕《晋书·刘毅传》。

〔5〕参见《旧唐书·高瑀传》。

〔6〕参见谢红星:《腐败规范化的历史困局——传统中国卖官现象新论》,载《湖北社会科学》2017 年第 10 期。

程体现了国家财政与权臣口袋之间的博弈，两股势力此消彼长：国家财政不足之时，通过国家卖官来填补亏空，为维护国家统治提供物质基础；国家财政充足时，国家对官员私下卖官采取一定程度上的容忍，以缓解二者的紧张关系。但是无论怎样将卖官制度化，其本质依旧是一种腐败，尽管由国家制度化的背书似乎可以为卖官合法性提供一些正当性的理由，但这不过是国家参与腐败的一种假象罢了。

（二）公廨本钱：财政开源的异化

“公廨本钱”又称为“公廨本”“月料钱”“捉钱”，是北魏到隋唐时期官府的商业资本和高利贷资本。《隋书·食货志》记载，“先是京官及诸州并给公廨本钱，回易生利以给公用”。但是到了隋开皇十四年（594 年），工部尚书苏孝慈等认为，公廨本“与民争利”，“烦扰百姓，败损风俗”，“非兴化之道”，[1]因此国家废除了“公廨本”制度。唐前期为解决国家经费不足的问题，于唐武德元年（公元 618 年）设立了公廨本钱，《新唐书·食货志》载：“京司及州县皆有公麻田，供公私之费。其后以用度不足，京官有俸赐而已，诸司置公廖本钱，以番官贸易取息，计员多少为月料。”据唐谏议大夫褚遂良《请废在官诸司捉钱表》所言：“大唐制令，宪章古昔。商贾之人，亦不居官位。陛下近许诸司令史，捉公廨本钱。诸司取此色人，号为捉钱令史”，“大率人捉五十贯已下，四十贯已上，任居市肆，恣其贩易，每月纳利四千，一年凡输五万”。公廨本的运作过程大致为：由诸司物色来的“商估（贾）”之人担任捉钱令史，官府为其提供的本钱，国家按月收取利息，高额的利息回报使公廨本成为国家重要的财政收入来源。

在唐永徽元年（650 年）至麟德二年（665 年）之间，公廨本钱从京城向全国范围内推行，《新唐书·食货志五》记载“天下置公廨本钱，以典史主之，收赢十之七”，其目的在于“供佐史以上赋粟者常食，余为百官俸料”，同时，国

[1] 《隋书·食货志》《隋书·苏孝慈传》。

家还对地方上的公廨本钱数进行了详细的规定。[1] 不断膨胀的公廨本钱制度带来了国家财权管理上的混乱。在安史之乱以前,唐朝中央由负责财务审计的总勾检机构比部兼司公廨本钱的管理,而诸司诸州则由勾官(有时由判官兼任)司公廨本钱[2];而在安史之乱之后,"中书门下两省奏请依元和元年八月六日敕,各置捉钱官。敕中书省宜置三十人,门下省置二十五人",[3]比部的公廨本的管理职能被架空,其他部门如中书门下、御史台等开始直接参与公廨本钱的管理,开始自我经营。

应当看到,公廨本制度尽管为国家提供了巨大的财政收入来源,但是同时也成了腐败滋生的温床。一则公廨本钱频繁废置,国家制度设计不周延,从而导致了各部门各自为政以自肥。二则捉钱令的设置实际上是官商勾结的典型表现,富商大贾实际上拥有了官僚和商人的双重身份,这些捉钱令将公款本金与私钱混同,以官府为依托,利用手中的特权进行高利转贷和强买强卖,中饱私囊。而作为捉钱令管理者的诸司诸使常与其相互串通,庇护捉钱令,通过权钱交易帮助违法犯罪的捉钱令逃避法律制裁。三则公廨本所创造的财政来源是百姓,在官府"多劳多得"的政策导向之下,捉钱令为了获取更多利益会进一步对百姓进行搜刮,公廨本钱制度成为剥削百姓、与民争利的工具,严重扰乱了正常的社会政治经济秩序,不断侵蚀唐朝的统治。

(三)禁榷制度:权力垄断的"灯下黑"

禁榷的实质是一种国家垄断经营制度,源于春秋齐国管仲的"官(管)山海"。[4] 《史记·王宗世家》引韦昭注曰"榷者,禁他家,独王家得为之也",封建国家将能够取得暴利的采矿、冶炼、盐业、制茶等行业的经营权收归国有,从而独擅其利。禁榷制度,既是封建国家打击富商大贾、实行抑商政策的

---

[1] 《新唐书·食货志五》记载了公廨本钱在全国分配的标准:京兆、河南府钱380万,太原及四大都督府275万,中都督府、上州242万,下都督府、中州154万,下州88万。京兆、河南府县143万,太原府京县913000,京兆、河南府畿县825000,太原府蕞县、诸州上县77万,中县55万,中下县、下县385000,折冲上府20万。中府减1/4,下府10万。

[2] 参见李锦绣:《唐前期公廨本钱的管理制度》,载《文献》1991年第4期。

[3] 《册府元龟》卷五O七《邦计部·俸禄三》。

[4] 《管子·海王》。

重要政策工具,也是为解决国家财政不足而不得不采取的措施。禁榷制度具有国家垄断经营和间接税的双重特性,[1]重要的制盐、冶铁行业由国家垄断经营,寓税于价,在增加国家财政收入的同时,也减少了直接征税而带来的阻力。

西汉武帝时期,在担任大司农的桑弘羊的主持下,将均输政策[2]与盐铁酒专营合并为一项被称为"平准"的制度,在该制度下,"太仓、甘泉仓满,边余谷诸物均输帛五百万匹,民不益赋而天下用饶"。[3] "晋、魏、隋、唐以来",(禁榷)"皆沿而为法,盖后世财用浸阔,不可一日无榷也"。[4] 唐初与民休息,轻徭薄赋,众多行业实行公私兼营,唐中期后,特别是安史之乱以后,为了解决财政危机,在第五琦等人的推动之下,国家对盐、铁、酒等实行专卖。到了宋代,凡是有利可图的商品都列入了禁榷的范围之内,国家对禁榷货品的生产运输、销售及价格各个环节都企图加以垄断。[5] 但是,由于诸多主管官员并不具备相关产业的经营管理才能和必要的经济学常识,导致官营的冶铁、制盐、制茶成本高而质量差、浪费多而效率低。但是通过动用国家的政治力量,却可以强买强卖。《宋史》记载,有官员刘蟠,对茶民进行敲诈勒索,常"伪称商人,抵民家求市茶,民家不疑,出与之。即擒置于法"。[6] 官酿的酒苦涩难饮,但是官府"课民婚葬,量户大小令酤,民被其害"。[7] 宋徽宗时期,蔡京等人将许多专卖政策变成了"聚敛"之术。明清以后国家也相继实行了禁榷制度,但最终都沦为官员敛财的工具。

在国家力量的支持下,官营企业可以随意征调劳力、征收原料产品,由于

---

[1] 参见刘玉峰:《唐代禁榷制度的发展变化》,载《学术研究》2004 年第 2 期。

[2] 《盐铁论·本议》载:"往者郡国诸侯,各以其物贡输,往来烦杂,物多苦恶,或不偿其费;故郡国置输官以相给运,而便远方之贡,故曰均输。"各郡置均输官,其贡品除品质特优者仍须运送京师外,一般贡品不再运送,或由当地均输官运往邻近高价地区售卖,或将贡品按当地售价折成现金,再另购丰产而廉价的商品运往高价地区发售。这样,既可减少以往贡品运送造成的损失,又可相对减轻民户负担,同时还增加了财政收入。

[3] 《史记·平准书》。

[4] 《韦先生集·议榷货》。

[5] 参见刘益安:《略论北宋禁榷及官营企业》,载《中州学刊》1986 年第 1 期。

[6] 《宋史·列传》第三十五。

[7] 《宋史·食货志》。

在垄断条件下缺乏相应的市场竞争机制，官营企业往往并不注重技术的改进提高，从而造成了人力、物力、财力的巨大浪费。即使面临亏损，其仍可以通过提高价格将其转嫁给作为消费者的百姓，从而造成了对百姓的二次剥削。由于缺乏必要的监督和制约，主管官员营私舞弊，私藏盗贩，聚敛财富。但是“天地生财自有定数，取之有制，用之有节则裕，取之无制，用之不节则乏”，〔1〕禁榷制度严重违破坏了正常的社会生产，导致民穷财尽的情况发生。

(四)耗羡现象：正式制度的“体外循环”

旧时官府征收钱粮时以弥补损耗为借口，于正额之外加征的部分，称“耗羡”，陈钱群在《条陈耗羡疏》写道：“明代征收正赋之外，有倾销耗银，即耗羡也。”

耗羡是明清时期财政史中的一个特殊历史现象，其并非一种正式的制度，但是由于在实践中长期推行，从而具有了作为一项制度所具有的稳定性的特征。

“耗羡”分为雀、鼠耗和火耗两种类型。在征粮时，官府以雀、鼠损耗为名，增收一定数额的耗米，即雀、鼠耗。明神宗万历九年(1581 年)，内阁首辅张居正开始向全国推广“一条鞭法”，各州县的田赋、杂税和差役合并归一，课税的主要对象由人丁改为田亩，各项赋税、差徭均摊到地亩中去，计亩征银。但州县所征零碎银两成色不同，但在熔成锭银过程中存在一定数量损耗，须以弥补折耗为名，增收火耗。但与此同时，原征耗米也折银征收，却不停止征收。清初赋役制度沿袭明代的一条鞭法，后又宣布“永不加赋”。但是这一宣称只是形式上的，尽管在正式的制度上并未增加相应的赋税制度，但是却故巧立名目额外加征耗羡增加实际收入，“有解费，有部费，有杂费，有免役费，种种名色，不可悉数”。〔2〕 在康熙四十八年(1709 年)，除湖南加收火耗 20% ~30% 外，各省“火耗”一般在 10% 左右；而到了康熙六十一年

〔1〕《张太岳集》卷十五。
〔2〕《条陈耗羡疏》。

(1722 年),全国火耗已经加到了 20% ~50%,到后来甚至出现了“税轻耗重,数倍于正额”。[1]

明清时期的耗羡滥征,成了政府默许官员剥削私人财产的一种特殊手段。地方州县所收的耗羡除小部分用于弥补损耗外,一部分以“养廉”的名义由州县的地方官员所瓜分,另一部分则以“羡余”的名义上交省库。由于明清时期官员俸禄极低,[2]在国家财政供养能力不足的情况下,耗羡成为弥补官员俸禄的重要财源。州县官员“无项不苛敛里甲,而且用一派十,用十派千”,为了这种超量征收不被追究责任,耗羡还被用于贿赂上级,“各上司日用之资,皆取给于州县,以致耗羡之外,种种馈送名色繁多,故州县有所借口而肆其贪婪”。[3] 另外,耗羡是筹措地方行政经费的重要途径,清代地方政府行政经费不足,清初实行的赋税起运存留制度使存留地方的钱粮大大少于起运京师的钱粮,而在康熙以后实行“悉数解司”的政策更是将地方行政经费进一步压缩。[4] 同时,耗羡也是弥补中央财政经费不足的重要手段,清朝政府不断地镇压农民起义、剿匪以及平定边疆,导致军费开支数额巨大。由于国家财力有限,清前期中央财政只负责军饷、马匹以及粮草的经费,而武器制造、军事工程修建以及辎重等开销需要由地方进行筹措。[5] 可以看出,耗羡国家官员薪俸低微、地方公费缺乏和军费开支不足的产物,[6]是“不完全财政”制度下正式制度的“体外循环”。

清雍正帝即位后,实行了“耗羡归公”,将耗羡纳入国家统一监管下来,

---

〔1〕《圣朝经世文编》。

〔2〕《大清会典》卷二一“文职官之俸”记录了清代前期的官员俸禄情况:一品(大学士、总督)岁支银 180 两;二品(河道总督、巡抚、布政使)150 两;三品(按察使、盐运使)130 两;四品(内阁侍读学士、道员、知府)105 两;五品(各部院员外郎、同知、直隶州知州)80 两;六品(内阁侍读、知州、州同)60 两;七品(按察司经历、知县)45 两;八品(县丞、县学教谕、训导)40 两;正九品(县主簿)33 两有奇;从九品(县知事)、未入流 31 两有奇。

〔3〕《清世宗上谕内阁》卷二二,雍正二年七月初六日上谕。

〔4〕参见李治安主编:《唐宋元明清中央与地方关系研究》,南开大学出版社 1996 年版,第 373 页。

〔5〕参见张研:《从“耗羡归公”看清朝财政体系及当代“税费改革”》,载《学术界》2007 年第 3 期。

〔6〕有学者将清朝前期的没有将这种经常性国用完全包括在内的财政形式概括为“不完全财政”。参见何平:《清代赋税政策研究 1644—1840 年》,故宫出版社 2012 年版,第 122 页。

同时施行用耗羡银支发各官养廉银的政策。不仅在一定程度上遏制了地方政府公费私用的现象，同时也使滥收加派受到了限制。而到了乾隆十三年（1748 年），国家通过颁布《耗羡章程》进一步强化了中央政府对地方耗羡的控制。耗羡归公使地方经费再度陷入困难，“耗外之耗”兴起，而未归公的私派又带来了新一轮的腐败。

三、规范与异化：制度缺陷下的“逍遥法内”

将古代的腐败现象简单地归咎于官员个人的品行未免过于粗疏，对历史现象的考察应当更多地从当时的制度环境入手，从而厘清各个历史线索之间的来龙去脉。后人欲求历史之智识，必从前人所传史料中觅取，对制度的考察，不能仅仅从历代的规章制令中寻找脉络，而是应当更加注重制度在运行过程中的实际效果。就一项具体的财政制度而言，君王、中央决策管理部门、地方各级政府部门等不同层级的主体，都有着不同的利益诉求。正是由于这些不同诉求的相互博弈，从而导致制度运行较原先的设计出现了偏移。而这种“偏移”是没有在规章制令等公文中出现的，因此，对动态的制度运行的考察则需要以更加广阔的视角、更加敏锐的目光对既存的文献资料予以挖掘和思考。

（一）开源节流失败：理财能力低下

从制度史的发展演变过程来看，中国古代封建社会的廉政法律制度经历了秦汉时期的形成、唐宋时期的发展以及明清时期的完善这三个阶段，国家对官员的监督体系日益严密，但是腐败随着制度的演进而日益猖獗，这成了中国腐败治理的“李约瑟难题”。[1] 跳出具体的“断代史”视角，从腐败治理演进来看，我国封建社会历朝历代均存在从政治清明到腐败的演变过程，也

---

〔1〕“李约瑟难题”，由英国学者李约瑟（Joseph Needham，1900～1995 年）提出，他在其编著的 15 卷《中国科学技术史》中正式提出此问题，其主题是“尽管中国古代对人类科技发展作出了很多重要贡献，但为什么科学和工业革命没有在近代的中国发生？”1976 年，美国经济学家肯尼思·博尔丁称之为“李约瑟难题”。此处用来代指中国古代的拥有较为体系化的腐败治理制度，但是腐败问题仍然愈演愈烈。

由此带来了兴衰治乱的周期性循环。

古今中外，财政可谓国家的神经，是国家的生命线，[1]在生产力并不发达的古代社会，财政更是国家兴衰治乱的本源。上文所述的四种腐败现象，其诞生的最初目的无一不是国家为解决财力不足而进行的一种被动选择。财力不足的原因是多方面的，除生产力发展水平低限制了国家经济增长外，一个重要原因便是国家理财能力低下，而腐败正是在这种不完善的制度之下，才有了得以生存的空间。从源头来看，反腐的关键在于理财，规范国家财政收支管理，才能“销患于未形，保治于未然”。[2] “开源”与“节流”蔚为两端，必须相结合，由此才能实现国家富强，从而“仓廪实而知礼节”。但是，中国古代的理财不仅在“开源”一端能力低下，同时在“节流”一端也同样能力不彰。

在“开源”方面，封建王朝汲取财政经费的手段不具有持续性。封建王朝统治者需要贯彻“轻徭薄赋”的仁政理想来获取道义上的正当性，但是正式的制度运行结果则表现为财政的收入水平低，因此，统治者需要一些非正式的制度来维系国家统治。故正式的财政收入的正当性是建立在非正式的财政收入基础之上的。学者洪振快将这一现象称为“亚财政”现象，一方面，亚财政使各种“潜规则”盛行，从而造成了官僚系统运转的低效；另一方面，它表现为横征暴敛与巧取豪夺，它不仅使社会秩序遭到了破坏，激化了阶层之间的矛盾，最终导致社会动荡，农民起义频发。

在“节流”方面，封建王朝对财政预算分配能力欠缺。亚当·斯密提出了有限、廉价政府的观念，指出政府应该厉行节约，应当“量入为出”，因为政府预算的不平衡都是因为计划不周所导致的。而在封建社会时期，并未建立起有效的预算制度，从而使国家财政资金的使用长期处于非理性的状态之下。其一，在君主专制下，统治者常凭借个人喜好，大兴土木，奢靡无度，肆意挥霍国家财产，这种“用度无制”是封建国家财政危机的重要原因；其二，封

---

〔1〕 参见吕忠梅、陈虹：《经济法原论》，法律出版社2006年版，第441页。

〔2〕《豫让论》。

建时代国家财政政策制定的随意性较大,众多重要的基础性支出并未被纳入国家预算之列;其三,由于财政监督的缺位,官员非法支取、挪用国家财产监守自盗的现象屡禁不止。

(二)财权配置失衡:治国能力不足

财政权力的分配失衡,是中国古代财政腐败的一个根本原因。封建君主专制的不断强化是中国古代国家权力演进的主要趋势,君王作为最高统治者凌驾于所有财政制度之上,财政权力运行的人治化色彩十分突出。君主为了巩固皇权,往往通过财权拆分的方式将国家财政管理官员的权力进行削弱,但即使君主励精图治,但也不能事必躬亲,而昏庸无能的君主则必然使财政管理更加恶化。君主为了独揽财政大权,财政管理体制中叠床架屋,效率缺失,在宋朝甚至出现了财政审计官员"不能尽知天下钱谷之数","措置裒敛,取索支用,各不相知"的局面。这就为官员在赈灾、专卖、漕运等关键领域假公济私,侵占、挪用公产创造了制度上的漏洞,削弱了财政治国和聚财的重要作用。同时,财政监督权的效力不彰成为加剧腐败的"催化剂"。以财政监督为外衣的国家反腐制度沦为政治斗争的工具,惩贪行为因时因人而异,成效各有不同,反贪行为带有明显的政策化、非常规化、非法制化特征。

在中央与地方的权力分配上,封建国家的中央财政始终居于强势地位。中央与地方的财政始终处于博弈状态:为了强化中央对地方的控制,中央政府不仅控制着创赋增税之权,同时对地方财政收入拥有收缴、审计的权力,历史上实行的两税法、租庸调以及一条鞭法等税制改革大大降低了中央掠夺地方的成本;而地方财政留存过低会导致地方行政经费无法满足,有碍政府正常管理职能的有效行使。在这种情况下,账不上报、财不入库、赋不依法成了地方政府为了增加财政收入的不得已选择。[1] 如此一来,就形成了国家财政的二元结构:一方面,是中央的高度集权,没有地方财政的正式空间;另一方面,不完全财政意味着允许地方政府因地制宜地灵活调节税收行为,从而给予地方政府相当大的动员资源的能力和空间。这种不完全的财政虽然在

---

〔1〕 参见包伟民:《从宋代财政史看中国古代国家制度的地方化》,载《史学月刊》2007年第7期。

一定程度上增加了地方权力运行的灵活性,不完全财政虽然有利于地方灵活性,但若超过必要的限度,就会造成非正式制度对正式制度的冲击,不仅削弱了中央对地方的有效统治,而且各种巧立名目的横征暴敛也会引起民众抵制、反抗,削弱国家的统治基础。[1]

四、扬弃与兼容:中国古代财税腐败治理之现代镜鉴

对一个历史现象进行考察的动机,往往是出于对某个当下的现象所进行理性化、系统化思考的结果。"历史智识,贵能鉴古而知今",[2]这种以现实关怀为导向的历史研究既能为解决当下问题提供借鉴,同时,对现实问题的思考亦能够给予相关历史事件以新的解读视角。在具有极强的文明传承性的中国本土语境下,相较其他任何国家,历史给予我们现实的启发之丰富、教训之深刻,具有无可比拟的优势。与古代中国相比,当代中国国家治理面临的治理挑战——治理规模、多元文化、委托—代理困难——并无根本性变化。[3] 所以,以当下的理财治国与腐败治理的角度进行的历史考察,也能够为现实制度的优化、改进提供一些原则与方法上的借鉴。财政不仅是政府的收支活动,而且是国家治理体系的基础和重要支柱,[4]财政制度在腐败治理中扮演着"元制度"角色。鉴于反腐败斗争具有长期性、复杂性和艰巨性的特点,要真正遏制腐败还应当以加强国家财政管理为根本性建构,并以此为脉络,完善各项财政法律制度,从源头管理好"钱袋子"。

(一)健全预算制度

公权力的运行以国家财政作为经济基础,而预算制度则是分配、使用财政资金最为关键的制度。"预算可以通过将权力限制在适当的范围以及将权

---

[1] 参见周雪光:《从"黄宗羲定律"到帝国的逻辑:中国国家治理逻辑的历史线索》,载《开放时代》2014 年第 4 期。

[2] 钱穆:《国史大纲》,商务印书馆 1991 年版,第 2 页。

[3] 参见周雪光:《从"黄宗羲定律"到帝国的逻辑:中国国家治理逻辑的历史线索》,载《开放时代》2014 年第 4 期。

[4] 参见高培勇:《论国家治理现代化框架下的财政基础理论建设》,载《中国社会科学》2014 年第 12 期。

力公开分配到特定的部门,从而消除腐败。"[1]我国的《预算法》自1994年颁布以来,到2018年经历了2次修正,渐趋完善,但是相较其他制度建设,我国预算制度的规范化、法治化水平仍然有待提高。审计署发布的《国务院关于2018年度中央预算执行和其他财政收支的审计工作报告》显示,我国的预算管理仍然不够全面、不够规范,主要表现在预算安排未充分考虑资金结转结余情况、预算编制不够细化和合理、部分预算调整和下达不够规范及时等方面。[2] 造成上述现象发生的原因是多方面的:其一,预算的权力配置失衡,人大代表的非专职性以及受监督时间和监督能力的限制使人大对政府预算缺乏有效的审查监督,诸多财政管理的实质性权力仍然由财政部门掌握。其二,预算监督的制度供给不足,预算监督条款分散在《预算法》《各级人民代表大会常务委员会监督法》《审计法》《会计法》等法律文本中,而《预算法》作为管理预算的专门法,关于预算监督的相关内容仍较为抽象和原则,相关主体的法律责任缺失。其三,预算的公众参与渠道缺乏,预算的民主化程度不高,这就使"公共预算"成了"政府的预算",既不利于提高预算决策的质量,也不利于提高公众的"认同感"。因此,在未来要实施全方位的监督,系统设计财政监督的体制机制,同时,要防止财政监督内容碎片化,尽量减少"头痛医头,脚痛医脚"的临时性、突击式、形式化的传统监督模式,从而使财政监督始终保持全过程化和常态化。

(二)规范非税收入

将非税收入纳入预算管理是财税治腐的重要途径。通过将国家从社会汲取的所有资源均纳入预算管理能够增加制度刚性,减少权力寻租的现象发生;而如果允许预算外资金的存在,则在制度上就为腐败留下了空间。前述的卖官鬻爵、公廨本钱、禁榷制度以及耗羡制度均以一种非税收入的形式作为对正式的赋税制度的补充。在计划经济时期,我国实行高度集中的统收统

---

〔1〕 [美]乔纳森·卡恩:《预算民主:美国的国家建设和公民权(1890~1928)》,叶娟丽等译,格致出版社、上海人民出版社2008年版,第60页。

〔2〕 参见《国务院关于2018年度中央预算执行和其他财政收支的审计工作报告》,载中华人民共和国审计署官网:http://www.audit.gov.cn/n5/n26/c133000/part/70167.pdf,最后访问日期:2019年9月5日。

支体制，“一五”计划开始把一部分预算内的收入挪到预算之外，由地方各部门、各企事业单位自收自支的资金，由此形成了预算外资金的概念。随着经济的发展，其种类也不停地变化，到20世纪90年代，预算外资金收入项目包括：行政事业性收费、政府性基金收入、乡镇自筹统筹资金、国有企业和主管部门收入和其他收入。但是由于政府对预算外资金管理不严、相关法律缺失，造成资金的分散，预算内转化为预算外、公有转化为私有的乱象时有发生，给社会经济秩序造成了严重的损害，于是预算外资金逐渐向非税收入转变，2014年《预算法》修订后非税收入正式被纳入预算中，2016年财政部发布的《政府非税收入管理办法》正式规定，非税收入应当纳入财政预算管理。从我国非税收入具有较强的行政立法的特征，非税收入多以国务院发布的行政法规、部门规章为依据，[1]同税收法律制度相比，法律层级过低。同时，非税收入管理权限呈现多头管理的特征，收支使用的权限仍然集中在各个政府部门，财政主要在统计、票据、账户管理方面发挥作用，众多腐败的发生同非税收入管理和使用的混乱和不规范存在相当大的关联。对我国的非税收入来说，应该以清理行政事业性收费与政府性基金为重点，继续推进税费改革，对各个收费的项目予以梳理，取缔制度外收费，将对特定人群服务而非普遍服务的收费纳入预算管理，取消对某些政府部门履行普遍服务管理职能而对管理对象征收的行政管理费。将非税收入的征收范围、标准和管理程序通过法律的形式加以固定，同时，加强非税收入信息的公开化、透明化程度，为各界的监督提供相应的依据，以此促使政府依法行政，促进国家财政权力的规范化运行。

（三）完善转移支付机制

完善上级政府与下级政府之间的财政转移支付机制，既是财政体制改革的重要内容，也是财政腐败治理的重要机制。古代中国财政分配体系是以中央政府为主导的，通过强化中央对地方的财政控制从而巩固中央集权，国家

---

〔1〕 当下有关非税收入的相关法律规范主要有：《行政事业性收费标准管理办法》（发改价格规〔2018〕988号）、《中央企业国有资本收益收取管理办法》（财资〔2016〕32号）、《政府非税收入管理办法》（财税〔2016〕33号）、《政府性基金管理暂行办法》（财综〔2010〕80号）。

财政资金往往呈现由地方到中央的单向度的转移,地方留存的资金过少导致地方行政资金无法得到保证,从而迫使地方政府寻求非正式的财政收入来源。因此,在转移支付过程中,应当以有利于政府职能实现作为财政分配的原则导向,“根据支出责任性质和效率标准建立政府间支出责任分配原则和整体框架”,[1]从而提高政府间财政分配的制度刚性。转移支付作为一项财政资源的再分配机制,体现了不同层级政府之间的博弈:一方面,下级政府倾向于尽可能多地争取上级拨款;另一方面,上级政府为了强化对下级政府的影响力,往往选择以专项拨款的形式分配财政资金。而专项拨款则增大了部门利益与个人利益的影响力,从而形成了“跑部钱进”的现象以及财政腐败的情况。现代财政转移支付制度应当体现分配的正义,这一场域中包含着中央与地方之间和政府职能部门之间的财权和事权分配的平衡。这也就要求财政转移支付应当注重各级政府的事权与支出责任相一致,促进财政资金在不同地区的合理分配。实践证明,由于财政资金的不合理转移,不仅造成了不发达地区因大量财政资金的流入而出现财政资金的粗放使用和腐败,同时也使发达地区因财政资源的大量流出,从而寻求其他替代性收入来源。[2]因此,需要建立科学规范的财政转移支付体系,加快财政转移支付的相关立法工作,规范财政转移支付的决策、执行、程序控制,合理划分收入比例,同时,提高转移支付的透明度,提高转移支付资金使用效率,强化人大和财政部门对资金的监督和管理。

---

〔1〕 李永有:《国家治理、财政改革与财政转移支付》,载《地方财政研究》2016年第1期。

〔2〕 参见李永有:《国家治理、财政改革与财政转移支付》,载《地方财政研究》2016年第1期。

参考文献

一、著作类

1.《毛泽东选集》(第4卷),人民出版社1991年版。

2.《认真学习习近平总书记在十八届中央纪委三次全会上重要讲话精神》,人民出版社2014年版。

3. 人民日报海外版“学习小组”:《学习关键词》,人民出版社2016年版。

4. 习近平:《习近平谈治国理政》(第2卷),外文出版社2017年版。

5. 习近平:《习近平谈治国理政》(第1卷),外文出版社2014年版。

6.《马克思恩格斯全集》(第19卷),人民出版社1963年版。

7. 王传利:《毛泽东与反腐倡廉》,中国社会科学出版社2015年版。

8. 王沪宁编:《腐败与反腐败——当代国外腐败问题研究》,上海人民出版社1990年版。

9. 王宏、高玉琢:《预算法治及其廉政功能》,北京大学出版社2015年版。

10. 王泽鉴:《人格权法——法释义学、比较法、案例研究》,北京大学出版社2013年版。

11. 王泽鉴:《民法学说与判例研究》,北京大学出版社2015年版。

12. 王宗礼:《全面推进依法治国》,人民出版社2017年版。

13. 尤光付:《中外监督制度比较》,商务印书馆2003年版。

14. 中央纪委纪检监察研究所编:《中国共产党反腐倡廉文献选编》,中央文献出版社2002年版。

15. 中共中央文献研究室、中央档案馆编:《建党以来重要文献选编(1921~1949)》,中央文献出版社2011年版。

16. 毛泽东:《上海太原失陷以后抗日战争的形势和任务》,人民出版社1953年版。

17. 吕忠梅、陈虹:《经济法原论》,法律出版社2007年版。

18. 朱丘祥:《我国财税改革中的倒逼机制——兼论转型时期财税法研究的经验路径》,载刘剑文主编:《财税法论丛》(第13卷),法律出版社2013年版。

19. 华国庆:《试论财税法的本质属性》,载刘剑文主编:《财税法论丛》(第16卷),法律出版社2015年版。

20. 刘剑文、熊伟:《财政税收法》(第7版),法律出版社2017年版。

21. 刘剑文:《财税法学研究述评:2005—2014》,法律出版社2015年版。

22. 刘剑文:《法治财税论——治理现代化的中国进路》,中国财政经济出版社2017年版。

23. 刘剑文:《重塑半壁财产法:财税法的新思维》,法律出版社2009年版。

24. 刘剑文等:《财税法总论》,北京大学出版社2016年版。

25. 刘统:《华东解放战争纪实》,人民出版社1998年版。

26. 苏力:《是非与曲直——个案中的法理》,北京大学出版社2019年版。

27. 李友文、索光举:《依宪治国与反腐》,暨南大学出版社2016年版。

28. 李治安主编:《唐宋元明清中央与地方关系研究》,南开大学出版社1996年版。

29. 杨永华主编:《中国共产党廉政法制史研究》,人民出版社2005年版。

30. 何平:《清代赋税政策研究:1644—1840年》,故宫出版社2012年版。

31. 何增科:《廉洁政治与国家治理》,中央编译出版社2017年版。

32. 佘倩颖:《财税行为理论综述——兼谈财税法学理论建构的本土意识》,载刘剑文主编:《财税法论丛》(第11卷),中国法制出版社2010年版。

33. 余华青主编:《中国廉政制度史论》,人民出版社2007年版。

34. 余伯流:《中央苏区经济建设》,中央文献出版社 2009 年版。

35. 沈云锁、潘强恩主编:《共产党通史:第 3 卷》(上册),人民出版社 2011 年版。

36. 张文显:《法学基本范畴》,中国政法大学出版社 1993 年版。

37. 张守文:《财税法疏议》(第 2 版),北京大学出版社 2016 年版。

38. 张希坡:《革命根据地的经济立法》,吉林大学出版社 1994 年版。

39. 陈兴良:《刑法哲学》(第 5 版),中国人民大学出版社 2015 年版。

40. 国家卫生健康委员会编:《2019 中国卫生健康统计年鉴》,中国协和医科大学出版社 2019 年版。

41. 季卫东:《法治秩序的构建》,商务印书馆 2014 年版。

42. 周琪、袁征:《美国的政治腐败与反腐败——对美国反腐败机制的研究》,中国社会科学出版社 2009 年版。

43. 孟德斯鸠:《论法的精神》(上册),张雁深译,商务印书馆 1982 年版。

44. 钱穆:《国史大纲》,商务印书馆 1991 年版。

45. 徐迅雷:《权力与笼子》,广西师范大学出版社 2015 年版。

46. 葛克昌:《国家学与国家法》,台北,月旦出版社股份有限公司 1996 年版。

47. 蒋劲松:《议会之母》,中国民主法制出版社 1998 年版。

48. 焦建国:《英国公共财政制度变迁分析》,经济科学出版社 2009 年版。

49. 熊伟:《走出宏观调控法误区的财税法学》,载刘剑文主编:《财税法论丛》(第 13 卷),法律出版社 2013 年版。

50. [日]川岛武宜:《现代化与法》,中国政法大学出版社 1994 年版。

51. [日]白石昌也:《越南政治、经济制度研究》,毕世鸿译,云南大学出版社 2006 年版。

52. [英]罗伯特 · 鲍德温、马丁 · 凯夫、马丁 · 洛奇等:《牛津规制手册》,宋华琳等译,上海三联书店 2017 年版。

53. [英]科林 · 斯科特:《规制、治理与法律:前沿问题研究》,安永康译,清华大学出版社 2018 年版。

54. [英]梅因:《古代法》,沈景一译,商务印书馆 1996 年版。

55. [英]斯蒂芬·莫尔:《权力与腐败——政府和大企业的糜烂核心》,李峰等译,新华出版社 2000 年版。

56. [英]霍布斯:《利维坦》,黎思复、黎廷弼译,商务印书馆 2017 年版。

57. [法]卢梭:《社会契约论》,李平沤译,商务印书馆 2011 年版。

58. [法]让·皮埃尔·戈丹:《何谓治理》,钟震宇译,社会科学文献出版社 2010 年版。

59. [法]米歇尔·福柯:《规训与惩罚》,刘北成、杨远婴译,生活·读书·新知三联书店 2012 年版。

60. [美]E. 博登海默:《法理学:法律哲学与法学方法》,邓正来译,中国政法大学出版社 2004 年版。

61. [美]丹尼斯·缪勒:《公共选择》,王诚译,商务印书馆 1992 年版。

62. [美]詹姆斯·M. 布坎南:《自由、市场与国家——80 年代的政治经济学》,平新乔、莫扶民译,上海三联书店 1989 年版。

63. [美]汉密尔顿等:《联邦党人文集》,商务印书馆 1980 年版。

64. [美]朱丽·汤普森·克莱恩:《跨越边界——知识·学科·学科互涉》,姜智芹译,南京大学出版社 2005 年版。

65. [美]乔纳森·卡恩:《预算民主:美国的国家建设和公民权(1890—1928)》,叶娟丽等译,格致出版社、上海人民出版社 2008 年版。

66. [美]伍德罗·威尔逊:《国会政体》,商务印书馆 1956 年版。

67. [美]苏珊·罗斯·艾克曼:《腐败与政府》,王江、程文浩译,新华出版社 2000 年版。

68. [美]罗斯科·庞德:《法律与道德》,陈林林译,商务印书馆 2017 年版。

69. [美]黄仁宇:《十六世纪明代中国之财政与税收》,九州出版社 2007 年版。

70. [美]塞缪尔·P. 亨廷顿:《变化社会中的政治秩序》,王冠华、刘为等译,生活·读书·新知三联书店 1989 年版。

71. [新西兰]杰瑞米·波普:《制约腐败——建构国家廉政体系》,清华大学公共管理学院廉政研究室译,中国方正出版社 2003 年版。

72. [意]菲利:《实证派犯罪学》,郭建安译,中国政法大学出版社 1987 年版。

73. [德]卡尔·施米特:《合法性与正当性》,冯克利、李秋零、朱雁冰译,上海人民出版社 2015 年版。

74. [德]考夫曼:《法律哲学》,刘幸义等译,法律出版社 2004 年版。

75. [德]哈贝马斯:《在事实与规范之间:关于法律和民主法治国的商谈理论》,童世骏译,生活·读书·新知三联书店 2003 年版。

76. Wesley Newcomb Hohfeld, *Fundamental Legal Conceptions as Applied in Judicial Reasoning*, Ashgate and Dartmorth, 2001.

77. Ian Ayres and John Braithwaite, *Responsive Regulation*: *Transcending the Deregulation Debate*, Oxford University Press, 1992.

78. Robinson, Parliament and Public Spending, *The Expenditure Committee of the House of Commons*, Heinemann Education Books, 1987.

79. Eric Taylor, *The House of Commons at Work*, The Macmillan Press. Ltd. 1979.

80. Kenneth Bradshaw and David Pring, *Parliament and Congress*, Quartet Books, 1982.

二、论文类

1. 丁芸、张岩:《"互联网+"背景下税收征管模式探究》,载《会计之友》2019 年第 17 期。

2. 于琴:《国家治理现代化视域下互联网企业腐败治理》,载《重庆社会科学》2019 年第 4 期。

3. 万广华、吴一平:《司法制度、工资激励与反腐败:中国案例》,载《经济学季刊》2012 年第 3 期。

4. 王世涛:《公共财政的核心价值:财政权的控制与财产权的保障》,载

《法治论坛》2008 年第 3 期。

5. 王田田:《论新时期中国民营企业的腐败治理》,载《中州学刊》2017 年第 10 期。

6. 王桦宇:《领域法学研究的三个核心问题》,载《法学论坛》2018 年第 4 期。

7. 北京师范大学中国企业家犯罪预防研究中心课题组:《2017 中国企业家刑事风险分析报告》,载《河南警察学院学报》2018 年第 4 期。

8. 卢正刚、李岩:《政府俘获:一种值得警惕的腐败新形式——郭京毅案的研究》,载《华中科技大学学报》(社会科学版)2011 年第 3 期。

9. 卢正刚:《游说还是俘获:不同立法体制下利益集团的行为选择》,载《安徽师范大学学报》(人文社会科学版)2013 年第 2 期。

10. 冉春芳:《会计政策选择、长期资产配置与国企高管隐性腐败》,载《财经问题研究》2015 年第 9 期。

11. 包伟民:《从宋代财政史看中国古代国家制度的地方化》,载《史学月刊》2007 年第 7 期。

12. 冯英:《政府过程视角下的行政立法腐败问题分析》,载《中国行政管理》2012 年第 10 期。

13. 加华、庄晓惠:《新医改对缓解“看病贵”现象的有限性分析》,载《东南大学学报》(哲学社会科学版)2019 年增刊。

14. 朱玳萱:《宪制视阈下我国司法权和行政权配置的障碍与途径》,载《特区实践与理论》2017 年第 4 期。

15. 朱钦胜:《论中央苏区审计制度建设》,载《江西社会科学》2005 年第 6 期。

16. 向玉乔:《国家治理的伦理意蕴》,载《中国社会科学》2016 年第 5 期。

17. 刘文忠:《论加强人大财政立法权和财政监督权》,载《北京联合大学学报》(人文社会科学版)2005 年第 1 期。

18. 刘玉峰:《唐代禁榷制度的发展变化》,载《学术研究》2004 年第 2 期。

19. 刘有贵、蒋年云:《委托代理理论述评》,载《学术界》2016 年第 1 期。

20. 刘剑文、胡翔:《“领域法”范式适用:方法提炼与思维模式》,载《法学论坛》2018 年第 4 期。

21. 刘剑文、胡翔:《法治视域下财政党规的三维审思——制度定位、功能拓补、理念建构》,载《法学杂志》2019 年第 2 期。

22. 刘剑文、侯卓:《财税法在国家治理现代化中的担当》,载《法学》2014 年第 2 期。

23. 刘剑文:《公共财产法:财税法的本质属性及其法治逻辑》,载《财经法学》2015 年第 1 期。

24. 刘剑文:《论财税体制改革的正当性——公共财产法语境下的治理逻辑》,载《清华法学》2014 年第 5 期。

25. 刘剑文:《论国家治理的财税法基石》,载《中国高校社会科学》2014 年第 3 期。

26. 刘剑文:《论领域法学:一种立足新兴交叉领域的法学研究范式》,载《政法论丛》2016 年第 5 期。

27. 陈立诚、刘剑文:《财税制度反腐:一种源头治理的新进路》,载《政治学研究》2015 年第 1 期。

28. 刘剑文:《作为综合性法律学科的财税法学——一门新兴法律学科的进化与变迁》,载《暨南学报》(哲学社会科学版)2013 年第 5 期。

29. 刘剑文:《学科突起与方法转型:中国财税法学变迁四十年》,载《清华法学》2018 年第 4 期。

30. 刘剑文:《落实税收法定原则的意义与路径》,载《中国人大》2017 年第 19 期。

31. 刘益安:《略论北宋禁榷及官营企业》,载《中州学刊》1986 年第 1 期。

32. 刘智峰:《国有企业腐败问题的复杂性及解决之道》,载《北京行政学院学报》2013 年第 1 期。

33. 安娜:《华北抗日根据地廉政制度建设研究》,载《中共山西省委党校学报》2016 年第 5 期。

34. 许新霞、王学军:《双重委托代理下的治理策略与内部控制》,载《会计研究》2007 年第 2 期。

35. 孙存一、谭荣华:《“互联网 + 税务”推动税收大数据分析的路径选择》,载《税务研究》2017 年第 3 期。

36. 孙森森:《司法权与行政权良性互动的路径建构——基于行政诉讼实践的观察》,载《福建行政学院学报》(法律科学版)2017 年第 1 期。

37. 阳永恒:《财政民主主义的基本精神研究》,载《求索》2010 年第 12 期。

38. 李永有:《国家治理、财政改革与财政转移支付》,载《地方财政研究》2016 年第 1 期。

39. 李江等:《论医院的腐败与医院管理》,载《医学与哲学》2019 年第 18 期。

40. 李连华:《腐败防控视角的行政事业单位内部控制研究》,载《会计之友》2019 年第 11 期。

41. 李锦绣:《唐前期公廨本钱的管理制度》,载《文献》1991 年第 4 期。

42. 杨力:《商业反腐的结构性治理和模式》,载《中国法学》2016 年第 5 期。

43. 杨燕英:《基于国家治理现代化构建新型财政监督机制》,载《财政监督》2017 年第 8 期。

44. 吴国萍、刘爱军:《抗日战争时期陕甘宁边区的财政供给述评》,载《广西师范大学学报》(哲学社会科学版)2005 年第 3 期。

45. 邱成梁:《论“立法腐败”的界定、危害与规制》,载《四川行政学院学报》2014 年第 1 期。

46. 邹东升、姚靖:《党内法规“党言党语”与“法言法语”的界分与融合》,载《探索》2019 年第 5 期。

47. 张文显:《法治与国家治理现代化》,载《中国法学》2014 年第 4 期。

48. 张宇燕、富景筠:《当代美国的腐败——数据、案例与机理》,载《国际经济评论》2006 年第 6 期。

49. 张军果:《现代战争财力动员问题研究》,载《装备学院学报》2013 年第 3 期。

50. 张树平:《从政党能力到国家能力:转型中国国家能力的一种建构路径》,载《复旦政治学评论》2018 年第 1 期。

51. 张研:《从“耗羡归公”看清朝财政体系及当代“税费改革”》,载《学术界》2007 年第 3 期。

52. 张强、湛志伟:《比较视角下我国财政制度的历史演进》,载《东北财经大学学报》2019 年第 3 期。

53. 陈云良、何聪聪:《基本医疗服务财政转移支付法律规制研究》,载《法商研究》2014 年第 6 期。

54. 陈立诚:《财税行为构建论纲》,载《北京社会科学》2015 年第 7 期。

55. 陈进华:《治理体系现代化的国家逻辑》,载《中国社会科学》2019 年第 5 期。

56. 陈春琴:《互联网企业腐败研究综述》,载《湖北经济学院学报》(人文社会科学版)2018 年第 5 期。

57. 范合君、吕雨露:《资源、权力、制度盲点与国有企业高管财务腐败治理》,载《经济与管理研究》2016 年第 12 期。

58. 卓泽渊:《党规与国法的基本关系》,载《中共杭州市委党校学报》2015 年第 1 期。

59. 岩双:《中国财政问题之考察》,载《东方杂志》1931 年第 13 期。

60. 季卫东:《问题导向的法治中国构思》,载《法制与社会发展》2014 年第 5 期。

61. 周志波、张卫国:《我国资源税制度演化历史与改革路径研究》,载《宏观经济研究》2015 年第 9 期。

62. 周雪光:《从“黄宗羲定律”到帝国的逻辑:中国国家治理逻辑的历史线索》,载《开放时代》2014 年第 4 期。

63. 赵立新:《税权的宪政逻辑》,载《政治与法律》2007 年第 1 期。

64. 赵炜佳:《国有企业腐败治理体系建构:误区、变革与进路——基于对 D 国企的实证考察》,载《中山大学法律评论》2017 年第 2 期。

65. 侯卓:《领域法思维与国家治理的路径拓补》,载《法学论坛》2018 年第 4 期。

66. 俞卫、李珺:《医疗服务的特殊性、医生行业组织形式和薪酬激励机制》,载顾海主编:《中国卫生管理研究》,社会科学文献出版社 2018 年版。

67. 姜明安:《论党内法规在依法治国中的作用》,载《中共中央党校学报》2017 年第 2 期。

68. 贾勇、张健:《英国税收的特点及其启示》,载《世界经济与政治论坛》2004 年第 6 期。

69. 贾瑶瑶、张光鹏、闫萍、陈红艺:《对公立医院薪酬制度改革试点做法的思考》,载《中国卫生人才》2017 年第 12 期。

70. 原晓红:《推动国资委和中央企业全面从严治党向纵深发展——2019 年国资委机关暨中央企业党风廉政建设和反腐败工作会议侧记》,载《中国纪检监察》2019 年第 3 期。

71. 徐忠明:《浅谈中国古代的腐败与廉政》,载《法学杂志》1999 年第 4 期。

72. 高培勇:《论国家治理现代化框架下的财政基础理论建设》,载《中国社会科学》2014 年第 12 期。

73. 高新民:《国家治理体系现代化与反腐倡廉建设》,载《中共党史研究》2014 年第 2 期。

74. 郭剑鸣:《"预算国家":一项防治腐败的基本制度供给——基于 2008 年国家审计署审计公告的思考》,载《人文杂志》2009 年第 3 期。

75. 郭剑鸣:《公共预算约束机制建设与中国反腐败模式的完善》,载《政治学研究》2009 年第 4 期。

76. 郭剑鸣:《预防财政腐败:从源头反腐的新思维》,载《领导科学》2010 年第 29 期。

77. 黄俊杰:《财政国与课税收入之立法》,载《月旦法学杂志》2002 年第 84 期。

78. 梅锦、徐玉生:《中国腐败犯罪状况的实证研究——以新型客观测量模式的引入为研究视角》，载《北京理工大学学报》（社会科学版）2018 年第 1 期。

79. 曹艳杰：《我国部门预算委托代理问题的制度分析》，载《审计与经济研究》2006 年第 3 期。

80. 寇铁军、胡望舒：《财税法制建设与反腐败成效——基于中国省域面板数据的研究》，载《财政研究》2016 年第 11 期。

81. 舒国滢：《法学是一门什么样的学问？——从古罗马时期的 Jurisprudentia 谈起》，载《清华法学》2013 年第 1 期。

82. 童雅芬：《中央与地方政府关系的中英比较——基于财税制度的视角》，载《华东经济管理》2006 年第 9 期。

83. 谢红星：《腐败规范化的历史困局——传统中国卖官现象新论》，载《湖北社会科学》2017 年第 10 期。

84. 强世功：《从行政法治国到政党法治国——党法和国法关系的法理学思考》，载《中国法律评论》2016 年第 3 期。

85. Rose-Ackerman, Susan and Yingqi Yan, "Corruption in the Procurement of Pharmaceuticals and Medical Equipment in China", *UCLA Pacific Basin Law Journal*, Vol. 32, No. 1, Fall 2014.

86. Ari Kuncoro, "Corruption and Business Uncertainty in Indonesia", *ASEAN Economic Bulletin*, Vol. 23, No. 1, April 2006.

87. Michael M. Atkinson, "Discrepancies in Perceptions of Corruption, or Why Is Canada So Corrupt?", *Political Science Quarterly*, Vol. 126, No. 3, Fall 2011.

88. A. M. Florini, "Increasing Transparency in Government", *International Journal on World Peace*, 19, 2002.

三、报刊网站类

1.《红色中华》1932 年 12 月 5 日、1933 年 12 月 5 日。

2.《强化反腐败体制机制创新和制度保障深入推进党风廉政建设和反腐

败斗争》,载《中国纪检监察报》2014 年 1 月 15 日。

3. 习近平:《中共中央关于全面推进依法治国若干重大问题的决定》,载《人民日报》2014 年 10 月 29 日。

4. 王益民、丁艺:《以“互联网 +”推动创新经济发展》,载《经济日报》2015 年 5 月 12 日。

5. 陈浩春:《推动军队预防职务犯罪工作在重点领域深化》,载《检察日报》2014 年 11 月 30 日。

6. 闻里:《医生收“红包”,古代这样罚》,载《羊城晚报》2014 年 11 月 26 日。

7.《2019 年 9 月全国查处违反中央八项规定精神问题 5016 起》,载中央纪委国家监委网:http://www. ccdi. gov. cn/toutiao/201910/t20191024_202997. html。

8.《习近平:决胜全面建成小康社会　夺取新时代中国特色社会主义伟大胜利——在中国共产党第十九次全国代表大会上的报告》,载中华人民共和国中央人民政府网:http://www. gov. cn/zhuanti/2017 - 10/27/content_5234876. htm。

9.《习近平在中国共产党第十九次全国代表大会上的报告》,载人民网:http://cpc. people. com. cn/n1/2017/1028/c64094 - 29613660. html。

10.《互联网行业已经成为推动我国经济社会发展的重要力量》,载中华人民共和国中央人民政府网:http://www. gov. cn/wszb/zhibo613/content_2612416. htm。

11.《中国互联网络发展状况统计报告》,载中华人民共和国中央人民政府网:http//www. gov. cn/wszb/zhibo613/content_2612416. htm。

12.《关于加强和改进非公有制企业党的建设工作的意见(试行)》,载人民网:http://cpc. people. com. cn/GB/64093/64387/17981304. html。

13.《财政部召开全国财政反腐倡廉建设工作会议》,载中华人民共和国财政部官网:http://www. mof. gov. cn/zhengwuxinxi/caizheng xinwen/201401/t20140127l039927. html。

14.《国务院关于2018年度中央预算执行和其他财政收支的审计工作报告》,载审计署官网:http://www.audit.gov.cn/n5/n26/c133000/part/70167.pdf。

15.《国务院关于2018年度中央预算执行和其他财政收支的审计工作报告》,载审计署官网:http://www.audit.gov.cn/n5/n26/c133000/part/70167.pdf。

16.《国家统计局关于卫生总费用的统计》,载国家统计局官网:http://data.stats.gov.cn/easyquery.htm? cn = C01。

17.《赵乐际在十九届中央纪委三次全会上的工作报告》,载中央纪委国家监委网:http://www.ccdi.gov.cn/xxgk/hyzl/201902/t20190221_188870.html。

18. 欧盟统计局官网:https://ec.europa.eu/eurostat/statistics-explained/index.php/Government_expenditure_on_health。

19. Transparency International, "Corruption Perceptions Index 2018 – Transparency International", https:// cpi.transparency.org.

四、古籍类

1.《册府元龟》

2.《管子·海王》

3.《汉书·食货志上》

4.《晋书·刘毅传》

5.《旧唐书·高瑀传》

6.《清世宗上谕内阁》

7.《商君书·靳令》

8.《商君书·去强》

9.《圣朝经世文编》

10.《史记·平准书》

11.《史记·秦始皇本纪》

12.《宋史・列传》

13.《宋史・食货志》

14.《宋文鉴》

15.《隋书・食货志》

16.《隋书・苏孝慈传》

17.《条陈耗羡疏》

18.《韦先生集・议榷货》

19.《盐铁论・本议》

20.《盐铁论・轻重》

21.《豫让论》

22.《张太岳集》

后　记

冬去春来，送别己亥。以时间为坐标，留半天时间给笔头这些文字：码了很久，眼看要送出去。2016 年 6 月中标国家社科基金，2017 年年底和小妮签下书稿，掐指一算，拖延太久。白天夜晚、线上线下，分不清脑子里还是心中始终嗡嗡着"财税法""治理""腐败"几个语汇。它们不具象，这比较磨人，形态时常幻化，将拿捏的方寸留给我。然而，我手中擒拿的工具有限，况且想象中的束手就擒即使发生，清醒之后再思度，仍然难以说服自己。

因工作原因，7 年时间里以不同方式见证身边一些学员的足迹。深觉，于个人，其成长不易；于党和政府，培养不易；于人民，得之不易。因为懂得，所以珍惜。

研究最终被敲定为《防治腐败财税法机制研究》（通过财税法机制预防腐败的发生）。

随后，三组关系的处理始终伴随着研究推进：

模糊与清晰的研究工具。"腐败"这一概念如同会七十二变的悟空，西行途中，师傅终究要给它戴上紧箍咒。如何给它立了规矩，念紧箍咒，师傅心中自有一番思量。比起要悟空听话，治理腐败更困难，多少潜在的徒儿等待师傅确定规则，好腾云驾雾。对于坐在电脑前的我而言，被琳琅满目的工具所吸引，在所难免。面对法学标准、政治学衡量、刑法学界定、党内法规要求，最终横线竖线将自己画地为牢。接下来，必须以能够驾驭的工具为限，做到审慎。领域法学此时如白龙马出现，不由分说，驮着我径直取经。涉险滩、渡宽河,和它作伴走了一段之后,你才发现它不是一般生灵。因此,开始大胆把研究交给领域法学,界定概念、确定价值、明确目标,身体力行完成可承受之重。

稳定性与适应性的价值追求。自从着笔该题,更新的口径、刚发生的案例、不断出台的制度、民众的态度赋予我时代最强的心跳,尝试在战战兢兢中发现并描述出能够经得起变化推敲的文字。2019 年几部科幻电影大致表达了人类获得超能力,进入地球以外的领地,新鲜感之后,开始面临新的困惑,最终只有爱迸发出的理解终结了问题。在研究中,对主体(纳税人、官员)的情感应能面对转瞬即逝的时空。其实,我们早已明白法律稳定性并不在于它的文字,而是每个人对它不同的解读,只有应变的法治,才是有生命的。

器物与人文的关系。千禧之后,无论你是高歌猛进的技术派或是沉浸在从前慢节奏中的人文学者,抒发心绪的平台都是手中这个小匣子。因此,在小心翼翼呵护人类身上最难能可贵的情感和价值之时,无论对技术渴望或者畏惧,都在被它推着向前走。对腐败的治理也一样,当我们发现自由裁量的主体可能会犯错时,寄希望于精确判断的制度设计,期冀只要按下一个键,就可以作出公正判断。然而,这种想法能否落地?或许复杂问题简单化并不容易。

庚子已至,我的新年愿望是潜在的风险都不要发生。在这种乐观与焦虑中度过 2020 年。

掠燕湖畔　西配楼

图书在版编目(CIP)数据

防治腐败财税法机制研究 / 王文婷著. -- 北京 :
法律出版社, 2020
ISBN 978 -7 -5197 -4821 -0

Ⅰ. ①防… Ⅱ. ①王… Ⅲ. ①财政法–研究–中国②
税法–研究–中国 Ⅳ. ①D922.204

中国版本图书馆 CIP 数据核字(2020)第 146785 号

防治腐败财税法机制研究
FANGZHI FUBAI CAISHUIFA JIZHI YANJIU

王文婷 著

策划编辑 陈 妮
责任编辑 陈 妮 黄 筝
装帧设计 马 帅

出版 法律出版社
总发行 中国法律图书有限公司
经销 新华书店
印刷 固安华明印业有限公司
责任校对 杨锦华
责任印制 吕亚莉

编辑统筹 法治与经济出版分社
开本 710 毫米×1000 毫米 1/16
印张 20.25
字数 286 千
版本 2020 年 10 月第 1 版
印次 2020 年 10 月第 1 次印刷

法律出版社/北京市丰台区莲花池西里 7 号(100073)
网址/www.lawpress.com.cn
投稿邮箱/info@lawpress.com.cn
举报维权邮箱/jbwq@lawpress.com.cn
销售热线/400 -660 -8393
咨询电话/010 -63939796

中国法律图书有限公司/北京市丰台区莲花池西里 7 号(100073)
全国各地中法图分、子公司销售电话:
统一销售客服/400 -660 -8393/6393
第一法律书店/010 -83938432/8433 西安分公司/029 -85330678 重庆分公司/023 -67453036
上海分公司/021 -62071639/1636 深圳分公司/0755 -83072995

书号:ISBN 978 -7 -5197 -4821 -0 **定价**:88.00 元
(如有缺页或倒装,中国法律图书有限公司负责退换)